CHARLES PÉPIN

MIT DER EIGENEN VERGANGENHEIT LEBEN

EINE PHILOSOPHIE FÜR DEN AUFBRUCH

Aus dem Französischen
von Caroline Gutberlet

Hanser

Titel der Originalausgabe:
Vivre avec son passé. Une philosophie pour aller de l'avant.
Paris, Allary Éditions, 2023

1. Auflage 2024

ISBN 978-3-446-28011-3

Umschlag: Anzinger & Rasp, München
Motiv: © Raphaëlle Faguer
Satz: Greiner & Reichel, Köln
Druck und Bindung: GGP Media GmbH, Pößneck
Printed in Germany

FSC www.fsc.org
MIX
Papier | Fördert gute Waldnutzung
FSC® C014496

INHALT

EINLEITUNG 9

KAPITEL 1: HENRI BERGSONS GENIALE INTUITION 15

KAPITEL 2: DIE GEGENWÄRTIGKEITEN DER VERGANGENHEIT 25
Das episodische Gedächtnis oder die Erinnerung an Episoden unseres Lebens 26
Das semantische Gedächtnis oder das Gedächtnis der Worte und Ideen 34
Das prozedurale Gedächtnis oder die Fertigkeit des Lautenspielers 41
Zwei Kurzzeitgedächtnisse: Arbeitsgedächtnis und sensorisches Gedächtnis 46

KAPITEL 3: DIE VERGANGENHEIT ALS TOR ZUR GEGENWART 51
Die Erziehung der Sinne 53
Die »Feinheit des Geschmacks« 57
Prousts Madeleines 60
Die Kraft des gegenwärtigen Augenblicks? 65

KAPITEL 4: DIE VERGANGENHEIT ALS SOCKEL UNSERER IDENTITÄT 68
Die Alzheimer-Kranken 69
Ich erinnere mich, also bin ich 72
Die Identitätsfabrik 77
Ein ewiges Ich? 81

KAPITEL 5: DER VERGANGENHEIT DEN RÜCKEN ZUKEHREN 84
Eine »moderne« Haltung 89
Vergangenheit oder Leben 91
Der psychische Preis der Vermeidung 95
Der Rebound-Effekt 98
Das traumatische Gedächtnis 103
Trinken, um zu vergessen 105
Arbeiten, um zu vergessen 106
Die Vorzüge des Scheiterns 109
Eine Pille des Vergessens? 110
»Rückkehr nach Reims« – sich von der Vergangenheit frei machen? 114
»A History of Violence« – wenn die Vergangenheit hereinbricht 119

KAPITEL 6: DIE VERGANGENHEIT ALS STÜTZE 124
Die »schöpferische Rekapitulation« von Zlatan Ibrahimović 131
Eine neue Vision der Freiheit 133
Die Kunst des guten Erbens 137
Die innere Melodie unserer Persönlichkeit 140
Das schmerzhafte Erbe der Opfer 143

»Élan vital« ... 147
Großzügigkeit ... 150

KAPITEL 7: IN DIE VERGANGENHEIT EINGREIFEN ... 154
Die an Erinnerungen geknüpfte implizite Lebensregel verändern ... 155
Aktuelle Therapien erfinden den Stoizismus neu ... 160
Eine fiktive Person greift in unsere Erinnerungen ein: die Techniken des Reparenting ... 167
Bergson, Freud und Proust: Fürsprecher des Unvergesslichen ... 172
Die freudsche Psychoanalyse: der lange Gang zurück in die Vergangenheit ... 173

KAPITEL 8: SICH MIT DER VERGANGENHEIT VORWÄRTS BEWEGEN ... 182
Sich an die schönen Dinge erinnern ... 183
Sich neue Erinnerungen schaffen ... 193
Vergeben? ... 199
Die richtige Dosis Vergessen ... 204
Mit der Trauer leben ... 209

SCHLUSS ... 225
DANK ... 232
ANMERKUNGEN ... 235
REGISTER ... 250

EINLEITUNG

Mit dem Bohneneintopf oder den Rinderrouladen, die wir an Sonntagen mit so großer Freude zu kochen pflegen, mit diesen Gerüchen und Geschmäckern knüpfen wir an unsere Kindheit an, an unsere Oma, die sie so vorzüglich zuzubereiten wusste.

In unserem Verhältnis zur Arbeit, unserem zuweilen übertriebenen Perfektionismus, werden wir wieder zu dem Jugendlichen von damals, der sich vor den Vorhaltungen des Vaters oder eines autoritären Lehrers fürchtete.

In unserer Art zu lieben, um jeden Preis daran zu glauben, lassen wir den Idealismus unserer Mutter fortleben; das, was wir mit unseren Kinderaugen von der Liebe gesehen haben.

In den Werten, an die wir glauben, und in den Dingen, die uns wichtiger sind als alles andere, überdauern die Spuren unseres Herkunftsmilieus, unserer Erziehung und unserer einschneidenden Begegnungen.

Sogar wenn wir uns in Betrachtung versenken, sind wir nicht einfach nur im gegenwärtigen Augenblick: Die Landschaft, die uns mitten ins Herz trifft und wie durch Zauberhand mit der Welt versöhnt, das Licht der Sommerabende, das wir so gern wiederfinden, der Wein, der uns gleich beim ersten Schluck auf eine Reise schickt – all das zu lieben, ihre Schönheit zu genießen, ihre Kraft zu spüren, haben wir gelernt.

Alles, was wir sind, unsere guten wie unsere schlechten Seiten, unsere Vorlieben und Abneigungen, unsere Träume und Ambitionen, aber auch unsere Ängste und Sorgen, unsere Freuden und Leiden, unsere Reaktionen, unsere Weltsicht und natürlich unsere Gewohnheiten: All dies entspringt unserer Vergangenheit. Und in allem ist die Vergangenheit gegenwärtig. Wir glaubten, sie läge hinter uns, dabei macht sie sich kontinuierlich bemerkbar.

Diese Vergangenheit, die nicht vergeht, hält sich noch hartnäckiger im Kern jener Dinge, die wir bedauern oder bereuen, in der Erinnerung an unsere Fehlschläge, an jene Momente, die sich uns eingebrannt haben und sich immer dann in Erinnerung rufen, wenn uns Zweifel befallen. Aber sie hält sich auch, wiewohl eher im Hintergrund, in der Erinnerung an schöne Dinge, an unsere ersten Gefühlswallungen, unsere prägendsten Entdeckungen, unsere Erfolge.

Egal, ob wir glücklich oder unglücklich sind, unsere Vergangenheit kehrt unentwegt zurück. Sie lädt sich ungebeten in unsere Gegenwart ein: bei der Arbeit, auf der Straße, zu Hause, unerwartet, zurückgerufen durch eine flüchtige Sinnesempfindung. Ein kurzes Verweilen, und schon taucht sie aus den Tiefen unserer Geschichte auf und spült einen Schwall von Erinnerungen hoch, die uns in sanfte Nostalgie oder bittere Melancholie versetzen. Mitunter überfällt sie uns auch, gnadenlos, intensiv, blendend wie der Blitz eines alten Traumas, der uns ins Wanken bringt, allzu oft im ungünstigsten Moment. Eine unglückliche, schmerzhafte Erinnerung oder eine Verletzung, die wir am liebsten vergessen würden, kommt immer wieder hoch, als wären wir dazu verdammt, diese Szene endlos zu durchleben. Wir möchten uns von der unglücklichen Vergangenheit frei machen und die glücklichen Tage wiederkehren lassen, doch meistens scheitern wir mit dem einen wie mit dem anderen. Je mehr wir vergessen wollen, desto mehr Kraft verleihen wir den Erinnerungen, die uns zusetzen. Je mehr wir vergangene Freuden wiederaufleben lassen wollen, desto bitterer die Nostalgie. Ein seltsames Ding ist die Vergangenheit: Sie lässt sich nicht rückgängig machen und sucht doch fortwährend unsere Gegenwart heim. Wie die Antlitze unserer Verstorbenen, wenn sie uns besuchen.

Es wäre ein Fehler zu glauben, dass das Gestern allein der Vergangenheit angehört. In Wirklichkeit vergeht die Vergangenheit nicht; wir bestehen zu weitaus größeren Teilen aus Vergangenheit als aus Gegenwart. Jeder erlebte Augenblick schließt sich eilends der Vergangenheit an, die sich endlos weiter aufbläht wie ein Segel bei Rückenwind. In der Gegenwart sind wir nur Passanten: Je weiter wir im Leben voranschreiten, desto reicher an Erlebtem sind wir. Daher ist es für uns essenziell, gut mit unserer Vergangenheit zu leben und den richtigen Abstand zu ihr zu finden. Um uns selbst besser zu kennen und zu verstehen, um zu wissen, was wir geerbt haben, aber vor allem, um nicht ins Grübeln und Wiederkäuen zu verfallen wie diejenigen, die nicht *mit*, sondern *in* ihrer Vergangenheit leben und manchmal auch in Neurosen oder Ressentiments gefangen sind.

Ohne die Lichtmomente des Gestrigen sehen wir nichts vom Morgigen, und das immer größer und stärker werdende Segel treibt uns irgendwohin. Unser Leben entgleitet uns, wir werden zu blinden Passagieren.

Um zu begreifen, wie unsere Vergangenheit in der Gegenwart auf uns einwirkt, müssen wir untersuchen, wie unser Gedächtnis funktioniert. Denn hier befindet sich unsere Vergangenheit: in uns, nicht hinter uns. Lange Zeit haben wir irrigerweise das Gedächtnis auf einen simplen Erinnerungsspeicher reduziert, inzwischen wissen wir aber dank der Fortschritte der Neurowissenschaften, dass es viel mehr ist: Unser Gedächtnis ist komplex und beweglich, es ist das pochende Herz unseres Gehirns, das sich seinerseits durch Plastizität und die Fähigkeit auszeichnet, sich ständig selbst umzustrukturieren und unablässig neue Nervenverknüpfungen anzulegen. Dieses neue Verständnis des Gedächtnisses, das die heutige Kognitionswissenschaft etabliert hat, bricht mit dem Bild, das wir uns bis dato von den Erinnerungen gemacht haben: als Daten, die auf einer Festplatte gespeichert werden. Auch die Erinnerungen sind lebendig; sie werden regelmäßig abgerufen, bekräftigt, zementiert, zuweilen neu erschaffen und sogar erfunden.

Unser Gedächtnis gleicht einem neuen Kontinent, wo faszinierende Entdeckungen auf uns warten: Unsere Vergangenheit ist zugleich ein Schicksal, das umarmt, und ein Material, das bearbeitet werden will, und unsere Erinnerungen sind eher erfinderische Rekonstruktionen als objektive Daten. Die Revolution der Neurowissenschaften eröffnet uns vollkommen neue Felder: Wir haben die Möglichkeit, auf vergangenes Unglück zurückzublicken, um das Toxische daran zu neutralisieren, und die Möglichkeit, verlorenes Glück in die Gegenwart zu holen, um es wieder zu genießen. In unsere Vergangenheit eingreifen zu können, ist keine Fiktion, sondern wissenschaftlich erwiesen und stellt vor allem eine existenzielle Möglichkeit für uns alle dar. Die vielversprechende Revolution hat bereits zu neuen psychotherapeutischen Methoden der sogenannten Gedächtnisrekonsolidierung geführt. Wenn wir die Funktionsweise unseres Gedächtnisses besser verstehen, können wir auf unsere Vergangenheit und damit auch auf unsere Gegenwart einwirken, auf unser Vermögen, uns vorwärts zu bewegen. Während Freud oder Lacan uns aufforderten, die Vergangenheit zu akzeptieren, da sie nicht zu ändern sei, legen uns die neuen, neurowissenschaftlich ausgebildeten Therapeuten nun nahe, unsere Vergangenheit zu verändern, um offen für die Zukunft zu sein.

Im Lichte dieser außergewöhnlichen Reise in unser Gehirn werden wir nicht nur manche antike Weisheit wiederfinden und ihre verblüffende Aktualität ermessen, sondern auch jüngere Philosophen, angefangen bei Friedrich Nietzsche über Henri Bergson bis hin zu Hannah Arendt, die die wesentliche Bedeutung des Gedächtnisses – und des Vergessens – für die Entwicklung der Persönlichkeit, den Erfolg unseres Handelns und für unser Glück erkannt haben. Wir werden uns auf sie stützen und dank ihnen lernen, wie wir mit unserer Vergangenheit besser leben können. Daneben werden wir aus Literatur und Kunst schöpfen: die Proust'schen Reminiszenzen, die schöpferische Fantasie von Hervé Le Tellier, die traumartigen Inszenierungen von David Cronenberg und David Lynch, die Schriften von Jorge Semprun und Simone Veil über die Lagererfahrung, die Schilderung der Trauer um ihren Mann von Joan Didion, die ergreifenden Melodien von Barbara bis hin zum vielseitigen Talent von Zlatan Ibrahimović. Denn diese Künstlerinnen und Künstler des Worts, des Bilds oder des Balls machen für uns nachvollziehbar, was uns die Neurowissenschaften lehren: Obwohl unsere Vergangenheit uns zu dem gemacht hat, was wir sind, sind wir nicht einfach das, was sie aus uns gemacht hat; wir haben keinen Grund, uns von unserer Vergangenheit alles gefallen zu lassen.

Wir müssen nur den richtigen Abstand zu ihr finden und unser Segel, das die Vergangenheit immer weiter aufbläht, so ausrichten, dass es den Wind gut ausnutzt, damit wir wieder in Fahrt kommen.

KAPITEL 1

HENRI BERGSONS GENIALE INTUITION

Es hat lange gedauert, bis das Gedächtnis ein vollwertiges Thema der Philosophie wurde. Und noch heute haben wir oft eine verzerrte Vorstellung davon. Nicht selten werden Metaphern der Informatik bemüht, um über diese Sphäre des Geistes zu sprechen. So ist von »mangelnder Bandbreite« oder vom »vollen Speicher« die Rede, ganz so, als könnten wir das Gedächtnis lokalisieren und ihm eine Festplatte aufpfropfen, um »seine Kapazitäten zu erhöhen«. Wir stellen uns das Gedächtnis häufig als ein statisches, rein volumenbezogenes, aufhäufendes Ding vor. Ein Vorurteil, das den Begriff der Erinnerung und das Phänomen der Reminiszenz verarmen lässt. Die philosophische Tradition ist in diesem Punkt über lange Zeit dem gemeinen Menschenverstand gefolgt und hat das Gedächtnis als bloßen Aufbewahrungsort der Vergangenheit betrachtet. So begründete René Descartes beispielsweise sein mangelndes Interesse am Gedächtnis damit, dass dieses verglichen mit der Vernunft oder dem Bewusstsein »von Natur aus schwach« sei.

Abgesehen von den Visionen einiger weniger Philosophen, die die Potenziale des Gedächtnisses erkannten, allen voran Augustinus, der in seinen *Bekenntnissen* dessen große Kraft lobte, sollte es noch bis Ende des 19. Jahrhunderts dauern, ehe ein Philosoph das Gedächtnis in den Mittelpunkt seiner Überlegungen stellte. Henri Bergson hatte die für seine Epoche ziemlich verrückte, doch von der heutigen Wissenschaft bestätigte Intuition, dass unser Gedächtnis nicht statisch, sondern dynamisch ist, dass unsere Erinnerungen lebendig sind, einem Auf und Ab unterliegen und kurz unser Bewusstsein streifen, bevor sie wieder verschwinden. Und vor allem: dass unser Gedächtnis konstitutiv für unser Bewusstsein und damit unsere Identität ist.

Der phänomenale Erfolg Bergsons und seiner Philosophie des Gedächtnisses ist heute kaum noch nachvollziehbar, ebenso wenig der Schock, den die neuen Überlegungen auslösten, die der einflussreichste Philosoph seiner Zeit verfocht, der am Collège de France in Paris lehrte, die »Völkerbundkommission für geistige Zusammenarbeit« leitete und sogar den Literaturnobelpreis erhielt.

Die Menschen drängten sich auf dem Boulevard Saint-Germain, um Bergson am Collège de France zu hören. Jede seiner Vorlesungen war ein Ereignis, selbstredend ein intellektuelles, aber auch ein gesellschaftliches. Wer vor der Tür des Hörsaals bleiben musste, hoffte, den Verfasser der *Schöpferischen Evolution* beim Verlassen des Gebäudes zu erblicken oder den Klang seiner verstärkten Stimme durch das Fenster zu hören. Um die begeisterte Zuhörerschaft empfangen zu können, wurde sogar in Erwägung gezogen, seine Vorlesung in die große Aula der Sorbonne oder in die Halle des Palais Garnier zu verlegen. Auch im Ausland mobilisierte Bergson die Massen. 1911 hielt er in London einen Vortrag, der über eigens installierte Lautsprecher bis auf die Straße übertragen wurde. 1913 in New York soll sein Auftritt auf dem Broadway den ersten großen Verkehrsstau der Stadtgeschichte verursacht haben! Bergson war, weit vor der Zeit, eine Art Popstar der Philosophie – und warum? Wegen einer entschieden modernen Philosophie des Gedächtnisses und der Erinnerungen, die auch ein Denken des Handelns und eine Einladung zur Freiheit war.

Auf seiner Suche nach der anfänglichen und letztgültigen Wahrheit stellte sich Descartes die Frage: Wie können wir uns unserer Existenz gewiss werden? Seine Antwort war das berühmte *cogito ergo sum*: Ich denke, also bin ich. Der Beweis unserer Existenz liege in unserem Bewusstsein. Eine Behauptung, die Hegel zufolge Descartes als »Helden« der modernen Philosophie etablierte. Bergson revolutionierte das *cogito*. Er übernahm die Antwort Descartes' und setzte – in genialer Intuition – das erinnernde Subjekt an seine Stelle: Wir wissen, dass wir existieren, weil wir uns erinnern. Unsere Fähigkeit, uns unsere Handlungen und Erfahrungen in Erinnerung zu rufen und dieses Wissen unter dem Dach einer Identität, einer Persönlichkeit mit ihrer individuellen Geschichte zu vereinen, wird zum Sockel der Erkenntnis. Ich erinnere mich, also bin ich! Unsere Erinnerungen sind der Stoff, aus dem wir gemacht sind, behauptet Bergson. So schreibt er 1919 in *Die seelische Energie*: »Ich […] halte mich an die Beobachtung, denn es gibt nichts so unmittelbar Gegebenes, nichts evidenter Wirkliches, als das Bewußtsein, und der Geist des Menschen ist das Bewußtsein selber. Nun bedeutet aber Bewußtsein vor allem Gedächtnis. […] So glaube ich denn freilich, daß unser ganzes inneres Leben etwas ist wie dieser einzige Satz, den ich schon beim ersten Erwachen meines Bewußtseins begonnen habe, ein Satz, der wohl mit Kommata durchsät ist, doch nirgends durch Punkte zerschnitten.«[1]

Unser Wissen und unsere Identität und damit auch das Gedächtnis, auf dem sie gründen, sind jedoch nicht verfestigt. Bergson zufolge besteht unsere Vergangenheit in unserem Gedächtnis endlos fort, ohne starr zu sein: Sie entwickelt sich mit uns weiter und wird entsprechend unseren Lebenserfahrungen und der Art und Weise, wie wir unsere Zukunft abstecken, in der Gegenwart modelliert. Ein Jahrhundert später haben die Neurowissenschaften Bergsons Intuition bestätigt: Es gibt keine objektive Erinnerung, jede Erinnerung ist eine dynamische Rekonstruktion. Diese Kraft, die in unserem Gedächtnis wirkt, ist sogar konstitutiv für das Lebensprinzip, das uns antreibt.

In *Materie und Gedächtnis* zeigt Bergson auf, dass wir, um zu handeln, unentwegt die Erinnerungen danach auswählen, was für unser Handeln nützlich ist: Aus dem riesigen Ozean unserer Erinnerungen strömen spontan nur diejenigen ins Bewusstsein, die wir brauchen. Kein Philosoph vor ihm hatte so gut verstanden, was heute eine wissenschaftliche Tatsache ist: Das Gedächtnis dient weniger dazu, die Vergangenheit zu bewahren, als eher dazu, sich in die Zukunft zu projizieren. Oder genauer: Es bewahrt die Vergangenheit, um Vorhersagen treffen zu können. Wie im Übrigen bei Alzheimer-Kranken zu beobachten ist, fällt es ihnen nicht nur schwer, sich an die Vergangenheit zu erinnern, es gelingt ihnen auch nicht, sich der Zukunft zuzuwenden. Das Gedächtnis und die Sorge um das, was kommt, gehen Hand in Hand: Diese fast schon kontraintuitive Idee steht im Zentrum von Bergsons visionärem Denken.

Allerdings aktiviert unser Handeln nur einen winzigen Teil der verfügbaren Erinnerungen. Diesseits des Handelns bildet unser Gedächtnis ein großes Ganzes aus Erinnerungen, die Bergson als lebendig und in Bewegung beschreibt. Wollen wir wissen, wer wir sind, woher wir kommen und wohin wir gehen, müssen wir in die Flut der Überbleibsel der Vergangenheit eintauchen und diesen begegnen, um unsere Komplexität, unsere Subjektivität und jene Geschichte zu erfassen, die für uns konstitutiv ist und unaufhörlich fortgeschrieben wird, die »mit Kommata durchsät ist, doch nirgends durch Punkte zerschnitten«.

Wie Bergson in *Die seelische Energie* schreibt: »Aber setzen Sie den Fall, daß ich in einem bestimmten Moment das Interesse an der gegenwärtigen Situation, an meinen dringendsten Geschäften, kurz an dem, was bisher alle Aktivität meines Gedächtnisses auf einen einzigen Punkt konzentrierte, verliere. Anders ausgedrückt, setzen Sie den Fall, ich schlafe ein. Dann würden diese reglosen Erinnerungen merken, daß das Hindernis weggeräumt ist, daß die Falltür geöffnet ist, die sie bis dahin im Kellergeschoß des Bewußtseins eingesperrt hielt, und nun geraten sie in Bewegung. Sie werden sich rühren, sich erheben und in der Nacht des Unbewußtseins einen ungeheuren Totentanz aufführen. Und alle miteinander werden zur Tür laufen, die sich eben halb geöffnet hat.«[2]

In dieser Passage erinnert Bergson an den Traumzustand: Wenn wir aufhören, zu handeln und dadurch eine Auswahl zu treffen, und unsere Erinnerungen freien Lauf haben, beginnen sie zu »tanzen«. Unsere Erinnerungen bilden den plastischen, vielgestaltigen, aktiven Stoff unserer Träume. Fast das gesamte Werk Bergsons ist eine Demonstration dieser Vitalität unserer Erinnerungen, die sich einerseits in den Träumen zeigt, andererseits und weit darüber hinaus in allen Phänomenen des Bewusstseins. Bergson lehrt uns etwas Grundlegendes für das Verständnis des menschlichen Geistes und unsere Persönlichkeitsbildung: Unsere Erinnerungen, unsere Vergangenheit »berieseln« unsere gesamte bewusste Aktivität. Unsere Vergangenheit kehrt fortlaufend in unseren Wahrnehmungen, Intuitionen, Entscheidungen wieder – in allem, was es uns ermöglicht, unsere freie Persönlichkeit auszudrücken. So erfassen wir die Welt durch den Filter unserer Erinnerungen: Sie legen sich über die Wirklichkeit, die als gleich, ähnlich oder gegensätzlich wahrgenommen wird; wir vergleichen, stellen Verbindungen her und Unterschiede fest, um zu begreifen und zu integrieren. Was wir sehen, berühren, hören, »erinnert« uns immer an etwas; das Neue wird unwiederbringlich mit dem Stempel des Erlebten versehen. Auch unsere Intuitionen sind durch eine lange Erziehung geprägt, durch Erfahrungen, die tief in unserem Innern eingeschrieben sind und zur rechten Zeit wiederkehren, um uns zu leiten. Hier ist kein Wunder am Werk, weder hellseherischer noch göttlicher Natur, sondern schlicht das fruchtbare Spiel der Erfahrung: Wir sind durchdrungen von einer Vergangenheit, die zu uns spricht und uns Orientierung gibt.

An diesem frühen Apriltag öffne ich das Fenster, atme die noch frische Morgenluft ein und verspüre große Lust, in eine leichte Jacke zu schlüpfen und meinen Kaffee draußen zu trinken. Es ist der besondere Duft des nahenden Frühlings, der Wiederkehr der schönen Tage. Noch ist es zu früh, um zu wissen, ob der Tag schön werden wird, doch da ist dieser einzigartige Wohlgeruch, der mich anspricht. Ich kenne ihn, erkenne ihn wieder, und er weckt in mir den Wunsch, den Sonnenaufgang zu genießen. So ist es auch mit jeder unserer Entscheidungen, die erst im Bewusstsein des Lebensweges, der uns bis an diesen entscheidenden Punkt geführt hat, frei sind. Wir entscheiden immer nur auf der Grundlage einer Gesamtheit von verinnerlichten Konditionierungen, die unsere Persönlichkeit geformt und die Prinzipien und Werte begründet haben, die unsere Entscheidungen bestimmen. Wir sind nur in dem Maße frei, in dem wir uns der Vergangenheit bewusst sind, die uns zu dem gemacht hat, was wir sind, und unserer Geschichte, die der Leitfaden für unsere Zukunft ist. Die Philosophie von Henri Bergson lädt uns ein, die lebendige Materie der Erinnerungen zu ergreifen und sie mitzunehmen in der Bewegung, die uns in die Zukunft trägt.

Wie lebendig unsere Erinnerungen sind, wie dynamisch unser Gedächtnis ist, diese Erfahrung machen wir Tag für Tag. Durch die wie aus dem Nichts auftauchende Erinnerung an einen verstorbenen geliebten Menschen – warum gerade jetzt? Durch das Gefühl des Bedauerns oder schmerzhafter Reue, das uns ergreift. Durch die Erinnerung an eine alte Liebe, die eine Duftnote, ein Lichtschimmer auf einem alltäglichen Gegenstand, ein Lied im Radio zufällig weckt. Wir hatten diesen fröhlichen Augenblick vollkommen vergessen, und nun läuft uns ein wohliger Schauer über den Rücken, so als hätte er, über all die Jahre unversehrt geblieben, rein und frisch, rücklings am Saum der Gegenwart auf die Gelegenheit gelauert, sich ins Bewusstsein zu rufen und ein Lächeln auf unsere Lippen zu zaubern. Oder wir denken an ein vergangenes, verlorenes Liebesglück zurück, das in unserem Gedächtnis aber noch so lebendig ist, dass uns die heftigsten Gefühle überwältigen und auf einer Woge bittersüßer Nostalgie forttreiben. Im Schatten einer so lebendigen, intensiven Erinnerung verblasst die Gegenwart und wird schal, auch darin liegt die ganze Kraft der Nostalgie, die Serge Gainsbourg in *La Chanson de Prévert* besingt: »Avec d'autres bien sûr je m'abandonne | Mais leur chanson est monotone | Et peu à peu je m'indiffère | À cela il n'est rien à faire | Car chaque fois ›Les Feuilles mortes‹ | Te rappellent à mon souvenir«.[3] *Les Feuilles mortes,* dieses Lied von Jacques Prévert, bewegt den Sänger ungewollt zum Rückblick auf eine vergangene Liebesgeschichte, die »nicht aufhört zu sterben« und in seiner Erinnerung präsent und lebendig bleibt mit einem Glanz, der seine neuen Liebschaften blass und »monoton« erscheinen lässt. Unter der Glocke einer hartnäckigen Erinnerung und andauernder Nostalgie kann die Gegenwart sich nicht entfalten. Gainsbourg wird vergessen müssen, um wieder lieben zu können, wenn seine »toten Liebschaften zu Ende gestorben sind«. Selbstverständlich wird dann die Erinnerung nicht tot sein, völliges Vergessen ist nicht möglich. Der Liebende muss lernen, mit ihr zu leben, sie in der Vergangenheit verblassen zu lassen, als abgeschlossenes Kapitel seiner Geschichte, die fortdauert. Wenn die Nostalgie süß wird und der Gegenwart Platz macht, kann er sich wieder öffnen.

Etwas weiter weg an den Rändern des Bewusstseins existieren all jene Erinnerungen, die uns entgleiten; sie sind wohl da, aber nicht greifbar. Sie liegen uns auf der Zunge, kitzeln unsere Nerven, wir fühlen sie, spüren sie, sie sind zum Greifen nah und entziehen sich doch, ausweichend und flüchtig. Irgendwann später kehren sie zurück und überraschen uns in einem denkbar unerwarteten Moment. So viel Wunderbares, Rätselhaftes verbirgt sich im Leben unseres Gedächtnisses!

Ja, unsere Vergangenheit ist lebendig, sie ist nicht nur vergangen, sondern stets gegenwärtig. Sie zwingt zur Demut: Nicht nur, dass sie partout nicht vorübergehen will, obendrein handelt sie nur nach ihrem eigenen Kopf. Die Vergangenheit taucht auf, wann sie will, nicht, wenn wir es wollen, und klopft ohne Vorwarnung an das Tor der Gegenwart. Unser Gedächtnis folgt einem eigenen Rhythmus, einer eigenen inneren Logik. Es reagiert auf Auslöser und Reize, die wir im Wesentlichen nicht verstehen. Wie gerne würden wir uns von belastenden Dingen befreien, peinliche Momente tilgen und quälendes Bedauern loswerden. Und umgekehrt unsere Sternstunden für die Ewigkeit festhalten und die Glücksmomente, als wir auf Wolke sieben schwebten, andauern lassen. Aber unsere Erinnerungen bleiben davon unbeeindruckt. Wir stecken in den Fängen der unkontrollierbaren Vergangenheit, der Erinnerung, diesem »sturen Hund«.[4] Wie sollen wir in Frieden mit einer Geschichte leben, die uns ständig beißt?

Und doch müssen wir wohl oder übel einen Weg finden, um mit unserer Vergangenheit zu leben, dieses schwere Gepäck mit leichtem Herzen zu tragen, da jede Sekunde, die vergeht, unsere Zukunft verkürzt und das Erlebte anwachsen lässt. »Ja, ich glaube, unser vergangenes Leben ist immer da, aufbewahrt bis in seine geringsten Einzelheiten; wir vergessen nichts, und alles, was wir vom ersten Erwachen unseres Bewußtseins an empfunden, gedacht und gewollt haben, besteht endlos fort«, schreibt Bergson in *Die seelische Energie*.[5] Was für eine erstaunliche, faszinierende und auch ein wenig beunruhigende Intuition – unsere Geschichte ist ganz und gar unauslöschlich …

Das erklärt, warum Menschenscharen sich drängten, um Bergson zu hören, dieser unauffälligen Erscheinung mit dem kraftvollen Denken. Die Feststellung der Demut angesichts der Vitalität unseres Gedächtnisses kommt für den Philosophen keinem Eingeständnis der Ohnmacht gleich. Im Gegenteil. Bergson lädt uns angesichts der stürmischen Wogen unserer Erinnerungen zu einer neuen Herangehensweise an die Freiheit ein. Er legt uns eine Haltung der schöpferischen Empfänglichkeit und der Offenheit für die Vergangenheit nahe, die uns konstituiert. Wenn die Persönlichkeit die persönliche Geschichte in ihrer Totalität verdichtet, dann wird der freie Akt zum Privileg derer, die »ihre Vergangenheit mitnehmen«, zur Gänze im Gepäck haben, um sich in die Zukunft zu stürzen. Wir können unsere Vergangenheit und unsere Freiheit gleichzeitig ergreifen. Bergson schlägt nichts weniger als eine Methode vor, damit uns dies gelingt.

KAPITEL 2

DIE GEGENWÄRTIGKEITEN DER VERGANGENHEIT

Das Gedächtnis ist keine ganzheitliche und homogene, sondern eine vielfältige Fähigkeit. Wir verfügen über *mehr als ein* Gedächtnis. Das hatte schon Bergson festgestellt: Wir merken uns Dinge auf verschiedene Weise, Lernprozesse können unterschiedlich verlaufen. Er unterschied zwei Formen des Gedächtnisses: das Erinnerungsgedächtnis (*mémoire souvenir*) und das Gewohnheitsgedächtnis (*mémoire habitude*). Das Erinnerungsgedächtnis bildet und erweitert sich mit den Lebenserfahrungen, ohne eigenes Zutun. Da ist die Erinnerung an unsere erste Verabredung oder an eine schmerzhafte Trennung. Im Unterschied dazu ist das Gewohnheitsgedächtnis das Ergebnis einer Anstrengung, eines Willensaktes. Da ist die Lektion, die wir lernen müssen, damit sie sich einprägt. Die Neurowissenschaftler haben Bergsons Intuition bestätigt, gehen in ihrer Analyse aber noch weiter. Nach ihren Erkenntnissen gibt es nicht zwei, sondern fünf Formen des Gedächtnisses, davon drei Haupt- und zwei Nebenformen: das episodische (oder autobiografische) Gedächtnis, das in etwa Bergsons Erinnerungsgedächtnis entspricht; das semantische Gedächtnis der Worte und Ideen; das prozedurale Gedächtnis, das mit unseren Reflexen und Gewohnheiten verbunden ist und Bergsons Gewohnheitsgedächtnis ähnelt; dazu kommt noch das Kurzzeitgedächtnis, aufgefächert in Arbeits- und sensorisches Gedächtnis. Die Existenz der drei Hauptformen des Gedächtnisses verweist aber nicht nur auf drei Modalitäten des Erinnerns, sondern bedeutet auch und vor allem, dass unsere Vergangenheit auf mindestens drei verschiedene Arten in uns wirkt und erhellend oder irreführend, Stütze oder Hindernis sein kann. Da wir wissen wollen, wie wir mit unserer Vergangenheit gut leben können, drängt sich nun ein Abstecher zu den Neurowissenschaften auf und zu deren neuesten Erkenntnissen über die Funktionsweise unseres Gedächtnisses oder, genauer: unserer Gedächtnisse.

DAS EPISODISCHE GEDÄCHTNIS ODER DIE ERINNERUNG AN EPISODEN UNSERES LEBENS

Unser episodisches Gedächtnis ist das Sammelbecken der Erinnerungen an Erlebtes: Diese Episoden warten nur darauf, sich ins Bewusstsein zu rufen, um uns das Herz zu erwärmen oder einen Stich zu versetzen, uns Flügel wachsen zu lassen oder in trübsinnige Stimmung zu tauchen, oder einfach um uns einzuladen, unseren Lebensweg Revue passieren zu lassen. Das episodische Gedächtnis ist der Sitz unserer Geschichte. Ebenjene Fähigkeit zur Wiedererinnerung des eigenen Lebens als Erzählung dürfte uns wohl am meisten von den Tieren unterscheiden. Das Bewusstsein des Selbst basiert bei uns Menschentieren auf den vergangenen Episoden unserer Geschichte und den Emotionen, die wir damit verbinden. Natürlich verfügen auch Tiere über die

Fähigkeit, sich zurückzuerinnern, allerdings nicht in der Fülle, die uns das episodische Gedächtnis bietet: Sie sind nicht imstande, eine innere Zeitreise zu unternehmen und sich einzelne Erlebnisse zu vergegenwärtigen. Wie immer, wenn wir versuchen zu bestimmen, was zum Wesen des Menschen gehört, stoßen wir auf Ausnahmen. So haben die Forscherinnen und Forscher Nicola Clayton, Joanna Dally und Nathan Emery festgestellt, dass einige Vögel, wie zum Beispiel die Eichelhäher, sich nicht nur daran erinnern können, wo sie ihre Nahrung versteckt haben und was es war, sondern auch, wann sie dies getan haben.[1] Das episodische Gedächtnis kommt also auch im Tierreich durchaus vor. Doch diese Fähigkeit ist äußerst selten, Menschenaffen beispielsweise haben sie nicht. Die Anzeichen eines episodischen Gedächtnisses bleiben punktuell und begrenzt, sodass man bei Tieren eher von einem quasi-episodischen Gedächtnis spricht. Sprichwörtlich mögen wir vielleicht »ein Gedächtnis wie ein Elefant haben«, allerdings ist und bleibt das Erinnerungsvermögen des Dickhäuters weit weniger eindrucksvoll als das des Menschen.

Tatsächlich weist unser episodisches Gedächtnis die verblüffende Eigenschaft auf, potenziell unendlich zu sein. Heute wissen wir, insbesondere durch die Forschungsarbeit von Larry R. Squire und Eric R. Kandel,[2] der mit dem Nobelpreis für Physiologie und Medizin ausgezeichnet wurde, dass die herkömmliche Vorstellung vom Gedächtnis als begrenztem Speicherort falsch ist. Unser episodisches Gedächtnis kennt keine Grenzen: Die dynamische Gesamtheit aller Episoden der Vergangenheit, die wir im Gedächtnis behalten, wird immer neue Erinnerungen aufnehmen können.

Mithin trägt jeder Mensch den weiten Ozean der Sequenzen seiner Vergangenheit in sich, wobei die bewussten Erinnerungen nur die Spitze des Eisbergs namens episodisches Gedächtnis bilden. Wir vergessen viel weniger, als wir meinen: Die scheinbar vergessenen Episoden sind in Wirklichkeit nur tiefer vergraben. Auch wenn wir traumatische Erlebnisse nach Kräften verdrängen, kehrt unter besonderen Umständen das Verdrängte mit Wucht zurück. Das bestätigt Bergsons Intuition: Nur weil wir eine Erinnerung scheinbar vergessen haben, bedeutet das nicht, dass sie endgültig verloren ist. Sie bleibt in uns gegenwärtig, wirkt auf ihre Weise in unserem Gehirn, beeinflusst unsere Art, zu denken und die Welt wahrzunehmen. Eine scheinbar vergessene Erinnerung ist kein ausgestrichenes Wort auf einem Blatt und keine verlorene oder überschriebene Datei, die auf der Festplatte eines Computers nirgends wiederzufinden ist. Vergessen ist nicht gleichbedeutend mit Verschwinden: Eine Erinnerung findet sich immer wieder, begünstigt durch einen Spaziergang, der einen Sommer in der Jugend zurückruft, oder durch den Geschmack einer in Tee getunkten Madeleine. Wir meinen zu vergessen, weil andere, unmittelbar nützlichere Erinnerungen in den Vordergrund unseres Bewusstseins treten oder weil wir ein unerträgliches Erlebnis verdrängen. Doch die scheinbar vergessenen Erinnerungen sind alle da, im Hintergrund: Auf die eine oder andere Weise »bestehen sie endlos fort«, um es mit den Worten Bergsons zu sagen.

Dafür, dass die Erinnerungen fortbestehen, gibt es im Wesentlichen zwei Gründe, die oft miteinander einhergehen: Zum einen sind sie nützlich, im Extremfall für unser Überleben, zum anderen sind Erfahrungen, die wir durchgemacht haben, emotional stark aufgeladen, wobei Emotionen das Zeichen für einen lebenswichtigen Nutzen sein können. So bleiben negative Emotionen leichter im Gedächtnis haften: Da diese häufig mit Angst und daher mit dem Überlebensinstinkt verbunden sind, lösen sie einen Reflex des Wiedererinnerns aus, den wir von der jahrtausendealten Evolution unserer Spezies geerbt haben. Das trockene Knacken eines Holzstücks schreckt uns auf, der Anblick eines Raubtiers löst einen Fluchtreflex aus, das instinktive Erkennen eines Schreckensschreis versetzt uns in Alarmbereitschaft: Wir haben gelernt, augenblicklich auf die Anzeichen einer potenziellen Gefahr zu reagieren. Primitive, unangenehme Emotionen fungieren als Warnung für das Gehirn, das gelernt hat, die damit verbundenen Informationen abzuspeichern, da dies für unseren Erhalt notwendig ist. Die Erinnerung an diese lange Zeit der menschlichen Evolution findet im Prozess selbst der Speicherung unserer Erfahrungen Eingang. Dass sich noch heute die schmerzhaften, unschönen Erinnerungen fester in uns verankern als die anderen, ist das Resultat dieser grundlegenden Funktionsweise unseres Gedächtnisses.

Eine Erinnerung ist also – entgegen der ursprünglichen Vorstellung, die sich die Menschen davon gemacht haben und die noch bis Mitte des 20. Jahrhunderts bei vielen Psychologen vorherrschend war – kein in unserem Gehirn eingeschriebener Datensatz. Sie ist keine lokalisierbare Gedächtnisspur, auch kein irgendwo abgespeichertes Bild, sondern eine in einer bestimmten Weise erfolgte Affizierung und Beeinflussung unseres Gehirns durch das Erlebte.

In ihrem spannenden Buch *Gedächtnis. Die Natur des Erinnerns* erzählen Larry Squire und Eric Kandel die Geschichte der neuen Vorstellung vom Gedächtnis und schildern insbesondere die Experimente, mit denen bewiesen werden konnte, dass unser Gedächtnis in keinem bestimmten Bereich des Gehirns lokalisiert werden kann.[3] Lange hatte man geglaubt, dass die Schläfenlappen oder der Hippocampus der Sitz des Gedächtnisses seien. Ein Experiment der führenden kanadischen Psychologin Brenda Milner zeigte jedoch, dass ein Patient, der mit dem Kürzel H.M. in die Geschichte der Psychologie eingegangen ist, sich auch nach einer Operation, bei der ein Großteil der Schläfenlappen und des Hippocampus entfernt wurde, an seine Vergangenheit erinnern konnte. Nach der Operation konnte er zwar keine neuen Erinnerungen mehr bilden, aber sich weiterhin präzise Dinge aus seiner Vergangenheit, insbesondere seiner Kindheit, ins Gedächtnis rufen.[4] Damit war der Beweis erbracht, dass das Gedächtnis nicht in den Schläfenlappen und im Hippocampus verortet ist, auch wenn Letzterer eine primordiale Rolle bei der Erinnerungsbildung spielt. Es gibt also kein spezifisches Zentrum im Gehirn, so die Schlussfolgerung von Squire und Kandel, in dem unsere Erinnerungen gespeichert sind. An ihrer Repräsentation im Gehirn sind mehrere Hirnstrukturen gleichzeitig beteiligt, und um ein vergangenes Ereignis zu erhellen, tauschen verschiedene Hirnbereiche Informationen aus – wie ebenso viele einander überkreuzende Faserbündel. Jedes Bündel transportiert eine Information über einen Aspekt der Erinnerung: den Geruch, den sie verströmt, ihre Erscheinung, die menschlichen Beziehungen, die darin verwickelt sind, die Emotionen, die sich damit verbinden, die Jahreszeit und so weiter. Das Gewebe aus diesen sich vielfach kreuzenden Bündeln formt die Erinnerung und »enkodiert« sie, so der wissenschaftliche Begriff, im Gedächtnis. Ist die Erinnerung einmal abgespeichert, bleibt sie auch erhalten, egal von welchen Beeinträchtigungen die Hirnbereiche betroffen sind, die die Enkodierung vorgenommen haben. Damit bestätigen die neuesten Erkenntnisse der Neurowissenschaften Bergsons kühne Annahme von vor hundert Jahren, die seine spiritualistische Position festigte: Wir wissen nicht wirklich, *wo* sich die Erinnerungen befinden.[5]

Unser Gedächtnis ist dynamisch und unser Gehirn ein Organ in Bewegung, das sich kontinuierlich weiterentwickelt. Man muss sich 85 Milliarden Neuronen vorstellen, und viele Milliarden Synapsen, die deren Verschaltung sicherstellen: Eine Erinnerung gleicht einer Faltung oder einem Netzwerk. Während eines Erlebnisses reagiert unser Gehirn und stellt eine Reihe von neuronalen Verbindungen her, die, ähnlich einer Woge, unsere graue Substanz anregen und verschiedene Bereiche des Gehirns miteinander verbinden.

Die Faltung, das Netzwerk, das dabei in unserem Gehirn entsteht, modifiziert dieses und legt das Grundmuster der Erinnerung fest. So wird unser Gehirn durch das Erlebte verändert und bilden unsere Erinnerungen in gewisser Weise die Landkarte dessen, was wir werden. Diese faszinierende Entdeckung führte vor gerade einmal dreißig Jahren zu einer weiteren, grundlegenden Entdeckung: Unser Gehirn zeichnet sich durch Plastizität und die Fähigkeit aus, sich fortlaufend weiterzuentwickeln, wie ein dichtes, rhizomartiges Netzwerk, das sich permanent neu konfiguriert. Wie das Universum gleicht es sich nie, sondern befindet sich in ständiger Umformung, während Galaxien entstehen und vergehen, Sterne zu Supernovas explodieren, Sternhaufen zerfallen …

Unser Gehirn wandelt sich unablässig, und wir können es immer wieder umwandeln; wir können das, was sich gebildet hat, umbilden. Mag uns eine negative, ja traumatische Erfahrung noch so sehr beeinflusst haben, keine Erinnerung, keine Vergangenheit schreibt uns ein Schicksal auf den Leib.

Wir reaktivieren Netzwerke, wenn wir uns erinnern, erwecken neuronale Pfade der Vergangenheit zu neuem Leben, allerdings nie auf dieselbe Weise, da unser Gehirn sich unablässig wandelt. Die Erinnerung wird gleichsam neu konfiguriert: durch das seitdem Erlebte, durch den aktuellen Kontext, durch unseren emotionalen Zustand. In diesem Sinne ist unser Gedächtnis lebendig und eine Erinnerung nie zweimal dieselbe.

Das neuronale Netzwerk, das eine Erinnerung durchläuft, gleicht einem Pfad, der sich durch den Wald schlängelt: Es ist immer derselbe Pfad, auf dem wir gehen, aber er ist jedes Mal anders. Die Pflanzen sind gewachsen, Regen ist gefallen, Äste sind abgebrochen, andere Wanderer haben ihn verändert, vertieft, verbreitert. Wer sich etwas vergegenwärtigt, findet zugleich immer Bekanntes wieder und entdeckt Neues.

Wenn aber jede Erinnerung neu betrachtet und ebendarum rekonstruiert werden kann, nimmt unweigerlich unsere Fantasie am Prozess teil. Die Grenze zwischen Erinnerung und Fantasie lässt sich nicht mit Genauigkeit ziehen. Die US-amerikanische Gedächtnisforscherin Elizabeth Loftus hat in den 1970er-Jahren das Zustandekommen falscher Erinnerungen nachgewiesen. Wir sind der festen Überzeugung, dass sich etwas in einer bestimmten Weise zugetragen hat, dabei ist es nichts anderes als ein Produkt unserer Fantasie und nicht unseres Gedächtnisses. Diese Erfahrung machen wir selbst manchmal. Da ist diese Episode aus der Familiengeschichte, die schon so oft beim Essen erzählt wurde, eine Anekdote, die jedes Mal unweigerlich zum Schmunzeln führt und Teil des gemeinsamen Erlebens ist, das die Bande zu unseren Geschwistern, Eltern und Verwandten enger knüpft. Wir waren überzeugt, dabei gewesen zu sein, bis eines Tages ein Verwandter mitten in der lebhaften Schilderung in schallendes Gelächter ausbricht: »Aber du warst doch gar nicht dabei!« Wir haben diese Episode so oft gehört, sie uns so plastisch vorgestellt, dass die Erinnerung daran lebendiger ist als an andere, sehr reale Erlebnisse. Der Nachweis dieser falschen Erinnerungen durch Elizabeth Loftus erregte in den Vereinigten Staaten so großes Aufsehen, dass sich die Rechtsprechung änderte: Es war fortan nicht mehr möglich, eine Person nur aufgrund der Aussage eines einzigen Augenzeugen zu verurteilen, denn es bestand die Gefahr, dass sie infolge einer falschen Erinnerung als ein Produkt der Fantasie oder der nachträglichen Beeinflussung identifiziert wurde.[6]

Dass unser episodisches Gedächtnis nicht vollkommen zuverlässig ist, bedeutet jedoch nicht, dass wir unseren Erinnerungen grundsätzlich nicht trauen können. Auch wenn sie nicht immer erwiesen sind, können wir sie als Indizien betrachten, die es zu sammeln, zu verknüpfen, zu deuten gilt. Welche Bedeutung wir diesen Gedächtnisspuren beimessen, hängt von den Vorstellungen und Werten ab, die wir damit assoziieren. Das ist die Aufgabe des semantischen Gedächtnisses.

DAS SEMANTISCHE GEDÄCHTNIS ODER DAS GEDÄCHTNIS DER WORTE UND IDEEN

Zu wissen, was die Farbe Gelb ist und dass die Frucht mit der dicken gelben Schale und dem saftigen sauren Fruchtfleisch »Zitrone« heißt und zur Familie der Zitrusfrüchte gehört, hat mit unserem semantischen Gedächtnis zu tun. Oder dass der Zweite Weltkrieg 1945 zu Ende ging und welche Hintergründe und Ereignisse zum Algerienkrieg führten. Dass ich mein Bedürfnis zu trinken mit dem Wort »Durst« verbinde und die Befriedigung dieses Bedürfnisses mit dem Wort »stillen« oder »löschen«, hat ebenfalls mit unserem semantischen Gedächtnis zu tun. Dasselbe gilt für unsere Fähigkeit, Liebe auf den ersten Blick oder Hassgefühle zu erkennen, eine Tatsache oder eine Enttäuschung zu identifizieren, Begriffe wie »Freiheit« und »Abhängigkeit« zu erfassen oder auch unsere Vorstellungen von den »Dingen des Lebens« zu begreifen.

Das semantische Gedächtnis enthält die Worte, die wir gleich Namenstäfelchen Gegenständen, Vorstellungen, Begriffen, »allgemeinen Wahrheiten« anheften. Unser Weltwissen schreibt sich darin ein. Anders als das episodische Gedächtnis nimmt sich das semantische Gedächtnis nicht unserer Erlebnisse an, sondern all der Dinge, die wir daraus abgeleitet haben. Es enthält die Gesamtheit unserer Kenntnisse, Ideen und Urteile, sowohl der expliziten als auch der impliziten.

Oft sind wir uns der Vorstellungen, die wir über Männer und Frauen, über Liebe, Macht, den Sinn des Lebens oder auch über uns selbst haben, nicht vollends bewusst. Dabei beeinflussen diese in der »Vorkammer« des Bewusstseins entstandenen Vorstellungen unsere Beziehung zu anderen Menschen und zur Welt, unsere Emotionen und Reaktionen. Unser semantisches Gedächtnis hat also eine starke implizite Dimension. So kann es zum Beispiel sein, dass wir uns nicht für würdig halten, geliebt zu werden, und das nicht einmal wissen. Diese Vorstellung, die in unserem impliziten semantischen Gedächtnis gespeichert ist, rührt vielleicht von der Erfahrung her, dass wir als junger Mann von unserer ersten großen Liebe betrogen oder als Kind von unserer Mutter vernachlässigt wurden. Unsere Verhaltensweisen, unsere Reaktionen ergeben sich aus dem Selbstbild, das sich damals verfestigt hat: Wir nehmen seither leichter hin, dass man achtlos oder respektlos mit uns umgeht, wir lassen Fehlverhalten uns gegenüber durchgehen, weil sich tief in unserm Innern die Vorstellung festgesetzt hat, dass wir nicht würdig sind, geliebt zu werden. Diese Selbstherabwürdigung kann dazu führen, dass wir in manchen Momenten ängstlich oder traurig sind, ohne den Grund dafür zu verstehen. Obwohl die Schlussfolgerung, das Urteil über uns selbst, das Erlebtem entspringt, nicht auf einer realen Gegebenheit basiert – betrogen, vernachlässigt zu werden, bedeutet mitnichten, dass wir weniger Liebe und Aufmerksamkeit verdienen als die anderen –, ist es dennoch tief verwurzelt und aktiv. Wir glauben daran, ohne es zu wissen. Die im impliziten semantischen Gedächtnis auf diese Weise fest verankerten Überzeugungen können dazu führen, dass eine Person, die sie in sich trägt, sich selbst verbietet, sich auf eine neue Liebe einzulassen oder einfach nur glücklich zu sein. Es muss also gelingen, die irrigen »allgemeinen Wahrheiten«, die groben Pauschalisierungen, die aus Erlebnissen abgeleitet wurden, die Psychotherapeuten »emotionale Wahrheiten« nennen, zu korrigieren. Dabei geht es nicht darum, das Geschehene zu leugnen, sondern darum, zu verstehen, dass wir falsche Schlüsse gezogen haben. Wenn wir uns an einen krachenden Misserfolg erinnern, müssen wir daraus nicht folgern, dass wir »eine Null sind«, sondern können beispielsweise den Gedanken daran knüpfen, dass wir »zu Kühnheit fähig sind« oder dass »diese schlimme Erfahrung lehrreich war«. Wir können die Erinnerung an unser Versagen im Gedächtnis behalten, ohne daraus zu folgern, dass wir ein Versager oder eine Versagerin sind.[7] Diese Möglichkeit haben wir, weil das semantische Gedächtnis sich vom episodischen Gedächtnis unterscheidet.

Philosophen, Historikerinnen, Psychoanalytiker und Schriftstellerinnen haben nicht erst die Erkenntnisse der Neurowissenschaften abwarten müssen, um zu begreifen, dass es möglich ist, die Vergangenheit neu zu betrachten und umzudeuten und dadurch erhellter, klarsichtiger und glücklicher zu sein. Aber dank dieser Erkenntnisse und der Fortschritte im Bereich der bildgebenden Darstellung des Gehirns liegt nun eine wissenschaftliche Bestätigung dieser Möglichkeit der Wiederaneignung vor. Heute wissen wir, dass das semantische und das episodische Gedächtnis zwar im medialen Temporallappen (Hippocampus und Amygdala) angesiedelt sind, dort aber deutlich getrennte Bereiche einnehmen. Hier ist nicht von der Lokalisierung der Erinnerungen selbst die Rede – sie haben keinen Ort im Gehirn, wie wir gesehen haben –, sondern von den Funktionen, die ihren »Abruf« ermöglichen. Somit unterscheiden sich die beiden Fähigkeiten des Gedächtnisses nicht nur durch ihre Verortung im Gehirn, sondern auch durch ihre Funktionsweise. Unser semantisches Gedächtnis geht aus dem episodischen Gedächtnis hervor, ist aber autonom und gehorcht eigenen Regeln. De facto können wir unmöglich Erinnerungen aus unserem episodischen Gedächtnis auslöschen, dafür lassen sich aber glücklicherweise Überzeugungen aus unserem impliziten semantischen Gedächtnis entfernen oder ersetzen. Wir haben die Fähigkeit, die mit einer Erinnerung assoziierten Pseudowahrheiten – die »emotionalen Wahrheiten« – zu verändern. Sind wir einmal von den irrigen Überzeugungen befreit, von den groben Pauschalisierungen erlöst, erlangen wir das Vermögen wieder, uns vorwärts zu bewegen. Doch dafür mussten wir unsere Vergangenheit hinterfragen und begreifen, dass sie nicht »aus und vorbei« ist, nicht herumsteht wie eine Nippfigur auf dem Regal oder abgespeichert wie eine Datei auf der Festplatte, sondern dass sie ganz und gar lebendig darauf wartet, rekonstruiert zu werden, wie eine Geschichte, die wir anders erzählen, oder eine Knetmasse, der wir eine neue Form geben können.

Die heutigen Erkenntnisse der Neurowissenschaften bestätigen, dass es möglich ist, sich ein Erlebnis zu vergegenwärtigen, das im episodischen Gedächtnis vorhanden ist, und gleichzeitig auf das implizite semantische Gedächtnis einzuwirken, indem wir die Bedeutung, die wir diesem Erlebnis beimessen, beleuchten, sie einer Umdeutung unterziehen und daraus eine neue »allgemeine Wahrheit« ableiten. Die unterschiedlichen Funktionsweisen von episodischem und semantischem Gedächtnis sind ein Schlüsselelement: Wir können den Grübeleien über eine schmerzhafte Erinnerung entkommen, indem wir an dieser Erinnerung arbeiten, um sie in einem anderen Licht erscheinen zu lassen.

In seinem autobiografischen Bericht *Rückkehr nach Reims* beleuchtet der Soziologe Didier Eribon[8] dieses Phänomen auf besondere Weise: Unsere im impliziten semantischen Gedächtnis verankerten Deutungen sind nicht nur persönlicher Natur, darin spiegelt sich auch das Spektrum eines familiären und sozialen Erbes. Unsere »Wahrheiten« werden, zumindest zum Teil, von unserem sozialen Milieu beeinflusst oder sogar bestimmt. Unser implizites semantisches Gedächtnis trägt bestimmte Welt- und Gesellschaftsbilder in sich, es transportiert Lebensregeln, Werte und Überzeugungen, die sich gleichermaßen aus dem persönlich Erlebten und dem Erbe unserer sozialen Klasse ergeben. In seinem Buch beschreibt Eribon insbesondere die Verachtung seiner Eltern, die aus dem Arbeitermilieu stammen, und vor allem des Vaters gegenüber dem Kind und seiner Vorliebe für das Lernen und für Bücher. Sein Interesse für Literatur und Sozialwissenschaften, sein Ehrgeiz, durch Wissen aufzusteigen, bedeuteten in ihren Augen, »höher zu furzen als sein Arsch«, und kamen für sie einem Verrat des Herkunftsmilieus und der Werte der Arbeiterklasse gleich. Indem der Vater so dachte, die intellektuelle Neugier seines Sohnes scheinbar verachtete oder zumindest abwertete, trug er ein soziales Gedächtnis, eine Vergangenheit weiter, die nicht nur seine eigene war, sondern auch die der Arbeiterklasse als Ganzes, sodass sich deren Narrativ in seinem semantischen Gedächtnis festsetzte, dem impliziten und dem expliziten (die Überzeugungen, die ihm mitgegeben wurden, ebenso wie das selbst erworbene Wissen über die Bedingungen und die Geschichte der Arbeiterklasse). In seinem Herkunftsmilieu interessieren sich die Männer seit Generationen nicht für Bücher; mit dreizehn brechen sie die Schule ab, um arbeiten zu gehen und ihre Eltern zu unterstützen, indem sie zur Haushaltskasse beisteuern. Von diesem sozialen Gedächtnis hat auch Eribon geerbt, ob er will oder nicht. Er gesteht, dass er zeit seines Lebens »soziale Scham« empfunden hat – bis heute: das diffuse Gefühl, die Seinen verraten zu haben, indem er sich bildete und ein Akademiker und Schriftsteller wurde. Die soziale Geschichte, die Eribon in *Rückkehr nach Reims* anspricht, ist also sehr wohl in ihm selbst präsent, auch wenn er damit nicht konform geht. Sie sitzt im Kern seines semantischen Gedächtnisses fest und beeinflusst seine Selbstwahrnehmung und seine Vorstellungen über soziale Unterschiede. Obwohl er die Idee, dass ein Arbeiterkind »höher furzt als sein Arsch«, nur weil es die Schule mag und sich für Literatur und Soziologie interessiert, nicht vertritt und dieses Urteil nicht teilt, hallt es, so oft er das im Laufe seiner Ausbildungsjahre zu hören bekam, immer noch kräftig in ihm nach. So trägt er im Kern seines semantischen Gedächtnisses die früheren Generationen von Arbeiterkindern, all jene Menschen, für die ein sozialer Aufstieg undenkbar war. Die Ausgeschlossenen verinnerlichten den Zustand der sozialen und ökonomischen Unterdrückung und werteten im Gegenzug die Unterscheidungsmerkmale derer ab, die »es zu etwas bringen«: Studium und Wissen. Dieses Gesellschaftsbild wurde dann vom Vater auf den Sohn weitergegeben.

Unser Erbe lebt durch uns fort, egal ob wir damit konform gehen oder nicht. Es kann lange dauern, bis wir begreifen – und manchmal gelingt es nie –, dass wir zusätzlich zu unserer eigenen Vergangenheit auch die Vergangenheit unserer Ahnen und unserer sozialen Klasse in uns tragen. Das

Erlebte unserer Vorfahren hat sich nicht nur in ihr episodisches Gedächtnis eingeprägt. Die Erinnerungen des episodischen Gedächtnisses sind nämlich keine objektiven Tatsachen, sondern entsprechend gefärbt vom emotionalen Erleben und vom soziokulturellen Kontext, in dem sie ihren Platz einnehmen. Die Urteile, Lehren und Interpretationen, die sich aus den Erfahrungen der Eltern, aus deren Lebensgeschichte ergeben, sind auch durch den sozialen Kontext bestimmt und bilden den Kern des semantischen Gedächtnisses, das zum Großteil implizit ist und von Generation zu Generation fortbesteht. Unsere Vergangenheit beginnt nicht erst mit unserer Geburt, ihr Ursprung liegt viel weiter zurück: im Leben unserer Vorfahren, in ihren Überzeugungen, Leiden und Freuden, die wir erben, auch ohne es immer zu wissen. Gelingt es uns nicht, uns dessen bewusst zu werden und uns den Inhalt unseres semantischen Gedächtnisses zu verdeutlichen, laufen wir Gefahr, uns selbst fremd zu bleiben und hilflos gegen die Leiden, die uns zu schaffen machen. Ohne dass es ihm vollends bewusst war, bedeutete für Eribon die Liebe zum Lesen und Lernen und auch zu Männern über viele Jahre, sich des Verrats an seiner Familie schuldig gemacht zu haben. Erst durch das Schreiben und die Beschäftigung mit seinem episodischen Gedächtnis verstand er, was es mit seinem Gefühl des Verrats auf sich hatte. Dann war es ihm möglich, sich Schritt für Schritt davon zu lösen und eine Umdeutung vorzunehmen: Wer gut in der Schule war und den sozialen Aufstieg schaffte, der war doch keine Schande für seine Familie, sondern zollte ihr damit Respekt und dankte ihr für alle Anstrengungen, die sie für ihn auf sich genommen hatte. So konnte Eribon die gängigen Bilder und Vorstellungen, die er von seiner sozialen Klasse geerbt hatte, durch Uminterpretationen ersetzen und sein semantisches Gedächtnis verändern. Um das zu vollbringen, muss man kein Schriftsteller sein. Wie zu sehen sein wird: Wir alle können bis zu einem gewissen Grad unsere eigene Geschichte neu schreiben.

DAS PROZEDURALE GEDÄCHTNIS ODER DIE FERTIGKEIT DES LAUTENSPIELERS

Das dritte Gedächtnis, das prozedurale Gedächtnis oder Fertigkeitsgedächtnis, hat schon Descartes angesprochen, als er das Talent des Lautenspielers lobte. Dieses Gedächtnis unserer Gewohnheiten und Reflexe ermöglicht uns, Auto oder Fahrrad zu fahren, Klavier zu spielen, die Zähne zu putzen oder ganz einfach bei Tisch mit Messer und Gabel zu hantieren, ohne uns der vielen Handgriffe und Fertigkeiten bewusst zu sein, die wir dafür aktivieren. Dank dieses Gedächtnisses ist uns nicht bewusst, was wir alles können.

Alles beginnt mit dem Lernen: Wir müssen Handgriffe und Abläufe begreifen und wiederholen, um sie zu verinnerlichen. Mit der Zeit werden sie genauer und sicherer, wir beherrschen sie immer besser. Wir finden uns in Raum und Zeit besser zurecht, unsere Gesten werden natürlicher, brauchen immer weniger Aufmerksamkeit, um zu gelingen, sodass wir unsere Ressourcen für andere Dinge nutzen können. Ein Kind, das Fahrradfahren lernt, konzentriert sich zunächst auf seine Hände, die den Lenker halten, auf seine Finger, die nach dem Bremshebel greifen, dem für die Hinterradbremse meist zuerst, auf seine Füße auf den Pedalen und auf das

Gleichgewicht, das es halten muss … Mit der Zeit und kraft der Wiederholung werden sich ihm diese Handgriffe einprägen, es wird sie ausführen, ohne darüber nachzudenken, fast instinktiv, und seine Aufmerksamkeit sich auf andere Dinge richten können: die Straße und ihre Gefahren, die Schönheit der Landschaft, die eigenen schweifenden Gedanken beim Spazierenfahren … Es muss sich nicht mehr anstrengen, um sein Fahrrad zu beherrschen, der Körper macht es von ganz allein. »Der Körper ist in der Lage, sich Bewegungen zu merken und sie abzurufen, wenn er sie braucht«, schrieb Maine de Biran im Jahr 1804. Damit lieferte der französische Philosoph und Vorläufer der modernen Psychologie die erste Definition des prozeduralen Gedächtnisses, das er »mechanisches Gedächtnis« nannte.

Ein Jahrhundert zuvor hatte Descartes über den Lautenspieler geschrieben, dass dessen Gedächtnis in ihm wirke, als hätte »es sich in seine Finger gelegt«, als »wüssten« seine Hände für ihn. Wie ein Kind, das jetzt locker auf seinem Fahrrad sitzt, muss der Musiker sich nicht mehr auf seine Bewegungen konzentrieren, ist er nach jahrelanger Übung von der Notwendigkeit befreit, auf jede Einzelheit seiner Spieltechnik zu achten. Er kann sich voll und ganz der Interpretation der Musik widmen.

All diese Fertigkeiten, die wir vor Jahrzehnten und sogar seit frühester Kindheit angehäuft haben, dienen uns heute als Stütze. Sich aufs Fahrrad zu schwingen und durch die Lande zu fahren, sich nach jahrelangem Pausieren ans Klavier zu setzen und eine Etüde von Chopin langsam wieder zusammenzubekommen, einen Aufschlag beim Tennis zu spielen und keinen Gedanken an die Bewegungsabfolge zu verschwenden – auch das ist Leben mit der Vergangenheit.

Anders als das episodische und das semantische Gedächtnis ist das prozedurale Gedächtnis nicht im Hippocampus[9] und auch nicht in der Amygdala angesiedelt, sondern im Wesentlichen im Kleinhirn, aber auch in den Basalganglien und im Motorcortex, alles Areale, die mit der Steuerung der Willkürmotorik befasst sind.[10]

Wir können also, was dieses Gedächtnis angeht, unserem Körper vertrauen und uns auf die Gegenwärtigkeit der Vergangenheit verlassen. Die Reminiszenz kann über Umwege erfolgen, vorbei am bewussten willentlichen Akt des Wiedererinnerns. Das prozedurale Gedächtnis ist vielleicht unser treuester Verbündeter im Leben; die Zeit hat kaum Einfluss darauf. Alzheimer-Kranke vergessen den Ort ihrer Hochzeit oder den Namen ihrer Tochter, doch Autofahren, ein Spiegelei zubereiten und ihre Schuhe binden können sie noch lange.

Unsere Beziehung zur Vergangenheit mag manchmal schwierig sein, überschattet von Bedauern, Frustrationen oder sogar Traumata, und manchmal turbulent, wenn plötzlich unangenehme Erinnerungen unbemerkt hochkommen und sich als beklemmend und erdrückend erweisen, doch wir dürfen darüber nicht vergessen, dass unsere Vergangenheit unentwegt diskret am Werk ist, um uns im Alltag beizustehen. Sie ist in jeder banalsten Gebärde präsent: wenn wir gehen oder Fahrrad fahren, eine Treppe hinunterlaufen oder eine Leiter heraufklettern.

Das habe ich selbst während eines Aufenthalts auf dem Land erlebt, als ich unter anderem damit beschäftigt war, dieses Kapitel zu schreiben. Ich versuchte, die Sitzbank eines alten

Motorrads aufzuklappen, um an den Tankdeckel zu kommen, der sich in meiner Erinnerung darunter befand. Ich ging um das Motorrad herum und hatte dieses vage Bild vor Augen: ein Metallstift am Ende einer langen Feder. Die Erinnerung war zum Greifen nah, entwand sich aber: Die Lasche blieb unauffindbar. Als ich mich jedoch aufs Motorrad setzte, griff meine Hand, nach Jahren des Nichtbenutzens, unwillkürlich nach rechts hinter die Sitzbank in eine kleine unsichtbare Vertiefung und zog an einem dünnen Metallstift. Wie die Hand des Lautenspielers bei Descartes wusste meine Hand besser als ich, wo er zu finden war: Meine Erinnerung hatte sich »in sie gelegt«.

Auf dieselbe Weise können wir, wenn wir vor der Tür eines Wohnhauses stehen und feststellen, dass wir den Zugangscode vergessen haben, diesen wiederfinden, indem wir einfach die Finger auf die Tastatur legen und ihnen vertrauen. Unser Körper scheint manchmal ein viel besseres Gedächtnis zu haben als wir!

Das prozedurale Gedächtnis ist ein unbewusstes, aber nicht im freudschen Sinne eines verdrängten Unbewussten, sondern weil es aus Automatismen besteht, die uns nicht mehr bewusst sind. Wir haben uns so sehr daran gewöhnt, dass sie uns ganz selbstverständlich erscheinen. Die lange anerzogene Gewohnheit wird gleichsam zur »zweiten Natur«.[11] In der Kraft der Gewohnheiten ist unsere Vergangenheit auf eine zugleich sehr wirksame und sehr sanfte Weise gegenwärtig.

So sind das episodische, das semantische und das prozedurale Gedächtnis unsere drei grundlegenden Gedächtnisse; wir beziehen uns auf sie, wenn wir gemeinhin von »Gedächtnis«

sprechen. Diese drei Gedächtnisse werden gleichzeitig aufgerufen, wenn wir beispielsweise an eine bestimmte Geschichtsstunde in der Schule denken. Wir erinnern uns, dass der Unterricht an einem Frühlingsmorgen stattfand, wir gebannt zuhörten und der Geschichtslehrer uns zum ersten Mal interessant, ja sympathisch erschienen war: All das ist im episodischen Gedächtnis enthalten. Das Thema der Unterrichtsstunde war der Kalte Krieg. Alle Ausdrücke und Begriffe, die wir uns gemerkt haben, wie »Schweinebucht« oder »Gleichgewicht des Schreckens«, und überhaupt alle Kenntnisse rund um diese Periode sind im semantischen Gedächtnis enthalten. Und wenn wir dreißig Jahre später unserem Teenager beim Aufbau einer Hausarbeit über den Kalten Krieg helfen und feststellen, dass wir das methodische Vorgehen nicht vergessen haben, das wir seinerzeit so oft wiederholen mussten, dass es sich gleichsam unauslöschlich in uns eingeprägt hat, dann ist es das prozedurale Gedächtnis, das sein Potenzial voll entfaltet.

Diese drei Gedächtnisse sind Langzeitgedächtnisse und ermöglichen uns zu verstehen, wie wir die Vergangenheit »aufbereiten« können. Dazu gesellen sich zwei Kurzzeitgedächtnisse: das Arbeitsgedächtnis und das sensorische Gedächtnis.

ZWEI KURZZEITGEDÄCHTNISSE: ARBEITSGEDÄCHTNIS UND SENSORISCHES GEDÄCHTNIS

Unser Arbeitsgedächtnis unterscheidet sich von unseren Langzeitgedächtnissen vor allem dadurch, dass es Informationen nur für eine kurze Zeitspanne – maximal eine Minute – bereithält. Dieses Gedächtnis wird beansprucht, wenn wir uns zum Beispiel eine Handynummer merken, die jemand auf der Mailbox hinterlassen hat. Im Unterschied zu den anderen Gedächtnissen verfügt das Arbeitsgedächtnis über eine »Speicherkapazität«, die allerdings sehr begrenzt ist: Im Schnitt können sieben Einheiten, die Chunks genannt werden, nebeneinander bestehen.[12] Auch seine Funktionsweise ist eine andere: Dreißig Sekunden oder maximal eine Minute lang »löschen« wir alles andere und erinnern uns ausschließlich an das, was wir jetzt brauchen, nämlich beispielsweise die elf Zahlen der Handynummer. Weil sie lebendig sind, können unsere Langzeitgedächtnisse nicht mit dem Datenspeicher eines Computers verglichen werden, wie wir gesehen haben. Demgegenüber verhält sich unser Arbeitsgedächtnis ähnlich wie der »Arbeitsspeicher« eines Computers (RAM bzw. Random Access Memory oder Direktzugriffsspeicher), wo Daten, die gerade zur Ausführung von Programmen benötigt werden, kurzfristig gespeichert sind. All diese Daten verschwinden wieder aus dem Arbeitsspeicher, sobald der Computer sie nicht mehr verwendet.

Die Bedeutung des Arbeitsgedächtnisses erklärt übrigens auch, warum unser Frontallappen, dessen Sitz er ist, derart entwickelt ist und wir diese große, hohe und gerade Stirn haben, die sich von der unserer Primatenvettern unterscheidet, die eine eher fliehende, flache Stirn haben. Dass wir uns ausgewählte Informationen kurzfristig merken können, um ein Problem zu lösen, unterscheidet uns von den anderen Säugetieren ebenso wie die Fähigkeit, unsere Geschichte in einer Erzählung zu vergegenwärtigen, einem spezifischen Merkmal des Langzeitgedächtnisses. Mithin scheinen das Langzeit- und das Kurzzeitgedächtnis unser Menschsein auszumachen. Unser Arbeitsgedächtnis ähnelt einer Sortieranlage, in der die Informationen Sortierprozesse durchlaufen und diejenigen herausgesucht werden, die im Langzeitgedächtnis aufbewahrt werden sollen.

Viel interessanter ist aber: Erinnerungen, die sich im Langzeitgedächtnis befinden, können erneut das Kurzzeitgedächtnis durchlaufen, um »bearbeitet«, »aufbereitet« und dann in das Langzeitgedächtnis »zurückgeschickt« zu werden. Genau so verfährt Didier Eribon beim Schreiben von *Rückkehr nach Reims*: Er greift sich Erinnerungen aus seinem episodischen Gedächtnis heraus, schickt sie durch sein Arbeitsgedächtnis und verleiht ihnen eine neue Bedeutung in seinem semantischen Gedächtnis. Das Gleiche geschieht, wenn wir bei der Arbeit mit einer Psychologin oder im vertraulichen Gespräch mit einem Freund auf einen Misserfolg zu sprechen kommen. Wir holen die Erinnerung daran aus dem episodischen Gedächtnis in unser Arbeitsgedächtnis und bearbeiten sie, nachdem sie durch den Austausch mit der Psychologin oder mit unserem Freund in einem neuen Licht erschienen ist, indem wir ihr eine neue Bedeutung geben. Wir dachten, kläglich versagt zu haben, aber jetzt sehen wir, dass wir auf den Widerstand der Realität gestoßen sind und eine bereichernde Erfahrung gemacht haben. Die im Arbeitsgedächtnis bearbeitete Erinnerung kommt ins

Langzeitgedächtnis, genauer gesagt in unser semantisches Gedächtnis, wo sie nunmehr eine neue Färbung, eine andere Bedeutung hat. Die Bezeichnung »Arbeitsgedächtnis« sagt es aus: Unser Gedächtnis bewahrt nicht nur die Vergangenheit, es arbeitet auch daran.

Das sensorische Gedächtnis funktioniert ähnlich wie das Arbeitsgedächtnis, nur dass die Zeitspanne noch kürzer ist: nicht mehr eine Minute, sondern höchstens eine Sekunde. Im Bruchteil einer Sekunde speichert es alle Wahrnehmungen, die uns die unmittelbare Umwelt bereitet (Bilder, Geräusche, Gerüche …). Es bewahrt die Informationen, die unsere Sinne liefern, sehr zuverlässig, aber nur kurz auf. Die Schranke dieses Augenblicks passiert nur, was für die Gegenwart oder die Zukunft nützlich erscheint oder eine starke emotionale Aufladung hat. Ausgewählte sensorische Informationen wandern dann ins Arbeitsgedächtnis und kommen eventuell ins Langzeitgedächtnis. Das sensorische Gedächtnis ist also ein fast automatisches Gedächtnis und das Ergebnis unseres Wahrnehmungsvermögens. Vor allem aber fließen die Informationen nur in eine Richtung durch dieses Gedächtnis, das die Daten nicht aufbereitet. Eine Hinwendung zur Vergangenheit ist mit ihm nicht möglich, daher ist es hier für uns nicht so interessant.

Die Neurowissenschaften zeigen also: Wir unterhalten in der Gegenwart eine andauernde und komplexe Beziehung zu unserer Vergangenheit, genauer: fünf Arten von Beziehung, die den fünf dargelegten Formen des Gedächtnisses entsprechen. Da gibt es die Beziehung zu unserer persönlichen Geschichte mit unendlich vielen Episoden, die darauf warten, aufgerufen, erinnert und vielleicht rekonstruiert zu werden (episodisches Gedächtnis); die Beziehung zu unserer Vergangenheit durch das Prisma der von ihr hervorgebrachten unterbewussten Überzeugungen, die unserem Glück im Weg stehen oder es im Gegenteil befördern, indem sie ihre Bedeutung an das episodische Gedächtnis weitergeben (semantisches Gedächtnis); die Beziehung zu einer Reihe von Lernprozessen, die uns nicht mehr bewusst sind, auf die wir uns aber permanent stützen (prozedurales Gedächtnis); die Beziehung zu einer sehr nahen Vergangenheit, die kurzfristig nützliche Informationen bereithält (Arbeitsgedächtnis); die Beziehung zu einer ultrakurzen Vergangenheit, die ausreicht, um zu bestimmen, was von unseren Wahrnehmungen für die Zukunft von Interesse sein kann (sensorisches Gedächtnis). Diese fünf Gedächtnisse wirken zusammen und stehen in ständiger Beziehung zueinander.

Alle Schichten der Vergangenheit lagern sich im Kern der Gegenwart ab: Sie *machen* unsere Gegenwart. Dieser Gedanke schließt daran an, was der Historiker Fernand Braudel über die Gegenwärtigkeit historischer Ereignisse gesagt hat. Im Kern eines jeden Ereignisses, schreibt er im großartigen Vorwort zu seinem Werk *Das Mittelmeer,*[13] überlagern sich verschiedene Schichten der Vergangenheit, verschiedene Erinnerungen. Daher muss man, um ein historisches Ereignis zu verstehen, nicht nur die »sehr lange Dauer« (Einfluss von geografischer Lage und natürlicher Umwelt) und die »lange Dauer« (Geschichte der sozialen Bewegungen, Migrations- und Ideengeschichte) in den Blick nehmen, sondern auch die »kurze Dauer« (die Ereignisse selbst, die Erregung der Menschen, ihre Leidenschaften, ihren Zorn und ihre Anliegen).

Die lange Dauer gleicht der »Grundsee«, die kurze Dauer einer »ruhelos wogende[n] Oberfläche [mit] vom Strom der Gezeiten heftig erregten Wellen«. Um die Gegenwart zu verstehen, muss man den Strom der Gezeiten ebenso berücksichtigen wie die ruhelos wogende Oberfläche, die Grundsee ebenso wie den Schaum; es gilt, die verschiedenen Ebenen der Vergangenheit einzubeziehen.

Dieses Prinzip gilt auch für den Einzelnen. Ich habe mehr Vergangenheit, als ich denke. Auch ich lebe in einer Gegenwart, die aus verschiedenen Schichten von Vergangenem besteht – Fäden gleich, die das Gewebe der Gegenwart ausmachen.

KAPITEL 3

DIE VERGANGENHEIT ALS TOR ZUR GEGENWART

Unsere Vergangenheit lebt in uns und beschäftigt uns fortwährend, und doch scheint es Momente zu geben, in denen wir »reine Gegenwart« erleben, völlig im Augenblick aufgehen. Somit wären wir, im Kern solcher Momente, von unserer Vergangenheit erlöst, befreit, als wäre sie auf stumm gestellt. Wenn wir eine Landschaft betrachten, ins Meer gleiten und schwimmen, plötzlich von einem Gefühl der Erfüllung durchströmt werden, wenn wir ein köstliches Gericht verspeisen, kurzum, wenn wir die Welt mit unseren Sinnen wahrnehmen, sind wir da nicht *einfach anwesend* im Hier und Jetzt? Bei näherer Betrachtung ist das alles andere als sicher. Denn auch hier spielen unser Gedächtnis und unsere bisherigen Erfahrungen eine Schlüsselrolle.

Ein verträumter, nachdenklicher Mann betrachtet eine vertraute Landschaft: hügelig, grün, mit einem beschaulichen See in der Mitte. Ein typischer Anblick in der Charente, seiner Heimat. Als Jugendlicher kam er gerne her, um die Aussicht zu genießen. Damals stimmte ihn diese Landschaft freudig, denn diese stille und betuliche Welt war genau das, was er verlassen wollte. Hinter dem Horizont, auf dem sein verträumter Blick ruhte, erahnte er eine Welt voller Möglichkeiten: Er würde »hoch« nach Paris, in einem renommierten Restaurant eine Stelle als Kellner bekommen, sich hocharbeiten, *Chef de salle* werden und dann … warum nicht, Chef seines eigenen Restaurants … Er würde Erfolg haben, große Dinge tun, wer sein. Das goldene Licht über den Tälern seiner Kindheit war ein einziges Versprechen; es offenbarte ihm seine Zukunft. Die Jahre gingen dahin, gespickt mit Fehlschlägen und Enttäuschungen. Er war »hoch« nach Paris gegangen, doch es lief nicht wie geplant, die Gelegenheiten waren dünn gesät und enttäuschend; der Weg, den er für sich vorgezeichnet hatte, führte ihn in eine Sackgasse. Liebe war da auch, gewiss, aber auch Untreue und Schmerz. Und nun ist er zurück, allein, aller Illusionen beraubt. Er ist zurück am Ausgangspunkt, im Angesicht derselben hügeligen grünen Landschaft mit dem im goldenen Licht schimmernden See. Doch jetzt erfüllt ihn die Aussicht mit Traurigkeit und Bitterkeit. Die wiedergefundene Schönheit trägt den Makel der nicht eingelösten Versprechen. Bei diesem Anblick nimmt er heute, hinter der heiteren Fassade, die Härte einer unerbittlichen Welt wahr. Was er erlebt hat und ertragen musste, was er vom Leben begriffen hat, seine Vergangenheit voller Misserfolge und Enttäuschungen, auch sein neuer Klarblick, all das durchwirkt das Erleben seiner Gegenwart. Seine Vergangenheit durchtränkt sein Erleben, seine Wahrnehmung der Landschaft. Seine Betrachtung spielt sich also nicht einfach nur im Hier und Jetzt ab; sie ruft seine Geschichte auf den Plan und gerät zum negativen Spiegelbild seiner jugendlichen Träumereien. Wenn wir uns in den Anblick einer Landschaft, eines Kunstwerks oder eines schönen Gesichts versenken, so sind wir nicht im reinen Augenblick, sondern mit unserer ganzen Vergangenheit im Hier und Jetzt gegenwärtig. Das war übrigens auch damals der Fall, als er sich als Jugendlicher in den Anblick der Landschaft versenkte: Sie breitete sich vor ihm aus, mitsamt seiner Kindheit, seinen Hoffnungen und Erwartungen, seiner Ungeduld und seinem Idealismus. Seine Wahrnehmung der Landschaft trug damals schon den Stempel seines Innenlebens.

»Tatsächlich gibt es keine Wahrnehmung, die nicht mit Erinnerungen gesättigt ist«, schreibt Bergson in *Materie und Gedächtnis*.[1] Die Aussicht auf den See hat sich nicht verändert, die Erinnerungen dieses Mannes schon, und dadurch ist seine Wahrnehmung der Landschaft eine andere geworden.

DIE ERZIEHUNG DER SINNE

Unsere Wahrnehmungen rufen unsere Vergangenheit zurück, denn sie tragen fast immer den Abdruck vergangener Sinneseindrücke und damit verbundener Erinnerungen in sich. Oder anders gewendet: Jede unserer Wahrnehmungen unterliegt einem Lernprozess, ohne zwangsläufig ein bestimmtes Ereignis aus unserer Vergangenheit wachzurufen. Die Gegenwart in ihrer ganzen Fülle erfassen wir nur in dem Maße, wie wir gelernt haben, wahrzunehmen, uns der Betrachtung einer Landschaft hinzugeben, ein Kunstwerk und seine einzigartige Schönheit zu würdigen, die Feinheiten und bisweilen irritierenden Aromen eines Gerichts oder Weines zu erkennen. Kurz, weil wir früher eine Gewohnheit oder eine Sensibilität entwickelt oder einfach unseren Geschmack geschult haben.

Ich persönlich schätze besonders Burgunderweine. Heute nehme ich eine Vielfalt von Aromen wahr, die ich vor dreißig Jahren, als man mich in die Geheimnisse des Weins einweihte, nicht erkannt hätte. In der Nase Noten von Unterholz, begleitet von einem erdigen Pilzaroma, die etwas schwerere Note von zerdrückten Erdbeeren, ein Hauch von süßlichen Gewürzen und im Mund diese schöne Säure im Abgang, die etwas von einem englischen Bonbon hat … Die Weine aus dem Burgund haben es mir sofort angetan, sie schmeicheln meinen Sinnen, bereiten mir einfach große Freude. Aber es hat Zeit gebraucht, bis ich ihre subtilen Eigenheiten zu schätzen wusste. Ich musste lernen zu verkosten, musste meine Nase und meinen Gaumen erziehen. Musste sie mit anderen Weinen vergleichen, vor allem den Bordeaux-Verschnitten, und verstehen, woran man die Rebsorte Pinot noir und das Terroir des Burgunds erkennt. Wenn ich ein Glas Burgunder an die Lippen führe, denke ich nicht an all diese Dinge, ich bin ganz im gegenwärtigen Augenblick und bei dem Genuss, den er verspricht. Aber ich weiß, dass erst ein langer Lernprozess das ermöglicht hat: Ich erkenne eine Komplexität, die mir anfangs entgangen war, und beim Verkosten vergleiche ich ihn unbewusst mit anderen Weinen, beurteile ihn am Maßstab vergangener Wahrnehmungen. Ich finde es reizvoll, zum Beispiel Pinot noir in ausländischen Weinen wie chilenischen oder argentinischen auszumachen: Die Rebsorte ist die gleiche, aber der Boden, das Klima und die Methoden der Weinbereitung sind völlig anders. Es ist ein spontaner, unkomplizierter Genuss. Aber wenn ich mich auf den Geschmack konzentriere, dann entdecke ich darin durchaus so etwas wie eine gemeinsame Identität, einen Teil jener Geschichte, die ein bisschen zu meiner eigenen geworden ist. So fügt sich, sammelt sich etwas aus meiner Vergangenheit in dem Genuss, den es mir bereitet, einen Chambolle-Musigny oder einen Morey-Saint-Denis zu trinken. Nicht bei jedem Glas, das ich an die Lippen führe, sind die langen Lehrjahre und die Vergangenheit gänzlich zugegen; es hängt davon ab, wie viel Aufmerksamkeit ich meinem Genuss und den Dingen widme, an die der Wein mich denken lässt und erinnert. Wein zu verkosten, lässt mich in meine Vergangenheit reisen, und gleichzeitig bin ich, paradoxerweise, sehr wohl in der Gegenwart präsent.

Das Gleiche gilt für viele Erfahrungen, die erst ein Entdecken und eine Gewöhnung erfordern, um sie erfassen und genießen zu können. Bestimmte Musikgenres beispielsweise sind zunächst schwer zugänglich, wie noisiger Rock mit satten Gitarrenriffs und kehligem Gesang. Unfähig, eine Melodie wahrzunehmen und Harmonien auszumachen, lassen uns die ersten Hörversuche ratlos zurück. Doch wenn man auf einem Konzert einen Vibe gespürt hat, den man wiederfinden möchte, ein Freund uns bedrängt, seine Vorliebe für diese Musik mit uns zu teilen, oder einen irgendetwas hinter dieser undurchdringlichen Klangwand einfach anzieht, dann werden wir durch mehrmaliges, wiederholtes Hören mit der Musik vertraut und entwickelt sich unser Musikgeschmack Schritt für Schritt weiter. Wir öffnen uns für diesen scheuernden Rock, bis wir ihn spontan, unmittelbar, mühelos genießen können. Wir haben gelernt zu lieben.

Ob Hören, Schmecken, Riechen – Sensibilität will gelernt, will kultiviert sein. Unsere Wahrnehmungen und die damit verknüpften Sinnesempfindungen und Emotionen sind nicht auf Anhieb gegeben. Die meisten Kinder mögen keine Austern. Aber viele von ihnen werden irgendwann großes Vergnügen daran finden, ein halbes Dutzend Austern zu verspeisen und ein Glas trockenen Weißwein dazu zu trinken. Doch bis sie Geschmack an diesen delikaten Muscheln finden, werden sie mehrere Etappen durchlaufen haben, die sie vielleicht in Erinnerung behalten: Dieses eine Mal, nachdem sie jahrelang bei ihrem Anblick eine angewiderte Grimasse gezogen haben, als sie sagten: »okay, ich probiere«, und es seitdem genießen, den jodhaltigen Duft ihrer Sommerurlaube am Meer an einem Abend im Dezember wiederzufinden. Ihre Vorliebe für die Austern von Cancale ist nun nicht mehr nur mit dem sommerlichen Badespaß verbunden, sondern auch mit der Freude einer Wintermahlzeit im Kreis der Familie oder mit Freunden.

Einen komplexen Wein, ein anspruchsvolles Musikstück, Austern Fines de claires zu schätzen zu wissen, bedeutet, dank einer Vergangenheit, die uns auf den Geschmack gebracht, die Schlüssel dazu an die Hand gegeben, uns gebildet und einfach daran gewöhnt hat, sich an seinen Sinnen zu erfreuen. Dafür, dass wir uns in der Gegenwart mit Leib und Seele einem Genuss hingeben, wurde unsere gesamte Vergangenheit im Hintergrund aktiviert. Unser Wahrnehmungsvermögen hat eine Geschichte. Wir sind – bis hin zum Vermögen zu riechen, zu schmecken, zu hören, zu fühlen und zu sehen – das Resultat unserer Vergangenheit und keine der Zeit entrissene, durch irgendeinen Zauber der Berührung mit dem Hier und Jetzt ausgelieferte Wesen.

DIE »FEINHEIT DES GESCHMACKS«

Der schottische Philosoph David Hume hat den schönen Ausdruck »Feinheit des Geschmacks«[2] verwendet, um daran zu erinnern, dass der Geschmack nicht von Natur aus gegeben und auch keine angeborene Gabe ist, sondern etwas, das man lernen muss. Diese Feinheit will kultiviert sein: Durch den Umgang mit Schönheit lernen wir, ihre Nuancen wahrzunehmen, in Kunstwerken und Naturlandschaften gleichermaßen. Ohne zwangsläufig präzise Erinnerungen an unseren Lernprozess zu bewahren, behalten wir doch dessen lebendige Spur in unserem ästhetischen Genuss. Unsere Vergangenheit ist umso präsenter, je unauffälliger sie ist; doch im Kern ihrer Zurückhaltung unterstützt sie uns, trägt uns, nährt uns und befähigt uns zu vielseitigen, subtilen Genüssen.

Über diese »Feinheit des Geschmacks« zu verfügen, hat für David Hume zum einen mit einer natürlichen Veranlagung, zum anderen mit einem Lernprozess zu tun. Diese »Feinheit« steht dem einfachen, unmittelbaren Genuss aber auch nicht im Weg. Um einen Wein zu mögen, muss der wahre Experte ihn nicht lange und wortreich analysieren, wie dies manche gerne tun. Ein Blick auf die Farbe, ein Schwenk des Glases unter der Nase, bevor er es an die Lippen führt, reichen, damit sich sein ganzer Erfahrungsschatz in seiner Wahrnehmung verdichtet und den Genuss auslöst. So vermag auch der echte Kunstliebhaber, der vor einem Bild steht, sich an der Gegenwart des Schönen einfach und unmittelbar zu erfreuen und wird weniger versierten Betrachterinnen und Betrachtern ohne viele Worte den Weg weisen, indem er gebührend und geschickt den Blick auf das Werk erhellt. Diese Experten verfügen über genügend Wissen, um damit nicht prahlen zu müssen, und die Feinheit, die sie in sich kultiviert haben, verhindert nicht die Unmittelbarkeit der Erfahrung, die Frische des erlebten Augenblicks. »Ich liebe die einfachen Freuden, sie sind der letzte Rückzugsort für komplizierte Menschen«, resümiert Oscar Wilde.

Wir sind nicht alle Weinspezialisten oder profunde Kenner der manieristischen Malerei des 16. und 17. Jahrhunderts, aber wir können uns von Fachwissen inspirieren lassen, im Rahmen unserer eigenen Möglichkeiten lernen, auf der Grundlage vergangener Wahrnehmungen Dinge zu erkennen, unseren Geschmack schulen, um die Palette unserer Freuden zu erweitern. Je mehr es uns gelingt, die von David Hume angesprochene »Feinheit« zu entwickeln, desto reicher, komplexer und schmackhafter wird unser Leben sein. Der Genuss eines Vin Jaune aus dem Jura, einer Live-Aufnahme von CAN oder einer *Vanitas* von Jacques de Gheyn II. aus dem frühen 17. Jahrhundert setzt einen Lernprozess voraus, der am Ende reichlich belohnt wird. Das Vergnügen, das uns das Trinken dieses Weins, das Hören dieses noisigen Rocks, das Betrachten dieses Stilllebens bereitet, spielt sich natürlich in der Gegenwart ab, und doch ist es auch mit unserer Vergangenheit verbunden, die sich im Kern unserer Wahrnehmung aufhält.

Wir glauben, dass unsere Wahrnehmungen und die daraus folgenden Emotionen spontan seien, dabei geben sich viele Schönheiten nicht auf den ersten Blick zu erkennen. Um sie wahrzunehmen, musste man sie uns erst zeigen. Wie Oscar Wilde in einem humorvollen Text herausstellt, wird unser

Blick durch das von uns Erlernte, durch Kultur und vielleicht sogar Kunstwerke geprägt. »Die Dinge sind, weil wir sie sehen, und was wir sehen und wie wir sehen, ist von den Künsten abhängig, die uns beeinflussen. [...] Heutzutage sehen die Menschen die Nebel, aber nicht, weil es Nebel giebt, sondern weil die Dichter und Maler ihnen die geheimnisvolle Schönheit solcher Erscheinungen offenbarten. Es hat wahrscheinlich ganze Jahrhunderte hindurch in London Nebel gegeben. Das glaube ich sogar ganz sicher. Aber niemand hat sie gesehen [...]. Sie traten nicht eher ins Dasein, als bis die Kunst sie erfunden hatte. [...] Wo sich die fein Gebildeten eine schöne Wirkung verschaffen, holen sich die Ungebildeten eine Erkältung.«[3]

Bevor es die Bilder von William Turner und die Verse der Dichter über den *fog* gab, waren die Engländer wenig empfänglich für die Schönheit der Londoner Nebel. Sie assoziierten sie eher mit ansteckenden Ausdünstungen, witzelt Oscar Wilde. Turners Bilder öffneten ihnen die Augen. Kraft seiner Pinselstriche nahmen die Nebel eine ganze Bandbreite an Farben an, die nur das Auge eines Malers zu offenbaren imstande ist, indem er in einem einzigartigen, geheimnisvollen Gestus die dunstige Beschaffenheit des Lichts wiedergibt, das durch den Nebel dringt, als würde es darin ertrinken. Die subjektive Interpretation einer banalen Realität verändert unseren Blick. Der Maler lässt uns die Schönheit der natürlichen Nebel entdecken und macht sie auf diese Weise für uns offenkundig. »Die dritte Lehre ist, dass das Leben die Kunst weit mehr nachahmt, als die Kunst das Leben«, so Oscar Wildes Schlussfolgerung.[4]

Wir nehmen also dank unserer Sinne wahr, die von unseren Erfahrungen, individuellen wie kollektiven, fortlaufend geformt werden. Die Verknüpfung zwischen Vergangenheit und Wahrnehmung zeigt sich mitunter sehr deutlich. Unsere von der Vergangenheit geformte Wahrnehmung lässt manchmal ganze Lebensabschnitte wieder auftauchen, mit Erinnerungen, die ihrerseits unsere Wahrnehmung färben und bisweilen tiefgreifend verändern.

PROUSTS MADELEINES

In *Unterwegs zu Swann*, dem ersten Band von Prousts *Suche nach der verlorenen Zeit*, führt der Erzähler »einen Löffel Tee mit einem aufgeweichten kleinen Stück Madeleine darin an die Lippen«, woraufhin eine Woge des Glücks ihn durchströmt.[5] Ein gegenstandsloses Glück, können doch ein bloßer Löffel Tee und ein Stück Gebäck an und für sich ein derartiges Gefühl nicht erzeugen. Hier geht etwas anderes vor sich, das spürt der Autor genau. In einem bewussten Akt des Wiedererinnerns ruft Proust den kleinen Jungen und eine Kindheitserinnerung zurück: Dieser besondere Geschmack ist der jener Sonntage in dem Provinzstädtchen Combray, wenn er vor dem Gang zur Messe in das Schlafzimmer seiner Tante Léonie stieg, um ihr den Guten-Morgen-Kuss zu geben, und sie ihm ein Stück jener Madeleines reichte, »die aussehen, als habe man als Form dafür die gefächerte Schale einer Jakobs-Muschel benutzt, [...] nachdem sie es in ihren schwarzen oder Lindenblütentee getaucht« hatte.[6] Daraufhin fügt sich ein ganzer Abschnitt seiner Vergangenheit zusammen und taucht in seinem Bewusstsein auf: nicht nur die Lieblichkeit der Vormittage bei seiner Tante Léonie, sondern auch eine Fülle anderer Erinnerungen, die zu den Aufenthalten des kleinen Jungen und seiner Eltern bei ihr gehören: »… alle Blumen unseres Gartens und die aus dem Park von Swann und die Seerosen auf der Vivonne und all die Leute aus dem Dorf und ihre kleinen Häuser und die Kirche und ganz Combray und seine Umgebung, all das, was nun Form und Festigkeit annahm, Stadt und Gärten, stieg auf aus meiner Tasse Tee.«[7] So kann das Erwachen der Sinne, ganz besonders durch einen Duft oder einen Geschmack, eine Reminiszenz auslösen. Aber wir müssen uns auch selbst darum bemühen, uns zu erinnern. Meist sind unsere Erinnerungen verschwommen, wenn nicht verschleiert, irgendwo in den Tiefen unseres Gedächtnisses verschüttet. Was hochkommt, sind eine Sinnesempfindung, die der gerade erlebten ähnelt, und eine damit verbundene Emotion. Das Gefühl überwältigt uns, aber nur kurz. Schenken wir ihm keine Aufmerksamkeit, verfliegt es rasch wieder und uns bleibt nur der gegenwärtige Augenblick, nackt, verarmt. Schon beim zweiten und dritten Schluck hat die Emotion, das intensive Glücksgefühl, das Proust überwältigte, nachgelassen. Das Phänomen und dessen Rätselhaftigkeit entgleiten ihm bereits. Er muss sich auf den ersten Schluck konzentrieren und durch eine Willensanstrengung die Fährte dessen, was sich ihm innerlich gezeigt und ihn ergriffen hat, zurückverfolgen. Doch der Geist ist widerspenstig, voller Mäander, Irrwege und Sackgassen. Also überlistet Proust sich selbst, lässt sich ablenken und die Spannung abfallen, bevor er sich dem Phänomen und der besonderen Sinnesempfindung wieder zuwendet und die Suche erneut aufnimmt. Nach und nach zeichnet sich ein Weg ab, steigt etwas ins Bewusstsein, nimmt Gestalt an. Vor seinem wachsamen inneren Auge setzt sich die Erinnerung wieder zusammen. Er durchlebt die Episode von Combray und das mit dieser Phase seiner Kindheit verbundene Glücksgefühl. Manchmal reicht also eine besondere Sinnesempfindung, um eine vergangene Emotion wieder aufleben zu lassen, die sich mit diesem Sinneseindruck verbindet, dessen Spur man verloren hat. Doch es bedarf einer bewussten Anstrengung und einer sorgfältigen Enthüllungsarbeit, um an die volle Substanz der Erinnerung zu gelangen und sie in vollem Maße zu genießen. Was für eine Belohnung, durch nichts weiter als ein in Tee getunktes Stück Gebäck vergangene Glücksmomente wieder zu erleben! Ja, die Wahrnehmung scheint tatsächlich »mit Erinnerungen gesättigt« zu sein, wie Bergson schreibt, der übrigens ein Zeitgenosse Prousts war.

In der *Suche nach der verlorenen Zeit* besteht die Essenz von Prousts Vorhaben in der Idee, dass der einzigartige Abdruck, den gewisse Empfindungen in unseren Sinnen hinterlassen, uns als Ariadnefaden bis zu den entferntesten und verborgensten Erinnerungen dienen kann. Die »verlorene Zeit« hält sich somit an den Rändern unserer Wahrnehmung auf, diskret und unmerklich. Lenken wir die Gedanken auf das, was die Wahrnehmung wachruft, fügt sich die Erinnerung nach und nach zusammen und findet den Weg in unser Bewusstsein. So schreibt Proust anlässlich der Szene mit der berühmten Madeleine: »Der Anblick jener Madeleine hatte mir nichts gesagt, bevor ich davon gekostet hatte; vielleicht kam das [...] auch daher, daß von jenen so lange aus dem Gedächtnis entschwundenen Erinnerungen nichts mehr da war, alles sich in nichts aufgelöst hatte; die Formen [...] waren vergangen, oder sie hatten, in tiefen Schlummer versenkt, jenen Auftrieb verloren, durch den sie ins Bewußtsein hätten emporsteigen können. Doch wenn von einer weit zurückliegenden Vergangenheit nichts mehr existiert, nach dem Tod der Menschen und dem Untergang der Dinge, dann verharren als einzige, zarter, aber dauerhafter, substanzloser, beständiger und treuer der Geruch und der Geschmack, um sich wie Seelen noch lange zu erinnern, um zu warten, zu hoffen, um über den Trümmern alles übrigen auf ihrem beinahe unfaßbaren Tröpfchen, ohne nachzugeben, das unermeßliche Gebäude der Erinnerung zu tragen.«[8]

Dass »der Geruch und der Geschmack« imstande sind, »das unermeßliche Gebäude der Erinnerung« zu tragen, verdankt sich dem innigen Band, das zwischen unseren Wahrnehmungen und der Erinnerung an die Vergangenheit geknüpft wurde. Seither steht die berühmte Madeleine sprichwörtlich für eine Reminiszenz, die durch eine Sinnesempfindung ausgelöst wurde. Alle haben wir unsere Madeleines, die uns eine Reise in die Vergangenheit anbieten, einen Spaziergang durch »das unermeßliche Gebäude der Erinnerung«: der Geruch der Ledersitze in einem Auto, der Geschmack eines Gerichts, das eine Verwandte für uns kochte, das Knacken der Scheite im Kamin …

Prousts *Suche nach der verlorenen Zeit* ist voller Szenen mit Reminiszenzen, das ganze Werk gespickt mit »Proustschen Madeleines«. In einer anderen, etwas weniger bekannten Szene, die ich aber noch anschaulicher finde, beschreibt Proust, wie die Wiederkehr der Vergangenheit durch den Tastsinn ausgelöst wird. Der Erzähler stattet dem Prinzen von Guermantes in seinem Pariser Stadtpalais einen Besuch ab und wird in die Bibliothek geführt, um auf den Hausherrn zu warten. Er bekommt Petits Fours und ein Glas Orangeade gebracht, außerdem eine Serviette, mit der er sich den Mund abwischt. Die Berührung des Stoffes ruft einen starken Sinneseindruck hervor, der die Reminiszenz auslöst. Diese Serviette gleicht dem Handtuch, das er viele Jahre zuvor in Balbec benutzt hatte: »… glaubte ich, der Bediente habe ein Fenster auf den Strand geöffnet und alles lade mich zu einem Spaziergang während der Flutzeit längs der Mole ein; die Serviette, die ich genommen hatte, um mir den Mund zu wischen, hatte genau die Art von Steifheit und den Stärkegehalt des Handtuchs, mit dem ich mich am ersten Tage meiner Ankunft in Balbec mit solcher Mühe am Fenster abgetrocknet hatte; jetzt aber, in diesem Bibliotheksraum des Palais Guermantes, entrollte sie vor mir, verteilt auf ihre Zipfel und Brüche, das pfauenschweifartig grünblau schillernde Gefieder des riesigen Meeres! Ich aber genoß nicht nur diese Farben, sondern einen ganzen Augenblick meines Lebens«.[9]

Diese Szene, die Proust uns schildert, entspricht dem, was Neurowissenschaftler unter »Priming« verstehen: Ein präziser Reiz im *Fluss* der Wahrnehmungen löst die Wiederkehr der Vergangenheit aus. Wer sich in die Lektüre der *Suche* vertieft, entdeckt, dass alle Sinne Reminiszenzen auslösen können und das Tor zum Priming-Phänomen öffnen – der Geschmackssinn für die Madeleine oder der Tastsinn für das Handtuch, aber auch der Hörsinn, der Sehsinn und der Geruchssinn. Jüngere Studien[10] bestätigen die Intuition von Proust: Von allen Sinnen vermag der Geruchssinn am stärksten Reminiszenzen auszulösen. Als wartete die Vergangenheit nur darauf, dass der Vorhang sich hebt, um in Erscheinung zu treten; Bilder, Klänge, Berührungen, Geschmack oder Geruch können dieses Phänomen der Wiederkehr in Gang setzen.

All diese wunderbaren Schilderungen Prousts lehren uns eines: Wir sollten innerlich bereit und empfänglich sein, den Schleier der Vergangenheit zu lüften und das Glücksgefühl süßer Erinnerungen zu empfinden. Wir sollten ganz im gegenwärtigen Augenblick sein, uns ihm hingeben und empfänglich sein für das, was auftaucht, um den Zugang zu unserer Vergangenheit zu ebnen. Wenn wir zerstreut sind, abgelenkt von der Gegenwart durch allerlei Dinge, die uns beanspruchen, Nachrichten auf dem Smartphone oder Alltagssorgen, geben wir dem Fluss unserer Wahrnehmungen weniger Raum und verpassen jene Priming-Gelegenheiten, die ein Fenster zu unseren glücklichen Erinnerungen öffnen könnten. Wenn wir ängstlich sind, uns über Dinge von morgen sorgen oder über das unglückliche Gestern grübeln, sind wir weniger in der Gegenwart präsent und zugleich weniger bereit für die Wiederkehr einer tröstlichen und anregenden Vergangenheit; genau genommen sind wir für die Gegenwart und für die Vergangenheit gleichermaßen weniger präsent. Und nach und nach verkümmert und verarmt unser Leben.

DIE KRAFT DES GEGENWÄRTIGEN AUGENBLICKS?

Unsere Gegenwart ist reich an Vergangenheit, ist durchdrungen und »gesättigt« von unserer Geschichte. Somit müssen wir, um all ihre Facetten auszukosten, uns für den gegenwärtigen Augenblick öffnen. Eines sei allerdings klargestellt: Es geht nicht darum, sich darauf zu »fokussieren«, was augenblicklich ist, und zu denken, dass »es nur noch Gegenwart gibt«, sondern darum, für all das, was inmitten der Gegenwart ein Wiederkehren der Vergangenheit erlaubt, empfänglich zu sein. Wenn der Erzähler in der *Suche nach der verlorenen Zeit* einen Löffel Tee mit Gebäckstückchen darin an die Lippen führt oder sich den Mund mit der Stoffserviette abtupft, lässt er sich ganz und gar vom gegenwärtigen Augenblick tragen, und genau deswegen fällt ihm seine Vergangenheit wieder ein und mit ihr ein Stück seiner Wahrheit, seiner Geschichte, seines »wahren Lebens«, um es mit Prousts Worten[11] zu sagen.

Eine solche Wahrnehmung der Gegenwart ermöglicht eine Rückkehr zu uns selbst, weil sie allem voran eine Erfahrung der Dezentrierung der eigenen Person ist. Das sinnliche Erleben – den Geschmack einer Tasse Tee, die Stofflichkeit einer Serviette, die Schönheit eines Gemäldes von Turner oder eines Londoner Himmels wahrzunehmen – holt uns aus uns selbst heraus. Wir sind plötzlich weniger selbstzentriert. Wenn wir einen Sinneseindruck von der Außenwelt empfangen, etwas anderes als wir selbst, sehen wir uns von unserem Ego abgelenkt. Erst in einem zweiten Schritt der Reflexion werden unsere Wahrnehmungen von uns selbst erzählen, werden wir uns an den Tee erinnern, den wir als Kind getrunken haben, an das Meer, in dem wir geschwommen sind, an die Landschaft, in deren Anblick wir versunken waren – als müssten wir uns zuerst von uns selbst entfernen, um später besser zu uns zurückkehren zu können. Jedes Mal, wenn wir für die Schönheit der Welt, das Licht des Himmels oder den Stil einer Schriftstellerin, den Geschmack eines Gerichts oder die Intensität eines Weins empfänglich sind, jedes Mal, wenn wir intensiv wahrnehmen, machen wir die Erfahrung der Dezentrierung: Eine Realität außerhalb unserer selbst zieht unsere Aufmerksamkeit auf sich, interessiert uns plötzlich mehr als wir selbst und wird paradoxerweise zum besten Weg zu uns selbst, für eine Bewusstwerdung, eine Erhellung unseres Geschmacks, unserer Geschichte.

Die beiden Episoden Proust'scher Reminiszenzen lösen beim Erzähler nicht nur ein Glücksgefühl, einen wohligen Schwindel aus, sie offenbaren ihm auch Bruchstücke, ja ganze Abschnitte seiner verschütteten Vergangenheit und verraten ihm eben dadurch etwas Wesentliches über ihn selbst, über seine Identität.

So sind diese fruchtbaren Erfahrungen der Dezentrierung eine schöne Einladung, uns zu *öffnen* im umfassendsten Sinne des Wortes: unseren Sinnen, unseren Wahrnehmungen, der Welt. Und uns durch diese Bewegung hin zum Anderen für unsere Vergangenheit zu öffnen, die wiederkehrt und uns so viel über uns selbst zu sagen hat.

KAPITEL 4

DIE VERGANGENHEIT ALS SOCKEL UNSERER IDENTITÄT

In den ersten Minuten von David Lynchs Meisterwerk *Mulholland Drive* sehen wir Rita mitten in der Nacht, unter Schock nach einem Autounfall, in den Hügeln von Hollywood umherirren. Sie läuft einen Hügel hinunter und findet sich in einer Stadt wieder, verstört und taumelnd in einer fremden Welt. Sie leidet unter einer posttraumatischen Amnesie und hat vergessen, wer sie ist, aber auch ihre Wahrnehmung der Umwelt scheint gestört zu sein. Als wäre sie unfähig zu erkennen, was sie sieht; ganz offensichtlich ist ihr semantisches Gedächtnis betroffen. Verwirrt und verängstigt findet sie schließlich Unterschlupf in einem Haus, dessen Bewohner offenbar für längere Zeit verreist sind. Hier trifft sie auf Betty. »Ich weiß nicht mehr, wer ich bin«, gesteht sie schluchzend. Als Betty fragt, wie sie heißt, wird sie von einem plötzlichen Schwindel gepackt. Sie bemerkt einen Namen auf einem Kinoplakat an der Wand: Rita. Also wird es Rita sein. Ohne die im episodischen Gedächtnis abgespeicherten Erinnerungen (ihr prozedurales Gedächtnis ist nicht betroffen, denn die alltäglichen Handgriffe verrichtet sie problemlos) hat sie jeden Anhaltspunkt zu ihrer Identität verloren und weiß nichts mehr über sich selbst. In dieser Szene filmt David Lynch auf faszinierende Weise eine Selbstverständlichkeit, die wir zu wenig beachten: Unsere Erinnerungen sagen uns, wer wir sind. Ich weiß, wer meine Eltern sind, weil ich mich an ihre Gesichter, ihre Stimmen, ihren Körpergeruch und viele Augenblicke erinnere, die ich mit ihnen zusammen verbracht habe. Ich weiß, dass ich dich liebe, weil ich Begebenheiten meines Lebens mit dir teile, weil ich vor mir sehe, wie wir uns kennengelernt haben und wie ich zum ersten Mal »ich liebe dich« zu dir gesagt habe. Doch wenn ich mich an nichts mehr erinnern kann, wie soll ich dann wissen, wer ich bin? Gedächtnisverlust bedeutet Identitätsverlust.

DIE ALZHEIMER-KRANKEN

Der französische Neuropsychologe und Alzheimer-Spezialist Francis Eustache hat als einer der ersten Forscher das Neuroimaging-Verfahren eingesetzt, um das menschliche Gedächtnis und seine Störungen zu untersuchen. Anhand mehrerer Fälle konnte er aufzeigen – darunter P.H., einer schwer an Alzheimer erkrankten 83-jährigen Patientin –, wie Gedächtnisverlust zu Identitätsstörungen führt.[1] Letztere entstehen übrigens nicht durch ein völliges Verschwinden des Identitätsgefühls, sondern eher durch das Fortbestehen von partiellen, äußerst bruchstückhaften Gefühlsresten, die in einer globalen Amnesie verstreut sind. So erkennt P.H. sich selbst noch auf Fotos, wo sie als Mädchen zu sehen ist, aber nicht mehr auf solchen, die sie als Erwachsene zeigen. Auf Letzteren sieht sie eine Unbekannte, wenn sie nicht gerade meint, jemanden aus der Familie zu erkennen.

Die Achtzigjährige hat nur die frühen Erlebnisse bewahrt, die im episodischen Gedächtnis gespeichert sind, was vermutlich auch erklärt, warum sie einige Spuren ihres Identitätsgefühls bewahrt hat. Identität setzt ein beständiges Selbstgefühl voraus, was nur ein voll funktionsfähiges episodisches Gedächtnis zu gewährleisten scheint.

Sind Menschen, die an Alzheimer leiden, noch sie selbst? Körperlich sind sie immer noch dieselbe Person. Mein Vater ist und bleibt mein Vater, selbst wenn er an dieser Krankheit leidet. Seine behördliche Identität ist unverändert, er trägt immer noch seinen Vor- und Nachnamen und behält seine Stellung innerhalb der Familie bei. Er bleibt Ehemann, Vater, Opa und Onkel. Definieren wir aber Identität als Bewusstsein der Person, über den gesamten Lebensverlauf hinweg mit sich selbst identisch zu sein, dann fällt die Antwort nicht mehr so eindeutig aus. Ist mein Vater noch er selbst, wenn er sich nicht mehr an die Vornamen seiner Kinder erinnern kann, an das Land, in dem er aufgewachsen ist, an den Beruf, den er ausgeübt hat, an die Freunde, die ihn auf seinem Lebensweg begleitet haben? Ist er noch er selbst, wenn er sich nicht mehr an das erinnern kann, was ihm wichtig war? Da das prozedurale Gedächtnis der Alzheimer-Krankheit besser standhält als das episodische Gedächtnis, also die Fähigkeiten, Rasen zu mähen, Rinderrouladen zu kochen oder ein Vogelhäuschen zu bauen, länger erhalten bleiben, vermittelt uns der Verlust des episodischen Gedächtnisses den Eindruck, dass unser Vater oder unsere Großmutter in ihrer Identität beeinträchtigt sind. Sie sind uns manchmal fast fremd, da sie sich selbst nicht ganz wiedererkennen und nicht mehr wirklich wissen, wer sie sind. Es kommt vor –

und das ist vielleicht verstörender als alles andere –, dass sie plötzlich wieder ganz klar im Kopf sind und sich erinnern können, punktuell zumindest, als blitzte etwas auf, nur um sofort wieder in Verwirrung und Amnesie zu versinken, was die Angehörigen umso hilfloser zurücklässt, als sie für einen kurzen Moment den Menschen wiederzufinden glaubten, der er vor der Krankheit gewesen war.

Stellen wir uns vor, wir hätten keine Erinnerung mehr an die großen Freuden und die großen Leiden in unserem Leben, an die in entscheidenden Momenten getroffenen wichtigen Entscheidungen und an die nicht getroffenen, weil uns der Mut fehlte, oder wir hätten die Erinnerung an unsere große Liebe verloren, an unsere ersten erotischen Wallungen, an unsere intensivsten ästhetischen und geistigen Emotionen, an die wichtigsten Etappen unseres Lebensweges ganz allgemein; was bliebe dann noch von unserer Identität, von dem Bewusstsein unserer selbst?

Die Erinnerung an all diese Geschehnisse bildet das Gedächtnis des Lebenswegs, der uns zu der Person gemacht hat, die wir heute sind. Wer sich durch die Gesamtheit seiner Erinnerungen seiner selbst bewusst ist, vermag sich selbst besser zu kennen und die eigenen Reaktionen und Emotionen besser zu verstehen. Sind diese Erinnerungen ausgeblendet, dann können wir unsere reflexhaften Verhaltensweisen und beklemmenden Gefühle nicht analysieren. Die Hilflosigkeit, die einen dann überkommt, kann zu einer Identitätsstörung und zu dem Eindruck führen, dass man sich selbst entgleitet, nicht mehr zugänglich und sich selbst fremd ist.

ICH ERINNERE MICH, ALSO BIN ICH

Die Frage der persönlichen Identität gehört zu den spannendsten, aber auch komplexesten Problemstellungen der Philosophie. Was macht das einzelne Individuum aus, unterscheidet es von allen anderen? Was besteht dauerhaft in uns fort und bildet so den Sockel unserer Identität? Unser Körper eher nicht, da unsere Zellen sich kontinuierlich erneuern, sodass wir alle sieben Jahre vollkommen »regeneriert« sind. Und doch bleiben wir sehr wohl wir selbst, zumindest empfinden wir das so und sind innerlich davon überzeugt. Wir sind wie das Theseus-Schiff, von dem in Plutarchs Werk *Große Griechen und Römer* die Rede ist. Dieses Schiff wurde im Laufe der zahlreichen Abenteuer des Helden der griechischen Mythologie so oft ausgebessert, dass am Ende kein einziges Originalteil mehr vorhanden ist. Doch das Schiff existiert immer noch und ist sich gleich geblieben ... Aber ist es noch *dasselbe* Schiff? Woran macht sich seine Identität fest? An einer bestimmten Idee von Schiff? An einem Leitprinzip seiner Konstruktion? Und was ist mit uns?

Die Identitätsfrage ist so heikel, dass die Christen sich auf Gott als Garant für die Beständigkeit der persönlichen Identität berufen mussten und daher ihren Sitz in der dauerhaften, ewigen, den körperlichen Tod überlebenden »Seele« verorteten. Descartes entwickelte sogar die Theorie der *creatio continua*, der »fortgesetzten Schöpfung«: Wir sind wir selbst, weil Gott uns fortlaufend neu erschafft, wie er immerfort die Welt neu erschafft. Wenn wir also schlafen und das Bewusstsein unserer selbst verlieren, bleibt Gott der Garant unserer Identität. Wenn uns aber der Glaube fehlt, wir weder an

Gott noch an die Existenz der Seele glauben, was garantiert dann die Beständigkeit unseres Selbst? Müssen wir mit David Hume zu dem Schluss kommen, dass das Selbst nur eine Illusion, die persönliche Identität eine Fiktion sei?

In seinem Traktat *Über die menschliche Natur* arbeitet sich Hume an dieser haarigen Frage ab: »Es gibt einige Philosophen, die sich einbilden, wir seien uns dessen, was wir unser *Ich* nennen, jeden Augenblick aufs unmittelbarste bewußt; [...]. Ich meines Teils kann, wenn ich mir das, was ich als ›mich‹ bezeichne, so unmittelbar als irgend möglich vergegenwärtige, nicht umhin, jedesmal über die eine oder die andere bestimmte Perzeption zu stolpern, die Perzeption der Wärme oder Kälte, des Lichtes oder Schattens, der Liebe oder des Hasses, der Lust oder Unlust. Niemals treffe ich *mich* ohne eine Perzeption an und niemals kann ich etwas anderes beobachten als eine Perzeption.«[2]

Wir belügen uns selbst, so Hume, wenn wir vorgeben, unsere Selbst-Identität erfassen zu können: Wir mögen uns noch so sehr bemühen, »dessen, was wir unser *Ich* nennen, aufs unmittelbarste bewusst« zu sein, am Ende läuft jede aufrichtige Selbstprüfung auf ein Eingeständnis des Scheiterns hinaus. Wir begegnen nicht dem »Selbst«, sondern ausschließlich einzelnen Eindrücken, die den Anschein eines solchen empfindsamen Selbst vermitteln, das diese empfängt. Wir werden niemals den Beweis eines stabilen, einheitlichen Selbst finden. Zwar begegnen wir unserem Spiegelbild, berühren unseren Körper mit den Händen, fühlen, wenn es uns gut oder schlecht geht, wenn uns warm oder kalt ist, aber für einen Empiriker wie Hume sind all diese Wahrnehmungen nur flüchtige Eindrücke, die in keiner

Weise eine *Identität* begründen. Wir haben keinen Zugang zu irgendeinem Zeichen der Beständigkeit in uns. Hume vertritt eine ziemlich radikale Position, aber bei aller Argumentationsstärke schwingt auch Unaufrichtigkeit mit. Er erwähnt nämlich nur die Wahrnehmung gegenwärtiger Sinnesempfindungen und wischt etwas vorschnell die These eines anderen englischen Philosophen namens John Locke, der wenige Jahre vor seiner Geburt starb, vom Tisch, wonach unsere Identität in unserem Gedächtnis angesiedelt ist.

Legen wir das Vorgehen von David Hume zugrunde: Wenn wir uns »dessen, was wir unser *Ich* nennen, aufs unmittelbarste bewusst« sind, finden wir nicht nur gegenwärtige Wahrnehmungen und Sinnesempfindungen vor, sondern auch Erinnerungen. Und diese Erinnerungen, so Locke, teilen uns mit, dass wir wir selbst sind; sie begründen das Bewusstsein unserer selbst und der Kontinuität zwischen all unseren Wahrnehmungen. Wir wissen, dass wir kein anderer, sondern wir selbst sind, weil wir die Erinnerung an unsere Vergangenheit besitzen, jene persönliche Geschichte, die niemand außer uns erlebt hat. Wer sich seiner Vergangenheit bewusst ist, ist sich seiner selbst bewusst. Für Locke ist unser Geist bei der Geburt wie ein ungeschriebenes Blatt, auf dem sich unsere Wahrnehmungen einschreiben und schließlich unser Identitätsgefühl bilden. Die These von Locke war seinerzeit revolutionär. Wir befinden uns im 17. Jahrhundert, und im Widerspruch zur Kirche und zur philosophischen Tradition behauptet er nun, dass wir keinen Gott brauchen, um die Gewähr zu haben, wir selbst zu sein: Es reicht das Gedächtnis. Locke geht aber noch weiter und schlägt eine Denkübung mit einem Fürsten und einem Schuster vor. Nehmen wir an, wir wären imstande, das gesamte Gedächtnis des Schusters zu nehmen und in den Körper des Fürsten zu verpflanzen, wäre der Fürst dann immer noch ein Fürst? Oder würde er ein Schuster werden? Lockes prompte Antwort lautet: Erhält der Fürst das gesamte Gedächtnis, die ganze Vergangenheit des Schusters, so wird er zu diesem Schuster. Gedächtnis und Identität sind für Locke auf das Engste miteinander verwoben.

Wären unsere Erinnerungen schlicht objektive Daten oder Bilder, die in unserem Gehirn eingeschrieben sind, könnten wir annehmen, dass sie unsere Identität nicht affizieren, sondern lediglich an sie andocken. Doch wir haben gesehen: Unsere Erinnerungen beeinflussen unser Gehirn tiefgehend und verändern sogar dessen Struktur; unsere Erinnerungen sind ein Teil von uns, zum einen physisch, zum anderen wie ebenso viele Ansichtskarten vom langen Lebensweg, der uns zu der Person von heute geführt hat – ebenso viele Hinweise darauf, wie wir zu der Person von heute geworden sind.

Als Kind war ich verrückt nach Liebe, aber von Schüchternheit zerfressen. Schrieb Dutzende von Briefen an Mädchen, die sie nie lasen, weil sie sie nie erhielten. Meine glühenden Zeilen blieben unter meinem Bett versteckt. Wie kann ich heute mein Verhältnis zur Liebe und meine Beziehung zu Frauen verstehen, wenn ich nicht einmal die entfernteste Erinnerung an das idealistische Kind habe, das so verliebt in seine Träume vom Absoluten war, dass es sie der Begegnung mit der Wirklichkeit vorzog? Als Jugendlicher machte ich in einem Ferienlager eine schmerzhafte Erfahrung mit dem Leben in Gemeinschaft. Diese Erinnerung ist nicht angenehm, doch wie soll ich ohne sie meine Aversion gegen Gruppenbildungen verstehen, diesen unbehaglichen Schauer, der mir über den Rücken läuft, sobald einzelne Leute in allzu primitiver Weise ihre Gruppenzugehörigkeit zur Schau stellen? Als junger Mann hatte ich in Indien ein mystisches Erlebnis: Ich betrachtete den strahlenden Himmel, der sich im See von Udaipur spiegelte, und fühlte mich plötzlich von der Ewigkeit aller Dinge durchdrungen. Wie soll ich ohne diese Erinnerung jene Ergriffenheit verstehen, die ich viele Jahre später empfand, als ich die kleine Kirche von Varengeville-sur-Mer betrat und just in dem Moment die Sonne durch das Glasfenster von Georges Braque hereinschien?

Mehr noch, das gehemmte und liebeskranke Kind, der Jugendliche, der seinen Platz in der Gruppe nicht findet, der Reisende, der am Tag nach einer *full moon party* das Fenster auf den See von Udaipur öffnet, der Erwachsene, der sich in Varengeville-sur-Mer in die Betrachtung eines Kirchenfensters versenkt – sind sie nicht ein und dieselbe Person? Diese Erinnerungen offenbaren Beständigkeit, sie flüstern mir ein Identitätsgefühl zu, das trotz all der Jahre, die vergangen sind, trotz aller Dinge, die sich verändert haben, fortbesteht; etwas bleibt – soll es dieses berühmte *Selbst* sein?

DIE IDENTITÄTSFABRIK

Unser Gedächtnis ist nicht nur das Sammelbecken der Ereignisse unserer Lebensgeschichte, das unsere Verhaltensweisen, Reaktionen und Emotionen erklären kann. Unsere Erinnerungen begründen die Überzeugung, dass die Person, die all diese Ereignisse erlebt hat, wirklich mit der Person *identisch* ist, die sich ihrer erinnert; unsere Erinnerungen begründen das Bewusstsein einer fortdauernden Identität.

Um dies zu erklären, greift der französische Neurologe Lionel Naccache in seinem Buch *Apologie de la discrétion*[3] auf ein erhellendes mathematisches Konzept zurück, das verständlich macht, wie unser Bewusstsein funktioniert und wie unser Identitätsgefühl entsteht. In der Mathematik wird zwischen »diskreter Menge« und »kontinuierlicher Menge« unterschieden. Eine diskrete Menge besteht aus voneinander getrennten Elementen. Die Zahlenfolge 1-2-3-4-5-6 … beispielsweise ist so eine diskrete Menge. Im Gegensatz dazu bilden die Punkte auf einer Geraden eine kontinuierliche Menge, mit anderen Worten ein Kontinuum, da sie nicht voneinander isoliert sind. Naccache erklärt nun, dass unsere Erlebnisse und die Erinnerungen, die wir daran haben, Elemente einer diskreten, sprich diskontinuierlichen Menge sind: Diese Erlebnisse und Erinnerungen sind voneinander getrennt; sie stellen jeweils eine Episode dar, die nicht zwangsläufig mit den anderen verbunden sein muss. Unser arbeitendes Bewusstsein vermag eine solche Verbindung zwischen den disparaten Elementen dieser diskreten Menge herzustellen: Im Kern des Diskontinuierlichen etabliert es Kontinuität. Diese Arbeit des Verbindens und Vereinens wird durch die Alzheimer-Krankheit ganz oder teilweise unmöglich gemacht. Ohne Erinnerungen gibt es auch nichts zu vereinen. Unsere Erinnerungen mögen noch so ungeordnet und chaotisch sein, wir müssen sie im Gedächtnis behalten, damit unser Bewusstsein eine Verbindung herstellen und die Idee eines Ichs als Subjekt aller Erlebnisse begründen kann. Folglich ist das Gedächtnis die Voraussetzung für unsere Identität, und das gilt für die persönliche und die nationale Identität gleichermaßen. Wir können nur dann von Frankreich und einer französischen Identität sprechen, wenn wir uns an die großen Episoden der Geschichte erinnern und eine Gemeinsamkeit zwischen ihnen postulieren, eine Kontinuität im Kern der diskontinuierlichen Abfolge der Ereignisse. Dies ist die Arbeit unseres Bewusstseins, des individuellen wie des kollektiven.

Um diese Arbeit zu veranschaulichen, stellt Lionel Naccache in einem seiner früheren Bücher[4] eine Analogie zum Kino her. Wenn wir uns einen Film ansehen, entspricht das wahrgenommene bewegte Bild in Wirklichkeit einer Abfolge von Standbildern (24 pro Sekunde), die somit eine diskontinuierliche »diskrete Menge« bilden. Trotzdem sehen wir *einen* Film. Unser Bewusstsein sorgt für die Kontinuität zwischen den unterschiedlichen aufeinanderfolgenden Bildern; es stellt die Verbindung zwischen ihnen her und vereint sie zu einer fließenden Bewegung. Und es muss nicht erst abwarten, bis wir es uns in einem Kinosaal gemütlich gemacht haben, um so zu funktionieren, erklärt Naccache, es ist seine übliche Vorgehensweise. Mit dem Film unserer Erinnerungen verfährt es genauso: Auch wenn sie manchmal als voneinander isolierte Elemente einer »diskreten Menge« erscheinen, vereint unser Bewusstsein sie in unserem Identitätsgefühl. Es schafft Kontinuität inmitten von Diskontinuität und formt somit unsere Identität. Historiker tun das Gleiche mit der Geschichte einer Nation: Sie stellen eine Kontinuität zwischen diskontinuierlichen Ereignissen her und konstruieren damit den Film der Nation, die nationale Erzählung, unsere kollektive Identität. Dass sie sich oft uneinig sind, überrascht nicht, denn eine solche Kontinuität lässt sich nicht objektiv aus der Diskontinuität herauslesen; sie ist weniger eine Feststellung als ein Vorschlag.

Ich erinnere mich, wie ich im Alter von dreizehn oder vierzehn Jahren das Lied *Variations sur Marilou* von Serge Gainsbourg entdeckte und wie sehr mich seine überbordende Poesie, Kühnheit und Erotik begeisterten. Ich erinnere mich auch an die Worte des Freundes, als er mich damit bekannt machte – und der heute meine Bücher verlegt. Dieses Lied war wichtig für mich; es hat mich bei vielen entscheidenden Etappen meines Lebens begleitet. Wenn ich es heute, bald fünfunddreißig Jahre später, wieder höre, kommt es um meine ganze Vergangenheit angereichert bei mir an. Als wären all die vergangenen Jahre darin enthalten. Es macht mir die Zeit bewusst, die vergangen ist, all die Dinge, die sich im Laufe meines Lebens verändert haben oder sogar verschwunden sind. Gleichzeitig ermesse ich, kraft meines Gedächtnisses und der Intensität meiner Erinnerungen, was bleibt: Dieser Teenager, der *Variations sur Marilou* in Dauerschleife hörte, der bin ich.

Mein Gefühl der Kontinuität ist mit diesem bestimmten Lied verbunden, das mich zeit meines Lebens begleitet hat. Aber den Soundtrack meines Lebens habe ich selbst gefüttert: mit unterschiedlichen Phasen der Begeisterung, mit einem Eklektizismus, der von einer enthusiastischen Neugier getrieben war, ob Barbara, Jerry Lee Lewis, Kurt Cobain, Laurent Garnier, Erik Satie, Christophe, Radiohead, Chopin, Nina Simone und in jüngster Zeit The Strokes, Pomme oder auch Benjamin Biolay. Mehr noch, wenn ich auf meine Vergangenheit zurückblicke und die Bilder kommen lasse, die selten in chronologischer Reihenfolge auftreten – ich sehe mich als junger Philosophielehrer am Lycée Fénelon in Cambrai, als Kind mit meiner kleinen Schwester in einem Garten im Burgund spielen, als Gymnasiast mit einer blinden Lehrerin die Literatur entdecken, als Reisender in Indien und Chile und dreißig Jahre später in Island, als Student an der Handelsschule, als werdender Vater, der auf die Geburt seines ersten Kindes wartet, als Nachtschwärmer, der wie geblendet zum ersten Mal eine Rave-Party besucht und ein paar Tage später seine Großmutter auf dem jüdischen Friedhof von Bagneux beerdigt, als fünfzigjähriger Mann und Vater von drei Kindern … –, überkommt mich das seltsame Gefühl von nicht zusammenpassenden Phasen, von aufeinanderfolgenden Brüchen und Sprüngen in Raum und Zeit. Es stellt sich der merkwürdige Eindruck ein, dass diese verschiedenen Episoden Teile einer »diskreten Menge« sind. Gleichzeitig spüre ich aber auch die Existenz jenes »wahren Selbst«, von dem Proust spricht: Das ist mein Leben, jenes, das ich durchlaufen habe, das bin ich. Damit berühre ich etwas von meiner Wahrheit, von meiner Identität, und so atheistisch ich sein mag, begreife ich die schöne Idee der *Seele*.

Diese Identität, die zutage tritt, ist evident und rätselhaft zugleich, und es scheint unmöglich, sie auf etwas Materielles zu reduzieren. Nun verstehe ich den Spiritualismus Bergsons besser. In *Materie und Gedächtnis* behauptete er, dass unser Gewohnheitsgedächtnis (das dem prozeduralen Gedächtnis ähnelt) sich in die Materie unseres Gehirns einzeichnet, während das für unsere Persönlichkeit weitaus wesentlichere Erinnerungsgedächtnis (das dem episodischen Gedächtnis entspricht) nicht der Materie, sondern dem »Geist« angehört. Weil unsere Erinnerungen keine im Gehirn gespeicherten Bilder sind, weil die materiellen Gedächtnisspuren keine ausreichende Erklärung für deren Beständigkeit und Fülle bieten, kam Bergson zu dem logischen Schluss, dass unser Gedächtnis der Beweis für die Existenz unseres *Geistes* sei, der nicht auf die Gehirnmaterie zurückführbar ist. Einige seiner Behauptungen sind inzwischen überholt, und auch seine streng dualistische Betrachtungsweise (ein Gedächtnis in der Gehirnmaterie und ein »geistiges«) lässt sich nicht mehr aufrechterhalten. Heute wissen wir, dass all unsere Gedächtnisse von neuronalen Prozessen abhängen, sich aber nicht darauf beschränken. Seine wichtigste Intuition aber war richtig: Unser Gedächtnis kann nicht nur auf seine Materialität reduziert werden; da ist noch *ein gewisses Etwas*.

EIN EWIGES ICH?

Die weiter oben zitierten Passagen aus der *Suche nach der verlorenen Zeit* gehen uns nah, weil Proust an etwas Wesentliches rührt, an das *gewisse Etwas*. Die Reminiszenzen, die das Herz des Erzählers mit überbordender Freude erfüllen, offenbaren ihm eine tiefe Wahrheit. Obwohl sie wie alle Dinge dem Lauf der Zeit unterworfen sind, erkennt der Erzähler, der ein Stück Madeleine in seinen Tee tunkt und sich seine Kindheit vergegenwärtigt, dass trotz der verflossenen Jahre mit ihrem Päckchen an Freuden und Leiden, an strahlenden und entmutigenden Momenten etwas von ihm selbst bleibt, das Proust »wahres Selbst« nennt und das weder das oberflächliche und wechselhafte »soziale Ich« ist, das er an anderer Stelle erwähnt, noch natürlich die einfache behördliche Identität. Dieses »wahre Selbst« nimmt bei Proust mystische Züge an: Es ist tiefgründig, unwandelbar, eine Essenz des Selbst, die auf die Möglichkeit des ewigen Lebens zu deuten scheint. Wenn dieses Selbst der Zeit trotzt, warum sollte es dann nicht ewig fortbestehen?

Wie Proust schreibt: »Eine aus der Ordnung der Zeit herausgehobene Minute hat in uns, damit er sie erlebe, den von der Ordnung der Zeit freigewordenen Menschen wieder neu erschaffen. Man kann aber wohl verstehen, daß dieser nun Vertrauen zu seiner Freude faßt, selbst wenn der einfache Geschmack einer Madeleine nicht logischerweise die Gründe für diese Freude zu enthalten scheint, verstehen auch, daß das Wort Tod keinen Sinn für ihn hat; was könnte er, der Zeit enthoben, für die Zukunft fürchten?«[5]

Viel zu oft setzen wir diese *verlorene Zeit* ausschließlich mit Veränderung und Altwerden gleich, mit einem Gewaltmarsch in den unabwendbaren Tod. Proust lehrt uns, die Beständigkeit und die Verheißung der Ewigkeit darin zu erkennen. Die Lektüre der *Suche nach der verlorenen Zeit* kann uns daher helfen, unsere Vergangenheit, das Vergehen der Jahre, ja das Leben selbst mit neuen Augen zu sehen. Kraftvoll führt sie uns an die Schwelle einer seltsamen Hoffnung: Wie könnte ich die Beständigkeit des Selbst jenseits der verrinnenden Zeit fühlen, wenn dieses Selbst nicht tatsächlich außerhalb der Zeit existierte? Das Schöne am Proust'schen Paradox: Um die Verheißung der Ewigkeit zu berühren, muss ich mich an vergangene, abgeschlossene Episoden erinnern. Sie sind wie Hinweise auf die Existenz der Identität, die sich womöglich der Zeit zu entziehen vermag.

Die Freude, die Proust beschreibt, rührt von der über unsere Erinnerungen vermittelten Überzeugung, dass unser Selbst keine Illusion ist – und mitunter so greifbar, dass es vielleicht sogar ewig ist. Für Proust verleiht diese Überzeugung dem sich erinnernden Subjekt, dem jäh »von der Ordnung der Zeit freigewordenen Menschen« die Kraft, weder die Zukunft noch den Tod zu fürchten.

KAPITEL 5

DER VERGANGENHEIT DEN RÜCKEN ZUKEHREN

»Ne me quitte pas | Il faut oublier | Tout peut s'oublier« – Verlass mich nicht. Man muss vergessen. Man kann alles vergessen – verspricht Jacques Brel[1] in einem der ergreifendsten Chansons des französischen Liedrepertoires. Wir können alles vergessen, sogar die Vergangenheit, sogar Fehlschläge und Verletzungen. Brels Versprechen ist mit einer Bitte verbunden: »Ne me quitte pas«. Verlass mich nicht, und wir werden die Kraft finden, unsere Fehler zu tilgen, wir werden zu unserer Liebe wiederfinden wie jene Liebenden, »die erlebten, wie ihre Herzen zweimal füreinander entflammten«. Brel besingt die Sehnsucht, die wir zuweilen spüren, unserer Vergangenheit zu entrinnen, den Traum von einer *Reset*-Taste, mit der sie gelöscht werden kann und die den Weg frei macht für eine andere Zukunft.

Wenn die Vergangenheit uns verletzt, uns belastet und mit unseren Fehlschlägen, Versäumnissen und Blamagen konfrontiert oder mit der Gewalt, die uns angetan wurde, warum sollten wir sie dann nicht hinter uns lassen, warum uns mit einem Schmerz herumplagen, der uns anficht, mit Relikten, die uns wie ein Klotz am Bein hängen? Ist die Zukunft nicht voller Versprechen? Warten nicht neue Abenteuer auf uns?

Und müssen wir, auch wenn unser Gedächtnis unsere Identität begründet, unbedingt die schlimmsten Episoden unserer Geschichte lebendig halten? Es steht uns frei, sie loszuwerden, um leichtfüßiger vorwärts zu gehen.

Darin zeigt sich ein gewisser gesunder Menschenverstand: Lasst uns aufhören, die alten Geschichten, die »der Vergangenheit angehören«, ob Familienstreitigkeiten, Enttäuschungen in der Liebe und im Beruf oder soziale Demütigungen, immer wieder aufzuwärmen und wiederzukäuen – unser Leben ist von solchen schwierigen Phasen geprägt, die viel zu oft als schlecht verheilte Wunden zurückbleiben. Es erscheint also besser, die Vergangenheit zu verschmähen, um sich der Zukunft zuzuwenden, sich auf neue Vorhaben zu konzentrieren, anstatt alten Groll wiederzukäuen. Die Wahl zwischen dem Lager der Vorwärtsgeher, die die Vergangenheit hinter sich lassen, und dem Lager der Grübler, die auf der Stelle treten, ist nicht schwer. Wir ziehen es vor, uns jenen Frauen und Männern anzuschließen, die die Kraft gefunden haben, den Verletzungen der Vergangenheit den Rücken zuzukehren.

Die einen sind vielleicht in einer dysfunktionalen Familie aufgewachsen. Sie haben nicht wirklich vergessen, dass ihre Mutter kalt und unnahbar, manchmal grausam war, aber sie haben ihre Kindheit begraben, und es ist kein Thema mehr. Das ist Jahrzehnte her, es waren andere Zeiten, die Mutter selbst hatte die Last einer schweren Vergangenheit, einer bedrückenden Familiengeschichte zu tragen, außerdem ist niemand perfekt … Warum also Salz in die Wunde streuen? Warum die Angehörigen mit Vorwürfen überhäufen? Sie ziehen lieber einen Schlussstrich unter die Vergangenheit, beschließen, die Zeit mit ihren Eltern zu genießen, solange sie noch am Leben sind, und bemühen sich, eine neue anstelle der früher gescheiterten Beziehung aufzubauen. Sie verstehen sich recht gut, verbringen schöne Momente miteinander, und die giftige Mutter ist eine von den Enkeln heiß geliebte Oma, auf die man sich verlassen kann. Diese Menschen verleugnen ihre Geschichte nicht unbedingt, aber sie sind »zu etwas anderem übergegangen«. Sie stellen eine beispielhafte Lebenskraft und sogar eine stoische Weisheit unter Beweis, da sie »zwischen dem, was von uns abhängt, und dem, was nicht von uns abhängt«, zu unterscheiden wissen: Statt auf das zurückzukommen, was nicht geändert werden kann, da es einer längst überholten Vergangenheit angehört, konzentrieren sie sich auf die Gegenwart, die sie selbst in der Hand haben.

In anderen Fällen haben sie sich durch harte Arbeit und Willenskraft von ihrem benachteiligten sozialen Milieu losgerissen. Mit dem sozialen Aufstieg haben sie auch beschlossen, sich von der Vergangenheit abzuwenden und alle Brücken hinter sich abzubrechen. Zu den Freunden von früher haben sie keinen Kontakt mehr, auch manchmal zur Familie nicht, von der sie sich jetzt zu weit entfernt fühlen, als ob eine Kommunikation unmöglich geworden wäre. Sie sind stolz auf ihren Erfolg und ihren neuen Status, halten Abstand von jenem Kapitel ihrer Geschichte, das sie für sich abgeschlossen haben, und weigern sich, an den Ort ihrer Kindheit zurückzukehren, an dem zu viele Erinnerungen hängen. So erzählt Didier Eribon in *Rückkehr nach Reims*, er würde schon lange seinen eigenen Weg gehen, habe sich ein neues Leben aufgebaut, weit weg vom Arbeitermilieu seiner Kindheit und vom gewalttätigen Vater, der in seinen rassistischen und homophoben Vorurteilen gefangen sei. Er hat sich mit Leib und Seele der Eroberung einer neuen akademischen und gelehrten Welt verschrieben. So hat er sich sein eigenes Glück geschaffen, abgeschnitten von seiner Vergangenheit und den Seinen; noch nicht einmal die Kinder seiner Brüder möchte er kennenlernen.

Wieder anderen gelingt es, nachdem sie Schreckliches durchgemacht haben, sich wieder ins Leben zu stürzen, ohne sich mit einer erdrückenden Vergangenheit zu belasten. Weggegebene Kinder werden zu lebensbejahenden und selbstsicheren Eltern, ohne zu wissen, wer ihre biologischen Eltern sind, und manchmal ohne es wissen zu wollen, obwohl sie ein Recht auf Kenntnis ihrer Abstammung haben;[2] missbrauchte Frauen lehnen es ab, zum Opfer abgestempelt zu werden und sich das Leben durch ihre traumatischen Erlebnisse verbauen zu lassen. Voller mitreißender Energie stellen sie sich neu auf und konzentrieren sich auf ihr gegenwärtiges Glück an der Seite ihrer Lieben, als trotzten sie der Erinnerung an die Traumata. Sie ziehen es vor, sich in der Liebe zu entfalten, die ihnen das Leben schenkt, und sich in eine noch ungeschriebene Zukunft zu projizieren, statt sich immer wieder mit einer schmerzhaften Vergangenheit zu beschäftigen.

Von David Bowie kennen wir diese unglaubliche Kreativität und dass er sich permanent neu erfand, von Album zu Album, was der Schlüssel zu seiner Langlebigkeit war. Ob als Major Tom oder Ziggy Stardust, er war diese innovative Kraft im ständigen Wandel und seine Neugier für andere Künste, ob Film, Theater, Mode oder Pantomime, der Nährstoff für seine Musik. Weniger bekannt ist jedoch, dass er eine schwierige Kindheit in einem Londoner Vorort gehabt hatte. Von einer kalten Mutter und einem unnahbaren Vater vernachlässigt, musste er sich sein Leben allein aufbauen, an seiner Seite der um zehn Jahre ältere schizophrene Halbbruder Terry, der ihn in die Musik einweihte und schließlich Selbstmord beging, wie zwei Tanten vor ihm, die ebenfalls psychische Störungen hatten. Das Leben auf dem Mars, die expressionistische Spielweise des Pantomimen Marcel Marceau oder die Balladen von Velvet Underground beschäftigten den jungen Bowie viel mehr als sein Leben als Kind im Vorort. Wenn er in Interviews überhaupt auf seine Kindheit zu sprechen kam, dann erwähnte er bloß, dass er sich noch genau daran erinnern könne, wie er als Achtjähriger um sich geschaut habe und ihm plötzlich klarwurde: Dieses mittelmäßige Leben der Mittelschicht, voller Langeweile und Missgunst, würde nicht sein Leben sein. Mit dem Kopf war er da schon ganz woanders. Schon sehr früh wusste er um seine Bestimmung. Bowie war kein Mensch, der zurückblickte. Fast dreißig Alben, doch kein einziger Song über seine Mutter, nicht eine Textzeile über die Gefühlslage des vernachlässigten Jungen, kein Wort über die Einsamkeit und krankhafte Schüchternheit des Jugendlichen. Andere Künstler hätten eine solche Vergangenheit in den Mittelpunkt ihres Werks gestellt und die zum schöpferischen Material gewordene persönliche Geschichte in einem ebenso künstlerischen wie kathartischen Gestus darin gebannt. Bowie aber lebte, von der Zukunft gelockt, in der Gegenwart, von dem Wunsch getrieben, alles auszuprobieren, was die Musik und das Leben boten. Er hatte keine Zeit oder sah keinen Sinn darin, über das Gestern zu brüten. Gewiss, das Thema des Wahnsinns zieht sich durch sein gesamtes Werk, man denke an den Song *All the Madmen* auf dem Album *The Man Who Sold the World*, und doch konstruierte der Künstler sein Leben und sein Werk als etwas entschieden Zukunftsgewandtes, wie in einer Flucht nach vorn, als fürchtete er, dass ihn der Wahnsinn einholen könnte, wie er selbst gestand.[3] Und wenn er ihn thematisierte, sprach er die Erinnerung an den Halbbruder Terry oder an seine Tanten[4] nie direkt an, sondern nur über Umwege, in der Gestalt von Aladdin Sane oder als Angst, selbst verrückt zu werden, wie in *I'm Deranged*. Natürlich sind wir nicht David Bowie, haben nicht die überbordende Schaffenskraft des Verwandlungskünstlers, doch auch wir haben die Möglichkeit, uns wie er mehr der Zukunft als unseren Erinnerungen zuzuwenden.

EINE »MODERNE« HALTUNG

Die Haltung all dieser Frauen und Männer kann als eine dezidiert »moderne« beschrieben werden, und zwar mit der Bedeutung, die das Wort im Verlauf der berühmten »Querelle des Anciens et des Modernes« im 17. Jahrhundert in Frankreich angenommen hat, dem Konflikt zwischen den Anhängern der Tradition und der Moderne. Für Erstere (La Fontaine, La Bruyère, Racine, Boileau) bedingt die Achtung der Vergangenheit die Größe der Gegenwart, wird ein König erst groß, wenn er sich zum Erben einer Geschichte macht, die über ihn hinausweist, und die Kunst erst schön, wenn sie den großen Traditionen der Antike treu bleibt. Für Letztere hingegen, darunter Perrault und Molière, muss die Kunst mit dem Alten brechen, innovativ sein und neue Perspektiven eröffnen, und zeichnet sich ein großer König durch seine

Fähigkeit aus, sich von der Last der Geschichte zu befreien, um ein neues Zeitalter zu begründen. Modern ist also, wer es wagt, mit der Tradition zu brechen, sich von allem Vorangegangenen frei macht und in seiner Freiheit und Kühnheit eine neue Welt erfindet. Modern ist, wer entscheidet, der Vergangenheit den Rücken zuzukehren. Modern waren auch die Avantgarden des 20. Jahrhunderts (etwa Futurismus, Dadaismus oder Surrealismus), die allesamt versuchten, diese Geste des Bruchs zu vollführen, die sich als Erben des Nichts verstanden und eine neue Kunst begründen wollten. Modern ist der Existenzialist nach Sartres Vorbild, für den Existieren bedeutet, vorzupreschen, die eigene Freiheit fortlaufend neu zu erschaffen und in keiner Weise von der eigenen Vergangenheit bestimmt zu sein. Modern ist Bowie, der immer wieder wie ein Phönix aus der Asche stieg und sich neu erfand, oder auch Brel, wenn er sang, dass man vergessen muss, man alles vergessen kann – und den Bowie übrigens sehr bewunderte. Der Geist der Moderne verlockt uns immer dann, wenn wir es für unnötig erachten, auf unsere Vergangenheit zurückzublicken, und uns lieber vorwärts bewegen, wenn wir das Gefühl haben, unsere Geschichte läge nicht hinter, sondern noch vor uns.

Pars lautet der Titel eines der schönsten Chansons von Jacques Higelin, das 1976 herauskam, siebzehn Jahre nach *Ne me quitte pas* von Jacques Brel. »Geh«, sagt er, und »vor allem schau nicht zurück« – »auf deine Vergangenheit«, möchte man hinzufügen. In diesem irritierenden Lied wendet sich Higelin an seine Lebensgefährtin Kuelan Nguyen, die sich in einen anderen verliebt hat. Geh: Das klingt so, als würde er ihr, zumindest am Anfang des Liedes, einflüstern, das Kapitel ihrer gemeinsamen Geschichte abzuschließen und ihr neues Glück beim Schopfe zu packen. Kuelan Nguyen ist die Frau, die Iggy Pop und David Bowie in *China Girl* besingen. Sie haben sie im Château d'Hérouville, dem legendären Tonstudio im Val d'Oise, kennengelernt, während sie an den Aufnahmen für Iggy Pops Album *The Idiot* arbeiteten und wo auch Higelin mit seiner Gefährtin und dem gemeinsamen Sohn Kên wohnten. »Geh, vor allem schau nicht zurück«, könnte der Refrain des Geistes der Moderne lauten. Gleichsam als Echo auf Brels »man muss vergessen, man kann alles vergessen« aus dem Jahr 1959. Higelin empfiehlt der Frau, die ihn geliebt hat, zu gehen, Brel hingegen fleht sie an, zu bleiben, aber beide besingen die Möglichkeit, einen Schlussstrich unter die Vergangenheit zu ziehen.

So erscheint es umso notwendiger, sich von einer Erinnerung abzuwenden – egal ob von einer schönen oder einer schlimmen –, je mehr sie mit tiefem Leid, mit unerträglicher Qual verbunden ist. Die Vergangenheit unter Verschluss zu halten, zumindest für eine gewisse Zeit, kann manchmal sogar eine Frage des Überlebens sein.

VERGANGENHEIT ODER LEBEN

Jorge Semprun brauchte fast fünfzig Jahre, nachdem er das Konzentrationslager Buchenwald überlebt hatte, wo er von 1944 bis April 1945 inhaftiert war, um sich dieser Zeit im KZ wieder zuwenden zu können. Sein Bericht *Schreiben oder Leben*[5] ist nicht nur eine Schilderung seiner Erfahrungen im Lager, wohin er wegen seiner Tätigkeit für die Résistance deportiert wurde, sondern auch eine Reflexion über die Unmöglichkeit, sich durch Schreiben von einer Erfahrung loszureißen, die er »Erlebnis des Todes«[6] nennt. Die Arbeit am Buch war lang und mühselig und drohte mehrfach zu scheitern, denn sobald er sich wieder in die Hölle des Lagers begab, wurde er vom Tod überwältigt. Gleich nach seiner Befreiung aus dem Lager im April 1945 hatte er zu beschreiben und zu erzählen versucht, in der Überzeugung, dass Geschriebenes das Unsagbare, das sie in Buchenwald durchgemacht hatten, ausdrücken und auf diese Weise die Erfahrung des Grauens vermitteln könne. Semprun versuchte, »den Tod zu schildern, um ihn zum Schweigen zu bringen«.[7] Das Buch, das ihm vorschwebte, sollte den Titel »Schreiben oder der Tod«[8] haben. Doch er scheiterte. »[H]ätte ich weitergemacht, dann hätte mich wahrscheinlich der Tod verstummen lassen«, schreibt er.[9] Er musste der Tatsache ins Auge sehen, dass das Schreiben, statt eine kathartische Arbeit zu sein, die Gefahr mit sich brachte, dass ihn die Todesangst überwältigte, die sein Lageralltag gewesen war. Wenn er sich die verlorenen Freunde vergegenwärtigte, die Erinnerung an sie wiederbelebte, kam der Tod mit unverminderter Wucht, auf erdrückende Weise zurück. Und außerdem: Selbst wenn es ihm gelungen wäre, die vernichtende Lagererfahrung auf Papier zu bringen, wer wäre unmittelbar nach dem Krieg bereit gewesen, sie zu lesen? Wenn alles wiederaufgebaut werden muss, will man nicht zurückblicken. Wie Semprun fast fünfzig Jahre später in *Schreiben oder Leben* klarstellte: Das im Lager Erlebte ist zwar nicht unsagbar, aber unlebbar. Doch um schreiben zu können, müssen die Erinnerungen zum Leben erweckt werden. Die Gefahr war zu groß, »in der Wiederholung, im Wiederkäuen zu versacken […], nicht mehr herauszufinden, möglicherweise den Tod zu verlängern, ihn in den verborgenen Winkeln des Berichts unaufhörlich wieder aufleben zu lassen, nur noch die Sprache dieses Todes zu sein, auf seine Kosten zu leben, tödlich«.[10] Das Schreiben, so Semprun, »stürzte […] mich erneut in den Tod, versenkte mich darin. Ich erstickte in der modrigen Luft meiner Entwürfe«.[11] Diesen Bericht des Todes zu schreiben, hätte nicht nur bedeutet, dem Tod in jedem Satz, in jedem erwähnten dramatischen und tragischen Moment des Lageralltags einen Platz zu geben, der ihn erdrückte und erstickte, sondern damit hätte er diesem allgegenwärtigen Tod auch eine neuerliche Herrschaft über sich gewährt und riskiert, von ihm mitgerissen zu werden an den Ort, wo er ihn Jahre zuvor überlebt hatte. Das Manuskript in eine Schublade zu legen und die Erinnerung an Buchenwald darin zu verschließen, schien daher die beste Option zu sein. Es dauerte fast zwanzig Jahre, ehe er sich damit wieder befassen konnte und 1963 *Le grand voyage* erschien (deutsch *Die große Reise*, 1964), mit dem seine Erinnerungsarbeit als Deportierter begann. In den zwanzig Jahren dazwischen hatte er »die Kur des Schweigens und der bewußten Amnesie«[12] gebraucht, um der Vergangenheit zu entrinnen und den größtmöglichen Abstand zur Hölle von Buchenwald zu gewinnen, durch die er gegangen war. Wie Semprun erklärt: »Es war erregend, mir vorzustellen, daß von nun an, von diesem märchenhaften Apriltag an, das Altern mich nicht dem Tode näherbringen, sondern im Gegenteil von ihm entfernen würde.«[13] In *Schreiben oder Leben* zeichnet er ein jahrzehntelanges Hin und Her nach: Soll er dem Schreiben den Vorzug geben, auf die Gefahr hin, überwältigt zu werden, den Tod zu durchleben, indem er das Schlimmste wieder hochkommen ließ, oder dem Leben mit seiner Arbeit als Drehbuchautor (für Alain Resnais, Pierre Schoendoerffer oder Costa-Gavras) und seinem politischen Kampf (er wird militanter Kommunist und ist von 1988 bis 1991 sogar spanischer Kulturminister). Dabei weiß er, dass er sich von einem Teil seiner Geschichte abschneidet. Schreiben und Erinnern oder Leben und Vergessen. Mit einem Scharfblick, der neben vielem anderem *Schreiben oder Leben* zu einem Meisterwerk macht, erkennt Semprun, dass keine der beiden Möglichkeiten lebbar ist.

Es ist nicht leicht, der eigenen Vergangenheit zu entrinnen. Natürlich ist Jorge Sempruns Bedürfnis zu vergessen nachvollziehbar, ebenso wie die Reaktion mancher Kinder von Überlebenden des Völkermords in Ruanda, die sich dafür entscheiden, dem Trauma zu entfliehen, das ihre Eltern an sie weitergegeben haben. Der Rapper Gaël Faye und Autor des Romans *Kleines Land*[14] erzählt von jungen Menschen in Ruanda und Burundi, die vom Völkermord nichts mehr hören wollen – davon, was Jean Hatzfeld die »Zeit der Macheten« nennt[15] – und einfach die Annehmlichkeiten einer befriedeten Gegenwart genießen möchten, wie ganz normale Menschen leben wollen, frei von einer blutgetränkten Vergangenheit. Verwandte, Busenfreunde, unauffällige Nachbarn hatten sich von einem Tag auf den anderen gegenseitig abgeschlachtet, meistens mit Macheten. Diese Barbarei ist so unfassbar, die Erinnerung an die tragischen Ereignisse so unerträglich, dass sie sich verständlicherweise davon abwenden. Wie sollen sie sich über einen Abgrund beugen, den sie nicht erhellen können? Sie liefen Gefahr, von der Finsternis verschluckt zu werden. Unfähig, das Grauen zu begreifen und zu verarbeiten, verschmähen sie es wie Gift. Auch sie müssen, um sich vorwärts zu bewegen oder einfach in der Gegenwart zu leben, die Vergangenheit dort ruhen lassen, wo sie ist – weit hinter sich, unter einem harten schweren Deckel. Gaël Faye versteht sie, auch wenn er bezweifelt, dass ihre Haltung die richtige ist: Erinnerungsarbeit sei notwendig, um die Möglichkeiten des Zusammenlebens wiederherzustellen und eine Grundlage für die Zukunft zu schaffen. Diese Verbrechen gegen die Menschlichkeit übersteigen die Vorstellungskraft und mahnen uns zu größter Vorsicht: Es ist schwer zu wissen, ob Erinnern oder Vergessen die bessere Wahl ist, um wieder an das Leben anzuknüpfen, nachdem man durch die Hölle gegangen ist.

DER PSYCHISCHE PREIS DER VERMEIDUNG

Dabei ist zu bedenken, dass die Vermeidung der Vergangenheit und schmerzhafter oder traumatischer Erinnerungen in jedem Fall einen Preis hat. So einfach ist es nämlich nicht, die Vergangenheit zu ignorieren. Sie bäumt sich, insistiert, schlägt zurück. Sie fernzuhalten erfordert einen ständigen Kampf, der auch unbewusst und automatisch ablaufen kann, aber mit Sicherheit seinen Preis verlangt: Früher oder später hat unsere Psyche dafür zu zahlen. Wir können zwar vorankommen, wenn wir uns von der Vergangenheit abwenden, allerdings verwandelt sich der Weg schnell in einen mühsamen Aufstieg. Die Kraft, die wir für den inneren Kampf aufbringen, erschöpft uns auf Dauer, und mit der Erschöpfung treten bald auch Nebenwirkungen auf: Reizbarkeit,

Aggressivität, Burnout. Wir können Schlachten gewinnen, doch unversehrt kommen wir nicht davon. Am Ende verlieren wir den Kampf. Denn Vermeidung ist eine Falle, die uns gefangen hält in einer Gewalt, die sich vor allem gegen uns richtet und gegen die Vergangenheit, die ein Teil von uns ist, ob wir wollen oder nicht, und die uns schließlich niederstreckt. Wir glauben, unsere Traumata besiegt zu haben, »heil davongekommen« zu sein, und plötzlich gibt sich die Vermeidungsfalle zu erkennen: Nun kommt die Vergangenheit umso heftiger hoch, je mehr wir sie verdrängt haben, bricht über uns herein, wenn wir am schwächsten sind, erschöpft von dem langwierigen Kampf. Die Vergangenheit zu ignorieren, ist ein gefährlicher Trick.

Hinzu kommt, dass wir den Geist der Moderne, der zweifellos reizvolle Seiten hat und zu einer Freiheit einlädt, die Unbeschwertheit atmet, und dazu, das Leben in der Gegenwart voll auszuleben und zuversichtlich in die Zukunft zu preschen, mit Vorsicht genießen sollten. Eine solche Vorgehensweise kann zuweilen karikaturenhafte, ideologische Züge annehmen: Es bedürfe nicht mehr als einer resoluten Willensentscheidung, um unsere Vergangenheit endgültig ad acta zu legen, ein für alle Mal mit ihr abzuschließen. Diese Ideologie kommt heute auf unterschiedliche Weise zum Ausdruck. Sie scheint in den Theorien zur persönlichen Entwicklung durch, die einladen, uns von negativen Emotionen wie Bedauern, Gewissensbissen oder der Erinnerung an Fehlschläge abzuwenden und nur positive Emotionen zu kultivieren. Unterschwellig klingt sie auch in den lapidaren Äußerungen derer an, die jegliches Interesse an der Vergangenheit als unergiebiges Wiederkäuen abtun, oder in der erfolgreichen Verbreitung eines fälschlicherweise Voltaire zugeschriebenen Zitats, das es bis auf T-Shirts, Tassen und Stofftaschen geschafft hat: »Ich habe beschlossen, glücklich zu sein, weil es besser für die Gesundheit ist.« Die Formulierung ist ansprechend, witzig und »schräg«, doch genauer besehen impliziert sie, dass das Glücklichsein von einer Willensentscheidung abhängt und dass jegliche schmerzhafte Vergangenheit mit einem Handstreich weggewischt werden kann. Unser Glück hängt nur von uns selbst und von unserer Lebenseinstellung ab, von unserer Fähigkeit, den Blickwinkel zu ändern, und von unserer Willensstärke. So, wie wir nach dieser modernistischen Ideologie nur zu lernen brauchen, statt des »halb leeren« Glases ein »halb volles« zu sehen, um glücklich zu sein, bräuchten wir nur zu entscheiden, den Blick weit nach vorne zu richten statt in den Rückspiegel, um von der Krankheit des Wiederkäuens geheilt und wieder gesund zu werden. So verlockend diese Vorschläge sein mögen, sie negieren die Komplexität des menschlichen Lebens. In einem Punkt sind sich die meisten Therapeuten – die klassischen Psychoanalytiker, Freudianer wie Lacanianer, und ihre vermeintlichen Gegner, die Verhaltenstherapeuten und Kognitivisten, die kurze Therapien anbieten – einig: Eine solche Ideologie kann sich als gefährlich erweisen. Wer in die Zukunft prescht, »ohne sich umzudrehen«, setzt sich der Gefahr einer Wiederkehr der Vergangenheit aus, die umso brutaler sein wird, als sie negiert wurde.

DER REBOUND-EFFEKT

In seinem 1863 erschienenen Werk *Winterliche Aufzeichnungen über sommerliche Eindrücke* macht Dostojewski eine erstaunliche Beobachtung: »Nehmen Sie sich einmal vor, nicht an den weißen Bären zu denken und Sie werden sehen, der Verflixte wird Ihnen immerfort einfallen.«[16] Neugierig geworden, fragte sich der amerikanische Sozialpsychologe Daniel Wegner in den 1980er-Jahren, ob diese Aussage sich wissenschaftlich belegen ließ. Bei seinem Experiment mit Freiwilligen führte er die Probanden in einen leeren Raum und forderte sie auf, an egal was, nur nicht an einen weißen Bären zu denken. Sie sollten eine Klingel betätigen, sobald das Tier vor ihrem geistigen Auge auftauchte. Schon bald schwoll das Geklingel zu einem regelrechten Getöse an.

Das Experiment lieferte erstmals den Beweis dafür, was Psychologen »Rebound-Effekt« nennen, und wurde anschließend mit zwei Kontrollgruppen durchgeführt. Die Personen von Gruppe 1 sollten nicht an einen weißen Bären denken und alles tun, damit es nicht passierte; die von Gruppe 2 hatten die Aufgabe, absichtlich an ihn zu denken; die Probanden sollten Tag für Tag notieren, wie oft ihnen der Gedanke an den Bären gekommen war. Nach mehreren Tagen zeigten die Ergebnisse deutlich, dass die Personen von Gruppe 1 viel häufiger an den Bären gedacht hatten als die von Gruppe 2. Das Experiment wurde auch mit Personen durchgeführt, kurz bevor sie zu Bett gingen. Ergebnis: Das zu meidende Objekt bevölkerte ihre Träume.

Jennifer Borton und Elisabeth Casey vom Hamilton College in New York stützten sich auf die Erkenntnisse dieser

Experimente und vertieften sie, um den Zusammenhang zwischen Vermeidung und Stimmungsschwankungen besser zu verstehen. Sie baten eine Gruppe von Probanden, den unangenehmsten Gedanken, den sie gegenüber sich selbst hegten, auszumachen. Anschließend teilten sie die Gruppe in zwei Untergruppen auf. Gruppe A bekam die Aufgabe, sich alle Mühe zu geben, sich diesen Gedanken aus dem Kopf zu schlagen. Gruppe B bekam lediglich die Aufgabe, ihr Leben während der elf Tage des Experiments ganz normal weiterzuführen. Jeweils am Ende des Tages sollten die Teilnehmer notieren, wie oft ihnen der unangenehme Gedanke in den Sinn gekommen war, und allgemeine Fragen zu ihrer Stimmungslage beantworten. Die Ergebnisse bestätigten den Rebound-Effekt, den Daniel Wegner festgestellt hatte: Die Probanden von Gruppe A waren viel häufiger mit dem negativen Gedanken beschäftigt und vor allem nach den elf Tagen des Experiments viel deprimierter und ängstlicher als die Probanden von Gruppe B. Negative Gedanken verdrängen oder vermeiden zu wollen, wirkt sich also negativ auf die Stimmung aus. Ein häufiger Gegenstand der Vermeidung ist aber nun mal unsere Vergangenheit. Je mehr wir sie auszublenden versuchen, desto mehr manifestiert sie sich – auf unangenehme Weise!

In seinem Essay *Faire la paix avec son passé* bestätigt Jean-Louis Monestès,[17] ein auf posttraumatische Belastungsstörungen spezialisierter Psychotherapeut und Forscher am CNRS, dass die Haltung des Wegschiebens von Erinnerungen in die Kategorie der »Vermeidung« fällt und sie meistens kontraproduktiv ist. Je mehr wir uns bemühen, unserer Vergangenheit zu entrinnen, desto schneller hole sie uns wieder ein, erklärt der Forscher. Je mehr wir schmerzhafte Erinnerungen, negative Emotionen und sogar traumatische Bilder zu vermeiden suchen, desto größer die Gefahr, dass wir ihnen Macht verleihen.

Dieser Rebound-Effekt der gemiedenen Vergangenheit sei wichtig, betont Monestès, im Zusammenhang mit der Behandlung von Problemen, die etwa nach einer Vergewaltigung, einem Überfall, einem Attentat oder einem Bombardement, einem Autounfall oder einer Naturkatastrophe auftreten, um wieder ins Leben zurückzufinden. Was für den einfachen, harmlosen Gedanken im Bär-Experiment und noch mehr für den negativen Gedanken des Experiments von Borton und Casey gilt, gilt erst recht für emotional oder affektiv belastete Erinnerungen. Je stärker das Trauma, desto gefährlicher die Vermeidungsfalle, so der Forscher; je mehr Tatkraft die Vermeidung beansprucht, desto brutaler schlägt das Trauma zurück.

»Die Opfer einer Katastrophe unternehmen oft große Anstrengungen, um nicht an das Trauma zu denken, es nicht zu erwähnen und offen darüber zu sprechen. Auch Orte und Personen, mit denen sich Erinnerungen an die Ereignisse verbinden, werden gemieden. Die Kraft, die für die Vermeidung aufgewendet wird, steht, so scheint es, auf einer Stufe mit dem erlebten Trauma und der empfundenen Angst.« In den meisten Fällen, zeigt Monestès auf, sei »der krampfhafte Wille, zu vergessen, proportional zum Wiederauftauchen der Erinnerungen. [...] Flashbacks treten sogar sehr häufig unmittelbar nach dem Versuch der Opfer auf, nicht mehr an das Erlebte zu denken.«[18]

Die gleiche Feststellung hat auch Jorge Semprun gemacht: Unfähig, über seine Erfahrung im Todeslager zu schreiben, schildert er, wie er im Laufe der Jahre seiner freiwilligen Amnesie regelmäßig von Albträumen heimgesucht wurde und dann mit dem Urbedürfnis aufwachte, den Körper seiner Freundin zu berühren, um sich zu vergewissern, dass er nicht mehr dort war, in Buchenwald, dass der Albtraum vorbei war. »Hatte ich mein Leben in Buchenwald geträumt?«,[19] fragte er sich sogar aus dem tiefen Gefühl heraus, nicht unterscheiden zu können, welches Leben »real« war, sein Lagerleben oder das Leben danach. Die Bilder, die Flashbacks von Buchenwald sollten ihn nicht nur in seinen Träumen verfolgen. Auch im Wachzustand und trotz seines erfüllten Lebens wurde er regelmäßig von Erinnerungen heimgesucht: die Scheibe Schwarzbrot als einzige Mahlzeit, die er so langsam wie möglich zu kauen versuchte, die widerlichen Latrinen, die trotz allem der Ort waren, an dem er sich am wohlsten fühlte, gleichsam geschützt vor der Brutalität des Lagers, und vor allem die Gerüche, die geradewegs aus der Vergangenheit in seine Nase stiegen, der Rauch der Krematorien, das Leder und das Kölnischwasser der SS-Sturmführer …

Zur Untermauerung seines Ansatzes zieht Monestès eine Fülle von konkreten Fällen aus seiner therapeutischen Praxis heran, insbesondere den einer Frau im Erwachsenenalter, die zwischen ihrem siebten und 14. Lebensjahr sexuell missbraucht wurde. Lange hatte sie geglaubt, im Vergessen Linderung finden zu können, doch mit der Zeit holte sie in immer regelmäßigeren Abständen ein, was sie mit aller Kraft zu verdrängen suchte. Albträume, Flashbacks und sexuelle Störungen häuften sich und beeinträchtigten ihr Leben immer mehr. Im Lauf der Jahre kamen ihr immer präzisere Einzelheiten ins Gedächtnis zurück – Reminiszenzen an Orte, Szenen, Worte und Gerüche – und mit ihnen Ängste, Schreckensmomente und Schockstarre. Sie war davon überzeugt, dass ihre psychische Gesundheit davon abhing, ob sie es schaffte, zu vergessen und alle Erinnerungen an die sieben Höllenjahre auszulöschen. Ab dem Tag jedoch, an dem sie einsah, dass dieses Auslöschen in Wirklichkeit nicht möglich war, setzte, wie Monestès feststellt, ihr Heilungsprozess ein: »Sie schaffte den ersten Schritt, indem sie zu dem Schluss kam, dass sie die schmerzhaften Geschehnisse niemals würde vergessen können. Ich denke, sie hat leider Recht, [...] zu diesem Schluss zu gelangen, ist der erste Schritt, um sein Leben wiederaufzubauen.«[20] Über all die Jahre hatte sie es vielleicht »geschafft«, zu vergessen, aber der Preis dafür war eine permanente psychische Erschöpfung. So lag sie manchmal ganze Wochenenden im Bett und versank ohne ersichtlichen Grund in einen krankhaft langen und tiefen Schlaf. Der Fall dieser Frau veranschaulicht nach Ansicht des Psychotherapeuten eine allgemeine Wahrheit: Eine derartige Verdrängung mag in manchen Fällen notwendig erscheinen, um kurz- oder mittelfristig »durchzuhalten«, aber langfristig kann sie zu einer unerträglichen psychischen Situation führen. Monestès unterstreicht den Moment, in dem seine Patientin ihre Befreiung in Gang setzte, als sie den Satz aussprach: »Im Grunde kann man nicht vergessen.« Als wäre sie irgendwie erleichtert darüber, dass sie sich endlich erlaubte, nicht mehr gegen ihre Erinnerungen anzukämpfen. Als begänne sie sich in der Lage zu fühlen, mit der Erinnerung an das Erlittene zu leben, und könne in Erwägung ziehen, »Frieden mit der Vergangenheit zu schließen«, endlich aufhören, gegen sie zu kämpfen, und ihr stattdessen die Tür öffnen, um sie anzunehmen und ihr einen Platz in der Gegenwart einzuräumen.

DAS TRAUMATISCHE GEDÄCHTNIS

Im Zuge der #MeToo-Bewegung, als Frauen ihr Schweigen brachen, gab es viele Äußerungen, die in die gleiche Richtung weisen: Auch diese Frauen hatten gedacht, sie hätten es geschafft, zu »vergessen«, doch sie wurden von ihrer Vergangenheit als vergewaltigtes oder missbrauchtes Mädchen eingeholt.

Einige berichteten von einer bewusst eingenommenen Haltung, die zunächst zu funktionieren schien: Sie beschlossen, nicht mehr daran zu denken, gewöhnten sich an, die Bilder des Traumas zu verscheuchen, sobald sie auftauchten, machten neue glückliche Erfahrungen, die sie mit dem Leben versöhnten, und lebten lange Zeit mit dem Gefühl, ein neues Kapitel aufgeschlagen zu haben, bis sie schließlich die Vergangenheit einholte. Diese Wiederkehr der »gemiedenen« Vergangenheit nahm unterschiedliche Formen an: Die einen stürzten sich in Arbeit, andere wurden partout nicht schwanger oder konnten keinen Orgasmus bekommen; es kam zu Flashbacks, schweren Essstörungen, unerklärlichen Angstattacken, Selbstmordgedanken bis hin zu -versuchen, schweren Depressionen … Dabei hatten sie eine wunderbare Begabung zu guter Laune und Freude, Lebenshunger und den Willen, vorwärts zu schauen, an den Tag gelegt, alles Eigenschaften, die zum Besten gehören, was den Geist der Moderne ausmacht. Doch das hatte nicht gereicht. Tatsächlich wirkte die Vergangenheit in ihnen fort, manchmal fast unbemerkt, bis sie Symptome erzeugte; sie *verging nicht.*

Andere Frauen mussten sich noch nicht einmal bewusst anstrengen, um die »Auftritte« ihrer Geschichte zu unterbinden. Ihr Unbewusstes hatte, um sie zu schützen, dafür gesorgt, sie zu verdrängen, weil das Erlebte so brutal und das, was ihnen angetan wurde, schier unbegreiflich war. Es gibt unzählige Aussagen von jungen Frauen, die als Jugendliche und sogar als Kind von einem Familienmitglied vergewaltigt wurden und sich jahrelang nicht daran erinnern konnten. Die brutale Erschütterung hatte die Verdrängung notwendig gemacht. Bis sie eines Tages von ihrer Vergangenheit eingeholt wurden und völlig hilflos dastanden, zutiefst verängstigt und unfähig, die Zeichen der Erinnerungen, zu denen sie keinen Zugang mehr hatten, zu deuten. Dieses Unverständnis kann ihre Symptome noch verschlimmern und in einen zerstörerischen Teufelskreis führen. Die daraus resultierende Gewalt macht deutlich, dass eine traumatische Vergangenheit nicht dauerhaft gemieden werden kann. Eine Therapie und die Auseinandersetzung mit der Erinnerung sind dann unerlässlich, um die Freude am Leben wiederzufinden und das Tor zur Zukunft wieder zu öffnen. Die Flucht vor der Vergangenheit – durch bewusste, willentliche Vermeidungsversuche oder durch unbewusste Verdrängung im eigentlichen Sinne – scheint selten dazu zu führen, dass man sich von ihr frei macht.

Nur ein Drittel der Opfer von traumatischen Erlebnissen entwickelt Symptome einer posttraumatischen Belastungsstörung (PTBS): heftige Flashbacks, wiederholte Albträume, Unfähigkeit zur Freude, Vermeidung von Situationen, die das Trauma wachrufen könnten, Übererregtheit, Schreckhaftigkeit, Depression … Die anderen sind nach unterschiedlich langer Zeit wieder in der Lage, ein normales Leben zu führen. Was macht den Unterschied aus?, fragt Jean-Louis Monestès in *Faire la paix avec son passé*. Seine klare Antwort gerät zum Einwand gegen die modernistische Ideologie: Die

Personen, die am besten damit fertigwerden, sind gerade die, die die unangenehmen Gefühle, die mit dem Trauma verbunden sind, nicht vermeiden; die nichts tun, um nicht wieder an das Ereignis zu denken. *Mit* der traumatischen Vergangenheit lebt es sich also besser als in der Flucht davor.

TRINKEN, UM ZU VERGESSEN

Alkoholiker trinken meist, um der Vergangenheit zu entrinnen, eine Trennung oder einen Fehlschlag, Demütigung oder Trauer zu vergessen; sie trinken, um die Tragik ihrer Existenz auszublenden. Anfangs funktioniert die Methode gut: Alkohol hilft, Sorgen zu vertreiben und schmerzhafte Erinnerungen zu ertränken. Doch es ist nur ein kurzes Durchatmen: Die Vergangenheit kehrt heftiger zurück und verlangt nach immer mehr Alkohol, um sie zum Schweigen zu bringen und sich in der Illusion wiegen zu können, sie losgeworden zu sein. Schon schnappt die Falle zu, die der Trunksucht und der Vermeidung in einem. Die Tatsache, kurzfristig der Vergangenheit erfolgreich entronnen zu sein und sich schmerzhafte Erinnerungen erspart zu haben, führt zu einem Rebound-Effekt: Das Trauma trifft nun eine fragilere Person. Manchmal entwickeln Alkoholiker sogar ein »Korsakow-Syndrom«, benannt nach dem russischen Psychiater und Neurologen Sergei Korsakow, der dieses Ende des 19. Jahrhunderts anhand der Untersuchung der Auswirkungen von übermäßigem Wodkakonsum beschrieb. Kennzeichnend sind eine Form der Demenz, Defizite in der Wiedererkennungsfähigkeit und vor allem schwerwiegende Beeinträchtigungen des Gedächtnisses, genauer gesagt des »anterograden« Gedächtnisses, was sich in der Unfähigkeit äußert, neue Erinnerungen zu bilden und sich Neuerlebtes zu merken. Von diesem »anterograden« Gedächtnis unterscheidet sich das »retrograde« Gedächtnis, das dafür zuständig ist, dass alte Erinnerungen erhalten bleiben, und das durch Alkoholmissbrauch meist nicht beeinträchtigt ist. Chronischer Alkoholismus führt zu Vitamin-B1-Mangel und zu Hirnschädigungen, insbesondere des Hippocampus, der, wie wir gesehen haben, als zentrale Schaltstelle zur Überführung von Erinnerungen aus dem Kurzzeit- ins Langzeitgedächtnis fungiert. Der Alkoholiker »schafft es« also tatsächlich, zu vergessen, doch paradoxerweise und tragischerweise nur das, was er gerade erlebt hat, nicht aber die alten Erinnerungen an seine Verletzungen, Narben und Traumata. Schlimmer noch, er gewährt seinen Dämonen freie Hand, um sich zurückzumelden und den Wunsch zu wecken, sich erneut im Alkohol zu ertränken. Dieser Zustand ist umso unhaltbarer, als eines der Mittel, um mit der eigenen schmerzhaften Vergangenheit besser leben zu können, die Bildung neuer Erinnerungen ist, wie wir noch sehen werden. Wer seine Vergangenheit in Wein oder Bier, Wodka oder Whisky ertränken will, verdammt sich in Wirklichkeit dazu, sie wieder zu durchleben.

ARBEITEN, UM ZU VERGESSEN

Der Workaholic ähnelt dem Alkoholiker: Er sucht Zuflucht in der Arbeit, flieht vor bestimmten Erinnerungen oder Gedanken, indem er sich in das Hamsterrad permanenter Aktivität stürzt. Die lange Liste der gegenwärtigen und kommenden Aufgaben beschäftigt, beansprucht, vereinnahmt ihn, und er geht völlig darin auf. Auch hier funktioniert die Methode anfangs gut: Der Workaholic bringt sich in seinen Beruf ein, erhält bei Bedarf Anerkennung, was wie Balsam wirkt, und schafft es, einer Vergangenheit zu entrinnen, die er bewusst ignorieren will. Wie André Scheen, Professor für Medizin an der Universität Lüttich, in seiner Studie über die verschiedenen Formen der Arbeitssucht gezeigt hat,[21] besteht der Unterschied zwischen dem Workaholic und dem Arbeitnehmer, der sich voll einbringt, aber »gesund« ist, in dessen Unfähigkeit aufzuhören, selbst wenn er seine beruflichen Ziele erreicht hat. Der Workaholic kann seine Freizeit oder seinen Urlaub nicht genießen. Er opfert seine Lebensqualität dem Gott der Arbeit. Sein ausufernder beruflicher Einsatz ist eine mehr oder weniger bewusste Strategie, um einer schmerzhaften Vergangenheit oder einem stressigen oder unbefriedigenden Familien- oder Gefühlsleben zu entfliehen. Die Aussicht auf die Wochenenden oder einen Urlaub macht ihm Angst, der Gedanke, Zeit zu haben, macht ihn verlegen, und so zieht er es vor, sich für die Arbeit zu verausgaben. Viele Wege führen zum Burnout, doch dieser hier ist laut Scheen der problematischste. Die Heilungschancen seien in diesem Fall am geringsten. Um seine Flucht nach vorn beenden zu können, muss der Betreffende sich seiner Verhaltensstörung bewusst werden und sich helfen lassen wollen. Zu dieser Einsicht kommt es allerdings selten, wenn dem zwanghaften Verhalten die Absicht zugrunde liegt, schmerzhafte Erinnerungen oder Beziehungs- und Familienprobleme zu ignorieren. Der Weg zur Heilung dauert dann länger als bei Workaholics, die sich aufgrund von Perfektionismus, Leistungswahn oder schlicht, weil sie in das Räderwerk einer toxischen Struktur geraten sind, für die Arbeit verausgaben.

Aber auch diese Workaholics werden den Preis des Rebound-Effekts zu spüren bekommen: Irgendwann tauchen »intrusive Gedanken« auf – unversehens, im ungünstigsten Moment, mitten bei der Arbeit, beim Einschlafen oder wenn sie endlich eine Auszeit nehmen und anfangen loszulassen. Sie werden dann die bittere Erfahrung machen, was es heißt, »überfordert zu sein«, diesmal aber nicht von der nicht endenden Flut der Pseudo-Dringlichkeiten, die ja warten könnten, sondern psychisch – überwältigt durch die Wiederkehr des Verdrängten. Ihr Eindruck, alles unter Kontrolle zu haben, war trügerisch. Einige Formen von Burnout rühren daher. Workaholics brechen meistens nicht deswegen zusammen, weil sie zu viel arbeiten, sondern weil die Arbeit ihnen ermöglicht, der eigenen Geschichte zu entrinnen und Probleme von sich fernzuhalten, die sie über kurz oder lang werden angehen müssen.

Weil wir kurzfristig wirksame Ablenkungsstrategien (Aktionismus, Alkohol- oder Drogenkonsum, Jagd nach Vergnügungen …) einsetzen können, wiegt uns das Vermeiden der Dinge in der Illusion, dass wir einfach ein neues Kapitel aufschlagen können und ein für alle Mal aufhören, an sie zu denken. Im Grunde ist es aber so: Je mehr wir versuchen, ein Ding aus unserem Gedächtnis zu tilgen, desto mehr konzentrieren wir uns darauf und verstärken es. Es ist wie der weiße Bär im Experiment von Daniel Wegner, unabhängig davon, ob wir bewusst vorgehen oder nicht.

Im speziellen Fall des Misserfolgs wird es durch Vermeidung unmöglich, daraus zu lernen und ihn sich so nutzbar zu machen. In einem meiner letzten Bücher, *Die Schönheit des Scheiterns*,[22] habe ich die Bedingungen aufgezeigt, die erfüllt sein müssen, damit Misserfolg sich in Fortschritt verwandeln kann. An erster Stelle stehen: Man sollte einen Misserfolg nicht leugnen und ihn geduldig analysieren, also zwei Modalitäten der Akzeptanz, zwei Weisen, ihm keinesfalls zu entrinnen, zwei Arten, Vermeidung zu vermeiden. Wer die Erinnerung an den Misserfolg unterdrückt, diesen nicht analysiert und sich hinter imaginären Szenarien versteckt, in denen nichts von alledem passiert wäre (das nennt man »kontrafaktisches Denken«: Ich hätte diesen Misserfolg nicht erlebt, wenn …), schafft eine Situation der Verleugnung, die Lernen unmöglich macht. Noch problematischer ist, dass er sich der Gefahr aussetzt, denselben Fehler zu wiederholen und somit den gleichen Misserfolg zu erleben. Wenn sich diese Erfahrung wie ein Fluch wiederholt, wird sie immer schmerzhafter und kränkender.

»Errare humanum est, perseverare diabolicum – Irren ist menschlich, aber auf Irrtümern zu bestehen, ist teuflisch«, sagte Seneca, der in Wirklichkeit eine Volksweisheit aufgriff, die bereits Cicero zitiert hatte und die sich später sogar Augustinus zu eigen machte. So schmerzhaft das Scheitern sein mag, es ist ein Baustein in jedem Lebenslauf. Mehr noch als das Scheitern selbst ist seine Wiederholung problematisch. Wir wissen nicht alles instinktiv: Unsere Fehler sind daher lehrreich und sollten uns auf dem Weg zu künftigen Erfolgen geleiten. Doch wie kommt es, dass wir so oft, so unermüdlich die gleichen Fehler wiederholen? Wohl weil wir sie lieber in der Vergangenheit ruhen lassen und ihnen den Rücken zukehren, um uns ein Wiedererleben unangenehmer Momente zu ersparen. Dadurch, dass wir unsere Kraft darauf verwenden, sie zu vergessen, anstatt sie zu analysieren, um daraus zu lernen, halten wir das Tor offen dafür, dass die gleichen Fehler sich wiederholen.

Unser Verhältnis zu Fehlern und Misserfolgen ist bezeichnend und lädt ein, über unser Verhältnis zur Vergangenheit und zu den schlimmen Erinnerungen, die sie bevölkern, neu nachzudenken. Wir beschweren uns oft über ihre Beständigkeit, aber vielleicht bleiben sie ja deswegen so tief in uns eingeschrieben, um uns davor zu bewahren, sie zu wiederholen, wohlmeinenden Warnungen gleich. Wenn wir uns davor schützen wollen, dass das Schlimmste wieder hochkommt, müssen wir damit beginnen, uns daran zu erinnern.

EINE PILLE DES VERGESSENS?

Die mit der Flucht vor der eigenen Vergangenheit einhergehenden Probleme und Gefahren lassen sich auch und vielleicht vor allem durch eine Tatsache erklären, die Neurowissenschaftler inzwischen einwandfrei erwiesen haben: Wir können unsere Erinnerungen ohnehin nicht auslöschen. Wie wir gesehen haben, ist eine Erinnerung kein Datensatz, der an einem bestimmten Ort in unserem Gehirn gespeichert ist. Eine Erinnerung liegt vor, wenn eine Episode der Vergangenheit in unser Bewusstsein gelangt – auf unterschiedliche Weise, über diverse einander überkreuzende Faserbündel (das Gefühl von damals, ein Geruch oder Farben, die die

Erinnerung zurückrufen, ein Gedanke, der darauf zurückgeht und uns vertraut geworden ist, ein Ort …), wobei diese Erinnerung auch mit anderen Erinnerungen verknüpft sein kann, die Erstere wieder zutage fördern. Da wir niemals im Voraus wissen können, was genau von dem Erlebten das Potenzial haben wird, die Episode in die Erinnerung zurückzurufen, ist es absolut unmöglich, sie zu »löschen«. Es gibt zwar eine neuronale Spur dieser Erinnerung, die einem Pfad im neuronalen Netz ähnelt und Engramm genannt wird, aber wir können sie unter den 85 Milliarden Neuronen, aus denen unser Gehirn besteht, nicht ausmachen. Und selbst wenn uns das eines Tages gelingen sollte, was höchst unwahrscheinlich ist, wüssten wir nicht, wie sie vorsätzlich zu löschen wäre.

Diese Unmöglichkeit, bestimmte Erinnerungen auszulöschen, steht im Mittelpunkt einer urkomischen Kurzgeschichte von Hervé Le Tellier mit dem Titel *Willibald Walter ou la mémoire en place,*[23] die Michel Gondry zum Plot seines Films *Eternal Sunshine of the Spotless Mind* (deutsch *Vergiss mein nicht!*) anregte.

Dem Arzt Willibald Walter, der sich auf Amnesie spezialisiert hat, ist es gelungen, den Sitz des Gedächtnisses zu lokalisieren. Er erstellt eine überaus genaue »Landkarte« des Gehirns und entwickelt eine »Pille des Vergessens«, die ihm Reichtum bescheren dürfte: »Jeder Mensch hat etwas zu vergessen: eine Übeltat von gestern, für die man sich heute noch schämt, eine Situation, in der man sich vollkommen lächerlich gemacht hat, oder schlicht die ewigen Vorhaltungen der Mutter, der Ehefrau oder von beiden. Durch selektive Amnesie wäre es endlich möglich, die Vergangenheit zu tilgen und damit die Gegenwart zu verändern.« Da beschließt

Mnémosyne, mit der Willibald seit drei Wochen eine leidenschaftliche Affäre hat, ihn zu verlassen. Er macht schreckliche Tage durch, fühlt sich gekränkt und verloren und glaubt in jeder Frau, die ihm auf der Straße begegnet, Mnémosyne zu erkennen, sieht »bei der einen das Fältchen im Mundwinkel, bei der anderen den roten Schimmer im Haar, während die dritte die Straße mit genau dem gleichen sinnlichen Gang überquerte wie seine schöne Geliebte«.[24] Doch schon bald befindet Dr. Walter, dass sein Leiden lange genug gedauert hat; er wird seine Pille des Vergessens an sich selbst testen. Als er sie herstellen will, bekommt er es allerdings mit der Angst zu tun. Wie kann er sichergehen, dass die Dosierung stimmt? Er hat zwar die Spur von Mnémosyne in seinem Cortex lokalisiert (»bei Volumenreferenz 274.32.198 des unteren Schläfenlappens der linken Hirnhälfte«), aber vielleicht ist die Erinnerung an seine Geliebte noch anderswo zu finden, zum Beispiel in der Erinnerung an die Gerichte, die sie mochte, oder an die Filme, die sie zusammen gesehen haben? Wenn er die Erinnerung an ihr Gesicht oder an ihren Gang löscht, löscht er dann auch, was diese Liebesgeschichte ihn gelehrt hat, was er bei dieser Gelegenheit von sich selbst verstanden hat? Aber noch wichtiger: Wie soll man die Gewissheit haben, nur Mademoiselle Mnémosyne auszulöschen? »Die akribische Dosierung war geeignet, die letzten drei Wochen aus der Gedächtnissphäre zu entfernen, ohne noch weiter in der Zeit zurückzugehen. Der Arzt hatte panische Angst, die Mengen falsch berechnet zu haben und mehrere Monate oder sogar Jahre an Erinnerungen zu löschen, die am selben physischen Ort eingeschrieben waren. Denn wenn Willibald Mademoiselle Mnémosyne aus seinem Gedächtnis löschen wollte, dann nur sie und ganz sicher nicht, wer er selbst war, die Gesichter seiner Freunde oder die Vornamen seiner Verwandten, von der neuen Geheimzahl seiner Bankkarte und dem Zugangscode zu seiner Wohnung ganz zu schweigen.«[25]

Mit seiner Poesie des Absurden knüpft Hervé Le Tellier an Jean-Louis Monestès an, der schreibt: »Das Gedächtnis funktioniert nicht wie eine Riesenbibliothek, in die man nur ein Buch wegzustellen braucht, um wieder Ruhe zu haben. Unsere Erinnerungen sind gruppiert, überlappen sich und hängen oft voneinander ab. Unser Gehirn lässt nicht so leicht heraus, was es hereingelassen hat.«[26] Das heißt, selbst wenn es der Wissenschaft eines Tages gelingen sollte, die genaue Lage der Erinnerungen auszumachen, jede einzelne zu katalogisieren und zu lokalisieren, sie eine Methode findet, um nur die »unerwünschten« auszulöschen, würde dies zwangsläufig eine ganze Gruppe peripherer Erinnerungen treffen, die mit ihnen zusammenhängen. Dann bliebe immer noch die Frage, auf welche Art und Weise die ausgelöschten Erinnerungen uns geprägt, auf uns eingewirkt haben und wir uns über sie unser Leben aufgebaut haben. Es ist unvorstellbar, eine Erinnerung beseitigen zu können – sogar wenn wir theoretisch annehmen, wir könnten das »richtige« Netz der Neuronen selektieren, das gehemmt werden soll –, doch selbst wenn uns dies gelänge, könnten wir nichts an der Tatsache ändern, dass wir durch das Erlebte verändert worden sind. Wir können unserer Vergangenheit nicht entrinnen, aus dem einfachen Grund, dass sie da ist, in uns, und bereits auf uns eingewirkt hat. Auch dann, wenn wir uns von ihr frei gemacht zu haben glauben.

»RÜCKKEHR NACH REIMS« – SICH VON DER VERGANGENHEIT FREI MACHEN?

In *Rückkehr nach Reims* legt Didier Eribon dar, wie er, um sich sein Leben aufzubauen, sich von seiner Vergangenheit frei machte und seiner Kindheit, der väterlichen Gewalt und dem Arbeitermilieu als solchem entrann, in dem seine Liebe für Bücher und Jungen ihn schon früh zu einem Unverstandenen und fast zu einem Verräter gemacht hatte. Auf den ersten Seiten seines Berichts erzählt er, wie er auf die Nachricht vom Tod seines Vaters reagierte. In einem Telefonat mit seiner Mutter »sagte sie: ›Die Klinik hat gerade angerufen. Dein Vater ist vor einer Stunde gestorben.‹ Ich mochte ihn nicht, ich hatte ihn nie gemocht. Mir war klar gewesen, dass seine Monate, dann auch seine Tage gezählt waren, aber ich hatte nichts unternommen, um ihn ein letztes Mal zu sehen. […] Die Abgründe, die sich in meiner Jugend zwischen ihm und mir aufgetan hatten, waren mit den Jahren größer, wir füreinander Fremde geworden. Nichts verband uns, nichts hatten wir gemeinsam. Wenigstens glaubte ich das oder hatte es so sehr glauben wollen, weil ich dachte, man könne ein Leben losgelöst von seiner Familie leben und sich neu erfinden, indem man der Vergangenheit und denen, die sie bevölkern, den Rücken zukehrt.«[27]

»Sich neu erfinden, indem man der Vergangenheit den Rücken zukehrt« könnte das Credo der modernistischen Ideologie sein: sich vorwärts bewegen, ohne zurückzuschauen. Doch Eribons gesamtes Buch, bis hin zum Titel *Rückkehr nach Reims*, ist der Bericht von der Unmöglichkeit dessen. Selbst als »Aufsteiger«, als weltweit anerkannter Intellektueller und Autor eines Bestsellers, der für das Theater adaptiert überall in Europa aufgeführt wird, bleibt er von seiner Vergangenheit geprägt, die unentwegt auf seine Gegenwart abfärbt oder sie durchkreuzt. Offenkundig durch Erinnerungen, die ihn gleichsam überfallen, aber mehr noch durch das Gefühl, in der Welt des Kulturbürgertums, die zu seiner eigenen geworden ist, keinen rechten Platz zu haben, auch durch die fortwirkende »soziale Scham«, die er nicht ablegen kann, und paradoxerweise durch eine bestimmte Form der Treue gegenüber seiner Klasse und der Welt, aus der er stammt: »Es war mir immer unangenehm, und manchmal verspürte ich sogar Hass, wenn in meinem Umfeld verächtlich oder respektlos vom ›gemeinen Volk‹ mitsamt seiner Verhaltensweisen und Lebensformen gesprochen wurde. Aus diesem Volk kam ich ja schließlich. Unvermittelten Hass empfand ich auch gegenüber der Feindseligkeit, die sozialen Bewegungen, Streiks, Demonstrationen und anderen Formen gesellschaftlichen Widerstands aus dem Lager der Reichen und Arrivierten entgegenschlägt.«[28] Auch wenn Eribon mit seiner sozialen Klasse und insbesondere dem Habitus seines Vaters oder seiner Brüder hart ins Gericht geht, wird er wieder zum Sohn und Bruder, sobald die Seinen verächtlich gemacht werden. In seinem Lebenskonstrukt hat er große Teile seiner Kindheit ausgeblendet – etwa die Abendessen, bei denen er und seine Brüder nicht reden durften, sondern froh sein mussten, überhaupt etwas zu essen zu bekommen, oder seinen Vater, der vor dem Fernseher herumbrüllte. Sobald er jedoch verächtliche Worte vernimmt, kommen diese Szenen wieder hoch, allerdings in einem neuen Licht: Sie sagen ihm, woher er kommt, und er weigert sich, sie zu vergessen.

Dies ist das eigentliche Thema von *Rückkehr nach Reims* und macht die Stärke des Buches aus: Eribon legt dar, wie die Vergangenheit mit umso größerer Wucht wiederkehrt, je mehr man geglaubt hat, sich von ihr befreit zu haben. Er schreibt: »Das, wovon man losgerissen wurde oder sich losreißen wollte, bleibt ein Bauteil dessen, was man ist. [...] Die Spuren dessen, was man in der Kindheit gewesen ist, wie man sozialisiert wurde, wirken im Erwachsenenalter fort, selbst wenn die Lebensumstände nun ganz andere sind und man glaubt, mit der Vergangenheit abgeschlossen zu haben. Deshalb bedeutet die Rückkehr in ein Herkunftsmilieu, aus dem man hervor- und von dem man fortgegangen ist, immer auch eine Umkehr, eine Rückbesinnung, ein Wiedersehen mit einem ebenso konservierten wie negierten Selbst.«[29] Auch wenn es uns gelingt, aus unserem Herkunftsmilieu auszubrechen, und wir es zu Teilen sogar verleugnen, bedeutet das nicht, dass unsere Vergangenheit hinter uns liegt. Die Lebensberichte von »Aufsteigern« sind dazu da, uns diese Wahrheit vor Augen zu führen.

Das wird auch bei der Lektüre von *Comme nous existons* deutlich,[30] einem literarischen Text, der zugleich eine tiefgründige Reflexion ist, in dem die Soziologin Kaoutar Harchi ihren Weg von einer sozialen Klasse in eine andere schildert. Für das Kind marokkanischer Einwanderer sind die Fragen von Identität und Gedächtnis in erster Linie räumlicher und erst danach zeitlicher Natur. Ihre Eltern verdienen ihr Geld mit Haushaltsarbeiten und sprechen kaum Französisch, doch dank ihrer Liebe, der Hingabe ihrer Mutter sowie schönen Begegnungen mit Lehrerinnen und Lehrern gelingt es Harchi, sich aus ihrem Herkunftsmilieu zu lösen und gesellschaftlich aufzusteigen: Sie wird Schriftstellerin und Soziologin. Um erfolgreich zu sein, muss sie sich von ihrem Geburtsort, von dem Viertel, in dem sie aufgewachsen ist, von dem Wohnturm in der Sozialsiedlung in einem Straßburger Vorort losreißen. Sie schafft die Aufnahmeprüfung in ein Elitegymnasium und sieht sich dadurch gezwungen, mit dem Bus zur Schule zu fahren, während alle anderen nur wenige Minuten Fußweg haben. So entdeckt sie neue Facetten der Stadt und vor allem andere Milieus. Später verlässt sie Straßburg, um Uni-Vorbereitungskurse in Paris zu besuchen, während so viele andere Kinder der Sozialsiedlung in ihrer Stadt, ihrem Vorort zurückbleiben. Die Reise beginnt mit dem allmorgendlichen physischen Verlassen des Wohnturms, dann auch der Heimatstadt in Richtung Paris. Es sind klare räumliche Ortswechsel: An Punkt B anzukommen bedeutet, dass wir nicht mehr an Punkt A sind. Anders verhält es sich mit dem zeitlichen Aspekt: Wir können Punkt A nicht endgültig verlassen, um an Punkt B anzukommen. Das Gestern (Punkt A) ist auch heute (Punkt B) noch gegenwärtig. Eine Reise durch die Zeit ist etwas anderes als eine Reise durch den Raum. Die Zeit dauert an, die Vergangenheit vergeht nicht, verblasst in der Gegenwart nicht. Das führt das Buch *Comme nous existons* vor Augen: Harchi mag zwar vom Wohnturm in ein vornehmes Viertel umgezogen sein, den Vorort ihrer Kindheit verlassen haben, von Stadt zu Stadt, von Land zu Land gereist sein, aber die räumliche Entfernung und der zeitliche Abstand stimmen nicht überein: In ihrer Arbeit als Soziologin, in ihrem politischen Kampf und ihrem feministischen Engagement ist und bleibt Kaoutar Harchi das Einwandererkind. Aber nicht nur, dass ihre Erinnerungen an die Kindheit im Straßburger Vorort nicht verblassen, sie werden permanent wachgerufen und speisen, was sie heute ist. Sie erinnert sich an das Unbehagen, das sie als Gymnasiastin empfand, als sie das erste Mal zu einer Geburtstagsfeier in einem großen bürgerlichen Haus eingeladen wurde und alle Mädchen ungeniert in den Pool sprangen, während sie als Einzige komplett angezogen und peinlich berührt am Rand stand und sich mit der gastgebenden Mutter unterhielt. Sie erinnert sich an die rassistische Bemerkung einer Lehrerin, die ansonsten ganz in Ordnung war, daran, wie sie in der Abiturklasse die Soziologie für sich entdeckte und dass es wie eine Offenbarung für sie war. Je mehr sie sich erinnert, desto sinnvoller, schlüssiger und notwendiger erscheint ihr ihre Arbeit. Ihre Herkunft und die Orte, an denen sie gelebt hat, bestimmen sie weiterhin und werden für immer in ihr lebendig bleiben.

Die gleiche Feststellung macht Zlatan Ibrahimović in seiner berührenden Autobiografie.[31] Darin schildert er, wie ihn der Fußball vor Kriminalität und Gefängnis bewahrt hat und wie sein Lebensweg ihn aus Rosengård, einem der ärmsten Wohnviertel Schwedens, wo er aufwuchs, zu den größten Fußballvereinen der Welt führte. Er schließt mit den Worten: »Du kriegst den Jungen aus Rosengård, aber Rosengård nicht aus dem Jungen.«

Es ist also unmöglich, sich von der Vergangenheit frei zu machen. Unsere familiäre Vergangenheit und unsere soziale Herkunft können auf Abstand gehalten werden, trotzdem werden sie uns weiter beschäftigen, vielleicht umso stärker, je mehr wir vorgeben, sie auf Abstand zu halten. Das gilt für die bewusste Vergangenheit[32] gleichermaßen wie für die tiefer im Körper eingeschriebene Vergangenheit,[33] die scheinbar weiter entfernt oder unbewusst ist, aber wie ein Blitz in der Gegenwart einschlagen kann.

»A HISTORY OF VIOLENCE« – WENN DIE VERGANGENHEIT HEREINBRICHT

Im Film *A History of Violence* zeigt David Cronenberg, wie die Vergangenheit abrupt in die Gegenwart hereinbricht. Wir lernen einen friedlichen Bürger namens Tom Stall (gespielt von Viggo Mortensen) in einer Kleinstadt in Indiana kennen. Seit vielen Jahren betreibt der gute Familienvater und Ehemann ein bescheidenes, aber gemütliches Diner. Eines Abends tauchen zwei Kriminelle auf, als Tom gerade schließen will. Sie stehen unter Drogen, sind äußerst brutal und werden sich allem Anschein nach nicht mit der Kasse zufriedengeben, sondern zweifellos ein Massaker anrichten. Doch dann geht alles zu schnell für sie. Im Bruchteil einer Sekunde macht Tom sie kalt. Natürlich ist er der Held, hat sein Personal gerettet und für eine gewisse Gerechtigkeit gesorgt, wenn auch im Schnellverfahren. Tom kommt in die Schlagzeilen und ist der ganze Stolz seiner Frau, seines Sohnes und des ganzen Ortes. Doch dann werden Fragen laut: Wo hat er gelernt, so zu kämpfen und mit Waffen umzugehen? Wie kommt es, dass sich ein ruhiger, harmloser Mann in einen Killer verwandelt, der kaltblütig und mit seltenem Geschick Leben auslöschen kann? Tom versucht, die Sache herunterzuspielen: Er habe Glück und gute Reflexe gehabt … In der Kleinstadt machen sich allmählich Zweifel breit. Dann fährt eine lange schwarze Limousine mit einem

Mafioso vor (Ed Harris), der ein entstelltes Gesicht hat und auf einem Auge blind ist. Als er das Diner betritt, spricht er Tom mit Joey an. So erfahren wir von dessen Vergangenheit. Der friedliche Diner-Besitzer war vor langer Zeit ein brutaler, gefürchteter Bandenchef. Und der Name, den er für sein neues Leben angenommen hat, stammt von einem seiner Opfer. Der fürsorgliche Vater, treue Ehemann und gute Chef ist folglich ein skrupelloser Verbrecher: Joey Cusack ist der Bruder von Richie Cusack (William Hurt), einem hohen Tier des organisierten Verbrechens. Trotz der jahrelangen Flucht vor der Vergangenheit, seiner neuen Identität und seines neuen Lebens fernab der Stadt, in der er sein Unwesen getrieben hatte – obwohl er sich mit aller Kraft eine neue Existenz aufgebaut hat, was genau dem entspricht, was die Modernen als »Neuerfindung des Selbst« so hoch schätzen –, brauchten nur ein paar Raubmörder aufzutauchen, um von einem auf den anderen Moment seine gesamte *History of Violence* hochkommen zu lassen. Als hätte sein letztes Verbrechen, seine letzte Prügelei erst am Morgen stattgefunden. Dies macht der Film auf grelle Weise in einer Schlüsselszene deutlich: Die Vergangenheit lauert, im Hinterhalt, sprungbereit. Selbst wenn man ihr entronnen ist und glaubt, sie endgültig abgeschüttelt zu haben.

Das erfahren bisweilen auch Menschen, die sich einmal geliebt haben, wenn sie sich viele Jahre später wiedersehen. Sie hatten sich aus den Augen verloren, die alte Geschichte war nur noch ein tief in ihrem Herzen vergrabenes Relikt. Der Zufall bringt sie zusammen, und alles beginnt wieder von vorn, auf der Stelle, als hätten sie sich erst gestern voneinander verabschiedet. Der typische Körpergeruch des anderen, der vertraute Körper, diese besondere Art, sich dem

Höhepunkt der Lust zu nähern, die irre Zartheit der Haut, dieser Tanz der Körper – die ganze verlorene Sinnlichkeit lebt in ihnen wieder auf, als hätten sie in der Zwischenzeit nichts anderes erlebt, wären immer noch dieselben wie damals. Alles ist da, gegenwärtig, lebendig, intensiv wie am ersten Tag. Nichts hat sich verändert; das Wesentliche ist unbeschadet geblieben und hält sich zum Sprung in die Gegenwart bereit. Das Herz und der Körper vergessen nicht.

Natürlich ist es immer möglich, die Orte und Personen, die mit einer schmerzhaften Vergangenheit verbunden sind, zu meiden, nicht in das Restaurant zu gehen, in dem unsere erste Beziehung zu Ende ging, nie wieder das Gericht zu bestellen, das wir uns so gerne teilten, oder den Kontakt zu den gemeinsamen Freunden abzubrechen. Es gibt tausend mögliche Tricks, um der eigenen Geschichte zu entrinnen und bestimmte Erinnerungen zu vermeiden. Doch alle Bemühungen sind vergeblich. So viele Kleinigkeiten können unsere Erinnerungen wachrufen, dass wir nicht alle umgehen können: eine Melodie im Radio, ein Duft, ein Gesichtsausdruck, der Name eines Feriendorfes … Auch wenn sie dem Bewusstsein fern sind, bleiben die Episoden der Vergangenheit im Gedächtnis präsent. Wir können niemals alle Gelegenheiten vorhersehen, bei denen schlafende Erinnerungen geweckt werden.

Weil Vermeiden gefährlich und Vergessen unmöglich ist, müssen wir lernen, mit unserer Vergangenheit zu leben, »Frieden mit ihr zu schließen«, statt vor ihr zu fliehen und zu kämpfen. Auf Dauer schaden uns unsere Traumata und, allgemeiner, unsere schmerzhaften oder bitteren Erinnerungen mehr, wenn wir sie ablehnen, statt sie anzunehmen.

Es kostet viel Kraft, wenn wir versuchen wegzuschieben, was wir von unserer Geschichte vergessen wollen: Wir erfinden Aufgaben, die nicht warten können, stellen endlose To-do-Listen auf, die unser Leben beherrschen und unsere Tage bestimmen, wir verlieren uns in hohlen Vergnügungen, verfallen manchmal einer selbstzerstörerischen Sucht, ohne zu begreifen, dass diese Logik der Vermeidung nicht nur zwecklos ist, sondern auch kontraproduktiv. Sie führt zu psychischer Erschöpfung und zum Scheitern. Wir wollten um unserer Zukunft willen unserer Vergangenheit entrinnen, doch nun ist sie zurück und vermasselt uns das Leben mit einer Wucht, die ebenjener Kraft entspricht, die wir aufgewendet haben, um sie zu verdrängen. Wir gleichen dem verlassenen Verliebten, der qualvoll bemüht ist, die verzehrende Leidenschaft zu ersticken – »Denk nicht mehr an sie, vergiss sie!« –, und so die Glut seiner enttäuschten Liebe anfacht. Indem wir vorgeben, uns nicht um unsere Vergangenheit zu scheren, beleben wir sie immer wieder neu. Dieses Muster erinnert an das Phänomen der »Verneinung«, das Freud beschrieben hat: So, wie die Aussage »ich bin nicht von meiner Vergangenheit besessen« offenbart, dass ich es bin, ist die Aussage »ich bin kein Lügner« das Eingeständnis einer Täuschung, die ich mir habe zuschulden kommen lassen. Ein Mensch, der die Wahrheit sagt, wird niemals »ohne zu blinzeln« behaupten, dass er kein Lügner ist. Ein Mensch, der sich wirklich von seiner Vergangenheit frei gemacht hat, wird nicht lauthals verkünden, dass sie ihn nicht mehr interessiert. Wie ein unter Schlaflosigkeit Leidender, der, um einzuschlafen, seine ganze Aufmerksamkeit darauf richtet, Schlaf zu finden, und es auf diese Weise garantiert nicht schafft, ermessen wir die Grenzen des Willens: Hier wie auch sonst reicht es nicht, zu wollen, um zu können. Je mehr wir vergessen wollen, desto weniger können wir es. So wenig wie Wespen, die wir zu vertreiben versuchen und die unermüdlich um uns herumschwirren, lassen sich unsere schlimmen Erinnerungen mit dem Handrücken wegwischen.

Nun verstehen wir auch besser, warum uns das Chanson von Jacques Brel so berührt: »man muss vergessen, man kann alles vergessen«. Im Grunde genommen versucht er, die Dame seines Herzens davon zu überzeugen, und uns, und vor allem sich selbst. Aber er weiß genau, dass das nicht geht. Man kann nicht alles vergessen. Daher rührt vielleicht der besondere poetische Charakter dieses Liedes. Brel besingt das unmögliche Vergessen eben so, wie er den unerreichbaren Stern besingen wird.

KAPITEL 6

DIE VERGANGENHEIT ALS STÜTZE

Wir können unserer Vergangenheit nicht entrinnen, also müssen wir mit ihr leben. Und zwar ganz und gar, »mit unserer gesamten Vergangenheit«, wie uns der Philosoph des Gedächtnisses Henri Bergson nahelegt. Sein Vorschlag mag übertrieben, ja radikal erscheinen. Nicht nur keine Flucht vor der Vergangenheit, sondern sie als Gesamtes in die Gegenwart holen? Die meisten von uns dürften nicht bereit sein, diesen Schritt zu gehen, selbst wenn wir wüssten, wie wir es anstellen müssen. Dabei führt uns Bergson auf einen spannenden Weg, den wir nun gemeinsam erkunden wollen.

Bergsons Lehre ist in Wirklichkeit ein Appell, zumindest in den entscheidenden Momenten unseres Lebens *ganz* wir selbst zu sein. Das sei die notwendige Bedingung, wenn wir eine Entscheidung treffen, die unserem Leben eine neue Richtung geben wird, um zu wissen, was wir wünschen, wirklich wollen. Und das Mittel, um dies zu erreichen. Ein authentisches Verlangen, das mit sich selbst stimmig ist, ergreift unsere gesamte Geschichte und führt uns zu einem Ziel, das einen tiefen Sinn für uns ergibt, erklärt Bergson. Auch ist unser Wille nie so stark und fest, wie wenn wir etwas wollen, das uns wirklich entspricht, das in uns Resonanz erzeugt, zusammen mit unserer Geschichte und unserer Identität. Unsere Handlungen bekommen erst ihren ganzen Sinn, wenn sie aus dem wahren Verlangen, dem tiefen Willen schöpfen, also einem Weg folgen, der seinen Ausgang in unserer Vergangenheit genommen hat. Das meint Bergson, wenn er in *Schöpferische Evolution* schreibt: »Zweifellos denken wir nur mit einem kleinen Teil unserer Vergangenheit; mit unserer gesamten Vergangenheit jedoch und darin eingeschlossen der ursprünglichen Biegung unserer Seele aber wünschen, wollen, handeln wir.«[1]

In einem Vortrag in Madrid im Jahr 1916 fasste der Philosoph die Idee, dass wir unsere gesamte Vergangenheit wieder ergreifen, um uns in die Zukunft zu projizieren, unter dem Begriff der »schöpferischen Rekapitulation« zusammen.[2] »Rekapitulation« deswegen, weil es darum geht, unsere gesamte Vergangenheit zu ergreifen, uns auf unser gesamtes Erbe zu stützen, unter Einbeziehung unseres gesamten Lebensweges zu entscheiden und zu handeln; »schöpferisch« deswegen, weil wir unserer Existenz durch unsere Entscheidung, durch unser Handeln eine neue Richtung geben; wir erschaffen Neues.

Vor einiger Zeit unterhielt ich mich länger mit dem Leiter einer Bäckereikette, dessen untypischer, verblüffender Werdegang das Bergson'sche Konzept gut veranschaulicht. Dieser Mann hatte sich sein Leben in Abkehr vom familiären Umfeld und vor allem von seinem Vater aufgebaut, dessen Bäckerei zu den beliebtesten einer Kleinstadt im Burgund zählte. Mit zwanzig spürte er großes Verlangen nach einem Anderswo, fernab seiner Heimatregion, seiner Familie und der Bäckerei. Wenn er dort blieb, so sein Gefühl, würde er immer nur »der Sohn von« sein, der in die Fußstapfen seines Vaters treten sollte. Einem dualistischen Ansatz folgend, sah er nur zwei Möglichkeiten: Entweder er beschritt den vorgezeichneten Weg, oder er ging weg, um sich selbst zu verwirklichen und einen ganz anderen Weg einzuschlagen. Daraufhin zog er nach Paris, um an einer Kunstgewerbeschule zu studieren. Eine Zeitlang arbeitete er als Grafikdesigner, unter anderem für ein Start-up-Unternehmen, in dem er schließlich Manager wurde. Das Start-up war ziemlich erfolgreich, allerdings in einem Bereich – Computersoftware –, der ihn überhaupt nicht reizte. Er machte seine Arbeit gut, erfüllte seine Aufgaben, aber er ging darin nicht auf und hatte keinen Spaß daran. Mit Anfang dreißig kamen ihm Zweifel. Waren die Überlegungen, die zu seiner Lebensentscheidung geführt hatten, nicht zu vereinfachend gewesen? Er hatte sich aus freien Stücken vom väterlichen Vorbild abgewandt, zugleich aber auch vom Handwerk entfernt, das er liebte. In seiner jetzigen Position hatte er das frustrierende Gefühl, nichts Konkretes zustande zu bringen, eine Besprechung nach der anderen zu haben, eine Mail nach der anderen zu schreiben, ohne dass es wirklich einen Sinn ergab, ohne zu wissen, was er da Tag für Tag eigentlich »machte«. Sein Vater wiederum hatte schon den Tag vor Augen, an dem er sich zurückziehen und in den wohlverdienten Ruhestand gehen würde. Nach und nach reifte ein Gedanke heran: Er könnte den Familienbetrieb übernehmen, allerdings fern der Knetmaschinen und Öfen, indem er seine eigene Vision umsetzte. Mit der Zeit hatte er seinen Standpunkt hinterfragt und noch einmal überdacht, was er Jahre zuvor etwas voreilig verweigert hatte: die Nachfolge seines Vaters anzutreten, aber ohne sich in das vorgegebene Schema einzufügen, indem er aus dem Erbe seine eigene Identität entwickelte und dieses mit seiner Handschrift versah. Also übernahm er die Bäckerei und entwickelte ein Liefersystem, dem sein Vater ablehnend gegenübergestanden hatte; er schloss Kooperationen mit Restaurants vor Ort, nutzte seine Kenntnisse als Grafikdesigner, um die Corporate Identity der Bäckerei zu verändern, erstellte eine Website und übertrug auf den kleinstädtischen Familienbetrieb, was er im Start-up-Unternehmen gelernt hatte. Auf diese Weise verschrieb er sich einer Entwicklungslogik, die es ihm ermöglichte, andere Bäckereien in den umliegenden Städten zu eröffnen. Er verwirklichte sich selbst als Unternehmer. Dass er so erfolgreich war, lag auch darin begründet, dass er alle Kindheitserinnerungen einbrachte, die er mit den Mittwochnachmittagen und den Wochenenden verband, wenn er als Junge seinen Vater zur Arbeit begleitete. Er liebte den Duft des sich goldbraun färbenden Brotes im Ofen und der karamellisierenden Croissants. Diese Düfte bedeuteten für ihn nichts weniger als das Leben selbst. Damals hatte er auch gelernt und verinnerlicht, was ihn heute auszeichnet: gut getane Arbeit. Er war sich dessen nicht bewusst, als er zwanzig war, hatte aber diese Idee vom *Handwerk* geerbt: Er macht etwas mit den Händen, dessen Ergebnis für ihn selbst wie für andere sichtbar ist, greifbar. Er stellt etwas Konkretes her, das Tag für Tag die dafür aufgebrachte Mühe mit Sinn erfüllt. Und er genießt die bereitete Freude, schöpft Kraft aus der Anerkennung der Kundschaft, die glücklich ist, dass er ihre Gaumensünde so köstlich befriedigt.

Manchmal dauert es lange, bis uns klar wird, was wir geerbt haben, was uns im Laufe unserer Kindheit und Jugend mitgegeben wurde – explizit vermittelt durch unsere Eltern und Großeltern oder unbewusst von ihnen als unser Vorbild übernommen, angeregt durch deren Handlungsweise und Lebenseinstellung. Eine stumme Vermittlung kraft der Gewohnheiten. Die gesamte Kindheit hindurch hatte er seinen Vater fröhlich in die Bäckerei gehen und ein Baguette oder eine Tüte Croissants mit einem lauten »Kostet mal!« nach Hause bringen sehen. Wenn sie durch die Stadt gingen, wurden sie oft von Unbekannten gegrüßt, die stehen blieben, um sein gutes Brot und sein Gebäck zu loben. Die Aufrichtigkeit ihrer Komplimente hatte einen tiefen Eindruck hinterlassen – mehr als gedacht. All diesen Dingen und der gelungenen Zusammenfügung von Kindheitserinnerungen und Berufserfahrungen verdankt er den Erfolg des von ihm übernommenen väterlichen Betriebs. Er hat seine gesamte Geschichte rekapituliert und sich kreativ gezeigt, um seine persönliche Weise zu entwickeln, Bäcker zu sein. Die zukunftsorientierte Bäckerei ist eine Kette geworden, aber sie trägt das Zeichen ihrer Vergangenheit: Der Name ist geblieben. Jener Familienname, der dem glücklichen Unternehmer gut zehn Jahre zuvor als eine schwere Last erschienen war, ist heute sein ganzer Stolz.

Um seinen Weg zu finden und sich selbst zu verwirklichen, hat dieser Mann zwei wesentliche Bewegungen vollführt. Zum einen hat er sich für seine Vergangenheit weit geöffnet. In einer Phase des Zweifels und beruflicher Unzufriedenheit hat er die Vergangenheit zugelassen und alles, was sein Erbe ausmacht, in Augenschein genommen. Er entdeckte mehr, als er erwartet hatte: den Sinn für Handwerk und Handel, die Bewunderung für seinen Vater … Diese erste Bewegung ist die des bereitwilligen Annehmens oder der Akzeptanz. Zum anderen hat er seine gesamte Geschichte mit allem, was sie aus ihm gemacht hat, umfangen und sich auf sie gestützt, um schwungvoll loszulegen: Er übernahm die Bäckerei, baute sie aus und verwandelte ein Nachbarschaftsgeschäft in eine erfolgreiche Kette. Diese zweite Bewegung ist die des Handelns.

> Eine Zeit der Akzeptanz: um zu erkennen, was die Vergangenheit aus uns gemacht hat.
> Eine Zeit des Handelns: um zu entscheiden, was wir daraus machen.
> Eine Zeit der Akzeptanz: um zu ermessen, was wir erben.
> Eine Zeit des Handelns: um zu Gründern zu werden.
> Die erste Bewegung besagt: Wir sind das Ergebnis unserer Vergangenheit, und die zweite: Wir sind mehr als das.

In *Rückkehr nach Reims* vollführt Didier Eribon die gleiche Doppelbewegung. Er rekapituliert seine Geschichte, befasst sich wieder mit seiner Kindheit und Jugend, mit der Entdeckung der Geisteswissenschaften und seiner Homosexualität, mit der Scham, die ihm sein Milieu bereitet, mit seiner Entscheidung, allem zu entrinnen – und dann mit der Wiederkehr all dessen, was er hinter sich lassen wollte. Dafür öffnet er sich ganz und gar, authentisch, wahrhaftig, ohne sich zu verstellen. Es ist die Zeit der Akzeptanz. Er rekapituliert seine Vergangenheit und schreibt sein bestes Buch, das ihm zum Erfolg verhelfen und Nachahmer auf den Plan rufen wird. Es ist die Zeit des Handelns. Damit ist die »Rückkehr« nach Reims eine schöpferische Rekapitulation im wahrsten Sinne: eine Weise, das eigene Werk und Leben voranzutreiben. Erst sagt Eribon uns: Das ist meine Vergangenheit, das hat sie aus mir gemacht. Dann ergänzt er: Aber ich reduziere mich nicht darauf. Und durch sein Werk erschafft er etwas Neues.

Wenn wir uns weit und aufrichtig für unser gesamtes Erbe öffnen, finden wir den Schwung, um Neues zu erschaffen. Je mehr Mühe wir darauf verwenden, unserer Geschichte treu zu bleiben und der Spur unserer Identität zu folgen, desto mehr Kraft schöpfen wir daraus und erfinden weiter, Tag für Tag. Jeder von uns sollte die Dinge auf seine Weise tun, um sie im Großen zu tun, und der eigenen Geschichte, der eigenen Vergangenheit erlauben, im Heute und Morgen Resonanz zu erzeugen.

Wenn wir zwischen der Zeit der Akzeptanz und der Zeit des Handelns unterscheiden, nehmen wir vielleicht eine allzu scharfe Trennung vor. Um genauer zu sein und dem Bergson'schen Begriff der Simultaneität näher zu kommen, sollten wir daher besser von einer Zeit der Akzeptanz sprechen, die sich, wenn sie in vollem Maße gelebt wird, in eine Zeit des Handelns verwandelt. Ab dem Moment, in dem der Bäckerssohn seine Identität vollkommen akzeptierte, weil er sich als Sohn seines Vaters erkannte, und daraus eine befreiende Kraft schöpfte, vervielfachte sich sein Handlungsvermögen. Auch Eribon akzeptierte seine gesamte Vergangenheit zweifellos beim Schreiben der *Rückkehr nach Reims*, mitten in diesem Handeln.

DIE »SCHÖPFERISCHE REKAPITULATION« VON ZLATAN IBRAHIMOVIĆ

Ich beschäftigte mich schon seit zwanzig Jahren mit den Werken von Bergson, als sich mir eines Tages eine eindrückliche Demonstration seiner Theorie der schöpferischen Rekapitulation darbot.

Ich war das erste Mal in meinem Leben bei einem Fußballspiel – ein Geburtstagsgeschenk für meinen damals zehnjährigen Sohn. Dieser Sport hatte mich nie sonderlich interessiert; bis zu jenem Spiel von Paris Saint-Germain gegen den SC Bastia im Parc des Princes hatten fußballerische Leistungen nie etwas in mir zum Klingen gebracht. Doch das sollte sich durch ein besonderes Ereignis ändern. Wir sitzen in Höhe der Strafraumseite des SC Bastia. Nach weniger als zehn Minuten greift PSG an. Gegen einen Verteidiger auf der rechten Seite versucht Lucas nach ein paar Übersteigern zu flanken, doch der Ball wird von Ongenda abgefälscht und landet im Sturzflug vor dem Tor, wo Zlatan Ibrahimović, eingekeilt zwischen zwei Verteidigern, die Flanke kurzerhand volley mit der Ferse über seine Schulter verwandelt. Ohnmächtig, verdattert wohnt der Torhüter Landreau dem Traumtor bei. Es ist ein Meisterwerk der Schönheit und Könnerschaft, das Fußballtechnik mit Kampfsport paart. Zlatan vollführt dieses Tor mit einer solch unvorhersehbaren, konzentrierten Leichtigkeit, dass wir uns die Augen reiben müssen und die Szene wie in Zeitlupe wahrnehmen. Das ganze Stadion steht und tobt. Zlatan jubelt. Und plötzlich sehe ich nicht nur die Schönheit dieses Sports, auch erscheint mir diese Gebärde wie ein reiner Bergson'scher Gestus.

Die Wahrheit, die sich mir hier gezeigt hat, ist, dass eine einfache Gebärde die gesamte Geschichte eines Menschen in sich vereinigen kann, vorausgesetzt, er bringt sich vollkommen in sein Tun ein. Derartige Höhepunkte erreicht nur, wer seine gesamte Geschichte mit sich trägt, vollkommen präsent im Augenblick ist, erfüllt vom ganzen Lebensweg. Zlatan ist dafür bekannt, dass er sich nicht um Regeln schert. Er mag Taekwondo genauso gerne wie Fußball und verlässt sich in beiden Disziplinen mehr auf seinen Instinkt als auf Analysen. Ein Charakterzug, den er sich vielleicht in seinem Wohnviertel Rosengård angeeignet hat, wo man schnell reagieren muss. Durch die vielen tausend Stunden, die er auf dem Rasen oder in der Halle mit Trainieren, Üben und Perfektionieren zugebracht hat, konnte er volles Vertrauen in die eigene Intuition gewinnen. Alles von seinen Lehrjahren, von seiner Vergangenheit ist da, gebündelt, konzentriert in dieser Gebärde, in dem Hackentrick, mit dem er sich in seine Zukunft als Fußballlegende schießt. Zlatans fußballerisches Kunstwerk ist ein ergreifendes, anschauliches Beispiel für das Bergson'sche Konzept der schöpferischen Rekapitulation.

Tatsächlich verdeutlicht eine solche Gebärde, über ihre visuelle Kraft hinaus, den komplexen Prozess des Wiedererinnerns, der sie möglich gemacht hat. Um so ein Ergebnis zu erzielen, werden die drei Langzeitgedächtnisse aufgerufen und arbeiten zusammen: das episodische Gedächtnis natürlich (die Erinnerung an vergleichbare frühere Versuche), aber auch das semantische Gedächtnis (Zlatans Vorstellung von Fußball, vom Risiko, vom Leben, kurz: die Werte, die ihn antreiben) und das prozedurale Gedächtnis (die vielen tausend Trainingsstunden). »Ja, ich glaube, unser vergangenes Leben ist immer da, aufbewahrt bis in seine geringsten Einzelheiten; wir vergessen nichts«.[3] Diese Aussage Bergsons aus seinem Werk *Die seelische Energie* erlangt hier ihre volle Bedeutung. Ja, Zlatans vergangenes Leben ist da, vollständig vereinigt, wenn er den Gipfel seiner Kunst erreicht und mit einem Hackentrick seine Vergangenheit wuchtig ins gegnerische Tor befördert.

EINE NEUE VISION DER FREIHEIT

Das Konzept der schöpferischen Rekapitulation führt Bergson zu einer originellen Definition von Freiheit. Für ihn gründet Freiheit nicht auf der Abwesenheit von Zwängen, sondern darauf, dass wir inmitten dieser Zwänge wir selbst sind. Frei ist nicht, wer keine Vergangenheit hat oder mit ihr gebrochen hat; frei ist, wer die richtige Weise gefunden hat, seine Vergangenheit mitzunehmen, um die eigene Zukunft zu gestalten.

In seinem frühen Werk *Zeit und Freiheit* schreibt Bergson: »Kurz, wir sind frei, wenn unsre Handlungen aus unsrer ganzen Persönlichkeit hervorgehen, wenn sie sie ausdrücken, wenn sie jene undefinierbare Ähnlichkeit mit ihr haben, wie man sie zuweilen zwischen dem Kunstwerk und seinem Schöpfer findet.«[4] Selten stellen wir uns die Frage nach unserer Freiheit in diesen Worten. Eher kommt uns die Frage nach der Wahl in den Sinn. Wir fragen uns, wie der Bäckerssohn an einem kritischen Punkt seines Berufslebens oder der junge Didier Eribon, ob wir unser Leben richtig »gewählt« haben. Obgleich unsere Entscheidungen weiterhin durch unsere soziale Klasse, unsere ökonomische Ausgangslage, unser genetisches Erbe, sogar durch den Zufall konditioniert werden. Die Frage in diesen Worten zu stellen ist also von vornherein problematisch. Bergsons Vorschlag ist genau hier interessant und sinnstiftend. Seine Frage ist ebenso einfach wie kraftvoll und sehr erhellend: Sehen unsere Handlungen uns selbst ähnlich? Und überdies: Fügen sie uns zusammen? Verleihen sie unserem Erlebten rückwirkend eine Einheit? Freies Handeln ist dann viel mehr als eine »bewusste«, freiwillige, überlegte Wahl; wie komplex das Gefüge aus Ursachen, Faktoren und Einflüssen auch sein mag, das uns zu einer bestimmten Handlungsweise veranlasst hat, unsere Handlung ist frei, weil wir uns in ihr »wiederfinden«. Darin kommt unsere gesamte Identität zum Ausdruck, wie wenn unser ganzes Leben uns an diesen Punkt, zu diesem Entschluss geführt hätte. Mehr noch, unsere Handlung wirft ein neues Licht auf den zurückgelegten Weg und verleiht ihm Sinn.

Die Frage in diesen Worten zu stellen kann uns helfen, Orientierung im Leben zu finden, und als Leitschnur auf dem Weg unserer Freiheit dienen. Zlatan hat sich weder von den Zwängen des Fußballs noch von den Gesetzen der Physik frei gemacht, aber er ist frei, weil das Tor, das er schießt, ihm ähnlich sieht und seine gesamte Erfahrung in sich vereinigt.

Der Mann, der den Familienbetrieb übernahm, schildert den Moment, als bei ihm der Groschen fiel, wie folgt: »Ich werde nicht Bäcker ›wie Papa‹. Ich werde den Familienbetrieb auf *meine* Weise fortführen.« Ihm wurde klar, dass er keineswegs mit seinem Erbe brechen musste. Im Gegenteil, er musste es erst auf sich nehmen, um sein Vorhaben frei verwirklichen zu können.

Möglich ist aber auch, das eigene Erbe auf sich zu nehmen und, anders als der Bäckerssohn, der schließlich den gleichen Weg einschlug wie der Vater, in eine andere Berufswelt zu wechseln, um dort die Werte einzubringen, die einem weitergegeben wurden.

Als Sohn einer Ärztin und eines Apothekers, der sich auf Toxikologie spezialisiert hat, bin ich Philosophielehrer und Schriftsteller geworden, was also weit von der Welt des Heilens entfernt ist. Dennoch habe ich mit meinem Erbe nicht gebrochen. Schon als Kind begriff ich, warum meine Mutter ihren Beruf so sehr liebte: Er hatte für sie den erhabensten Sinn, den es überhaupt gibt, nämlich den Menschen zuzuhören und sie zu heilen. Dieses Verständnis hat mich später zu einer nicht minder essenziellen Erkenntnis geführt: Wenn wir im Beruf nicht einen tieferen Sinn erleben, werden die unvermeidliche Wiederholung der Aufgaben und die heraufziehende Langeweile im Alltag schnell unerträglich. Die Arbeitstage meiner Mutter waren lang, sie ließ manchmal das Mittagessen aus, die hohe Taktung ihrer Patienten schien mir zermürbend zu sein, und obwohl ich zuweilen einen Anflug von Überdruss bei ihr spürte, ließ sie mich nie an ihrer Liebe für die Medizin zweifeln. Sie war von einer echten Berufung beseelt, die ihr alles durchzustehen half. Schon mit dreizehn wusste sie, dass sie Allgemeinärztin werden wollte. Die Lektüre von *Das Buch von San Michele* von Axel Munthe, der Geschichte eines Arztes der Pariser Oberschicht, der eine Praxis für arme Leute auf Capri eröffnet, hatte in ihr den Funken entfacht, der nie mehr erlöschen sollte.

Sie war ein gutes Vorbild für mich und lehrte mich, dass es nicht darauf ankommt, welchen Beruf wir ausüben, sondern darauf, welche Bedeutung er unserem Leben gibt. Dann belastet uns auch die Abfolge gleichbleibender Tage nicht. Im Gegenteil, die Wiederholung bekommt etwas Schönes, wenn sie im Dienst dieser Bedeutung steht. Genau das habe ich Tag für Tag am Lehrerpult in den Gymnasien erlebt. In meiner Berufung als Philosophielehrer, ja bis hin zu meiner Art zu unterrichten, bin ich der Sohn meiner Ärztin-Mutter.

Das Gleiche gilt für meinen Vater. Entscheidend sei, wiederholte er unablässig, einen Beruf auszuüben, in dem man sich weiterentwickelt und sein Leben lang lernt. Zu wachsen, vertiefte Sachkenntnis zu gewinnen, jeden Tag Fortschritte zu machen, einfach indem man seine Arbeit macht, sei das beste Mittel, um sich vor Überdruss zu schützen und die Flamme am Leben zu erhalten. Mein Entschluss, Philosophielehrer und Schriftsteller zu werden, hat meinen Vater überrascht. Vielleicht war er sogar etwas besorgt, als ich meine erste Stelle in Nordfrankreich am Lycée Fénelon in Cambrai antrat und damit auf eine Karriere in der freien Wirtschaft und ein viel höheres Gehalt verzichtete. Doch er rückte nicht von seinen Prinzipien ab und erinnerte mich daran, dass der Entschluss natürlich bei mir liege, er mich aber ermutigen würde, auf diesem Weg Fortschritte zu machen und Anerkennung für meine Arbeit zu finden. Seine Worte hallten umso stärker in mir nach, als er selbst ein lebendiges Beispiel dafür in seinem Bereich war. Mein Vater entwickelte neue toxikologische Untersuchungsmethoden und etablierte sich landesweit als führender Experte.

Dieses schöne Prinzip geleitet mich seither durch mein Leben als Schriftsteller und Lehrer, das mir immer neue Lektüren und unerwartete Begegnungen beschert und vonseiten meiner Schülerinnen und Leser mehr Anerkennung eingebracht hat, als ich mir je erhofft habe. Ich wollte nie Arzt oder

Apotheker werden, ich war nie wissenschaftlich veranlagt, ich habe einen völlig anderen Weg eingeschlagen als meine Eltern, und doch fühle ich mich ganz und gar als Erbe dessen, was sie an mich weitergegeben haben. Ich lasse es auf meine Weise weiterleben, in einem anderen Beruf, unter anderen leidenschaftlichen Vorzeichen, in einer anderen Welt als der ihren.

DIE KUNST DES GUTEN ERBENS

Wir sollten uns unser Erbe zu eigen machen, indem wir das, was uns ausmacht, in einer Weise annehmen, die zum Ausdruck unserer Einzigartigkeit führt. Wenn wir aufhören, gegen das anzukämpfen, was ist, machen wir uns davon frei und gestatten uns, wir selbst zu werden. Dafür müssen wir oftmals einen Schritt zur Seite treten, Abstand gewinnen, was paradoxerweise uns unsere Nächsten näherbringt, um das Beste hervorbringen zu können. Dieser Schritt zur Seite kann verschiedene Formen annehmen: eine andere Art, denselben Beruf auszuüben, wie bei dem Bäckerssohn; eine kritische Distanz wie bei Didier Eribon; ein Wechsel der Berufswelt, wie in meinem Fall; oftmals ein Wegzug … Doch es ist immer das gleiche Prinzip der Auslese: Vom Erbe bleibt nur das Wesentliche übrig. Der Schritt zur Seite ermöglicht es, diesen grundlegenden Teil in vollem Umfang zu erfassen.

Die Familie Noah mit drei Generationen von Champions auf höchstem Niveau in drei verschiedenen Sportarten liefert ein gutes Beispiel dafür: Zacharie Noah, Fußballer, Gewinner der Coupe de France 1961; Yannick Noah, Tennisspieler, Sieger der French Open 1983; Joakim Noah, Basketballspieler, bester Verteidiger der NBA 2014, Spieler der Chicago Bulls und der New York Knicks. Alle drei haben sich selbst verwirklicht, Höchstleistungen in ihrem Sport erbracht und zugleich eine eigene Haltung entwickelt (Joakim zum Beispiel würde im Unterschied zu seinem Vater niemals zulassen, dass die Freuden oder Leiden des Lebens die Oberhand über seine Karriere gewinnen). Jeder hat auf seine Weise dazu beigetragen, das gemeinsame Familienerbe fortzuführen: die Liebe zum Sport, den Drang zum Sieg, die Maxime *The sky is the limit*, die genetische Veranlagung. Doch jedes Mal, in jeder Generation, brauchte es den Schritt zur Seite, damit das Erbe gedeihen konnte: einen Wechsel der Sportart und einen großen geografischen Abstand. Yannick verließ bereits im Alter von zwölf Jahren seine Familie in Kamerun, um die Tennisklasse am Lycée du Parc-Impérial in Nizza zu besuchen. Auch Joakim verließ seine Eltern ungefähr im gleichen Alter, um in die USA zu gehen, wo die besten Basketballspieler der Welt ausgebildet werden. Durch diese Trennung vermochte er sich auch vom Image des Sohnes von Cecilia Rhodes, Miss Schweden 1978, und Yannick Noah zu lösen, Lieblingspersönlichkeit der Franzosen, der als einziger Franzose in der French-Open-Ära den Grand-Slam-Titel und als Teamchef dreimal den Davis Cup gewann und später ein erfolgreicher Sänger wurde.

Das Leben mit der eigenen Vergangenheit erfordert mitunter, dass wir Abstand gewinnen, uns zu neuen Horizonten aufmachen, um außerhalb der Reichweite des Blicks der anderen zu existieren, die uns zuweilen auf unsere Geschichte, auf unsere Abstammung reduzieren. Paradoxerweise ist der

Weg, den wir einschlagen, oftmals der kürzeste, um sie wiederzufinden. Joakim Noah mag zwar den Atlantik überquert haben, doch ähnelt der Teenager, der den Ball unermüdlich in den Korb befördert, jenem anderen Teenager, der ein paar Jahrzehnte zuvor ebenfalls trainierte, aber den Aufschlag, stundenlang, allein. Als Yannick Noah 1983 das Finale der French Open gegen Mats Wilander gewann, warf er sich in die Arme seines Vaters: »Papa!« war eines der ersten Worte, mit denen er seiner Freude Ausdruck verlieh. Er wusste, was er ihm alles verdankte. Das tat seinem eigenen Verdienst keinen Abbruch. Er wusste, wie sehr ihn seine Noah-Vergangenheit gestützt hatte, aber er wusste auch, dass er sie immer mit sich getragen hatte bis zum Titel.

Der Bäckerssohn ging nach Paris, um dort schließlich das Ausmaß seiner Verbundenheit mit den Werten des Vaters zu erkennen. Didier Eribon mag noch so streng über seinen Vater geurteilt haben, als er sich Jahre später, weit entfernt von der Banlieue von Reims, unter Leuten wiederfindet, die verächtlich über Gelbwesten und Streikende sprechen, spürt er deutlich und voller Rührung seine Herkunft. So, wie wir uns niemals so sehr als Franzosen oder Deutsche fühlen wie im Ausland.

DIE INNERE MELODIE UNSERER PERSÖNLICHKEIT

Unsere Freiheit, so Bergson, drückt sich in unseren persönlichsten Entschlüssen und Handlungen aus, durch die sich unsere Persönlichkeit, unsere Identität mitten in einem bereitwillig akzeptierten Zusammenspiel von Zwängen und Einflüssen erfüllt – und nicht in der Wunschvorstellung, sich von jeder Form von Zwang losgerissen zu haben. Wir finden mehr Freiheit im bejahten Empfangen unseres Erbes als im freimütigen, aber illusorischen Bruch mit dem Erbe. Dabei ist es gar nicht so einfach, im Erbe ganz wir selbst zu sein; wir müssen lernen, auf uns zu hören, erkennen, was in uns Resonanz erzeugt, was unser Interesse und unsere Freude weckt, was uns reizt, uns »ins Zeug zu legen«.

In dem Aufsatz- und Vortragsband *Denken und schöpferisches Werden* verwendet Bergson den schönen Ausdruck »kontinuierliche Melodie unseres inneren Lebens«, um den Moment zu beschreiben, in dem wir auf eine Tätigkeit stoßen, die uns entspricht und uns einen neuen Ausdrucksraum bietet: Es ist dann so, als hörten wir unsere innere Melodie. Wie Bergson schreibt: »Aber in Wahrheit gibt es weder ein unveränderliches starres Substrat noch auch distinkte Zustände, die wie Schauspieler auf einer Szene vorübergehen. Es gibt eines allein, die kontinuierliche Melodie unseres inneren Lebens – eine Melodie, die vom Anfang bis zum Ende unserer bewußten Existenz unteilbar weitergeht und weitergehen wird. Und das ist unsere Persönlichkeit.«[5]

Somit müssen wir, um unserer Persönlichkeit umfassend Ausdruck zu verleihen, Bergson zufolge zuerst die »Melodie unseres inneren Lebens« finden. Maler tun dies von Werk zu Werk, im Wechsel der Schaffensperioden wie Jean Dubuffet oder Pablo Picasso, und Schriftsteller, wenn sie von Buch zu Buch dasselbe Thema aufgreifen und ihr Œuvre um eine zentrale Idee herum weben wie Patrick Modiano: Sie spitzen die Ohren nach dieser Melodie, die den Grundakkord ihrer Persönlichkeit angibt. Jeder Mensch hat seine eigene Melodie, sagt Bergson, dafür müssen wir keine Künstler sein – auch wenn sie leise ist, vom Getöse der Welt übertönt, vom sozialen und familiären Krach verdeckt. Doch wie ist sie zu finden, zu erkennen? Wie können wir wissen, wann wir wirklich der Ausdruck unserer selbst sind, derart, dass unsere Handlungen »uns ähnlich sehen«?

Die Antwort, die Bergson vorschlägt, ist verblüffend einfach: Die Freude an einer Handlung offenbart unsere Neigung. Eine Tätigkeit erzeugt in uns Resonanz durch das Glücksgefühl und die Befriedigung, die sie uns beschert; durch sie spüre ich, dass ich mich entfalten und ausdrücken, dass die »kontinuierliche Melodie meines inneren Lebens« sich Gehör verschaffen kann. Diese Freude hilft, Schwierigkeiten und Widerstände zu ertragen; sie ist der sicherste Kompass.

Ich erinnere mich, als Philosophiestudent an der Sorbonne eine derartige Freude empfunden zu haben. Davor hatte ich Politikwissenschaften studiert, fand zwar Geschichte, Recht und Wirtschaft interessant, doch das Lernen machte mir keinen Spaß, dann wechselte ich an eine Handelsschule, wo mir alles langweilig und sinnentleert vorkam. Ich war fehl am Platz. Das änderte sich, als ich an die Philosophische Fakultät kam, insbesondere während des Übungsseminars für Seminararbeiten, das sonntagmorgens von acht bis vierzehn Uhr stattfand. Hier fand ich, was mir entsprach. Sonntags im Morgengrauen aufzustehen, um sechs Stunden lang über einem philosophischen Thema zu brüten, ist nicht gerade das, was man sich üblicherweise unter Vergnügen vorstellt. Die großen Hörsäle der Sorbonne waren nicht sehr einladend und im Winter eiskalt, manche Themen waren sperrig, ich war einfallslos, zuweilen begriffsstutzig und bekam oft schlechte Noten. Doch ich liebte die langen Stunden philosophischen Nachdenkens. Am frühen Sonntagmorgen durch Paris fahren, wenn alles noch schlief, die fiebrige Spannung vor der Bekanntgabe des Themas, es in Angriff nehmen, in alle Richtungen wenden, Resonanz erzeugen, die Problematik ausfindig machen, eine Gliederung erstellen und dann endlich mit dem Schreiben beginnen, die Argumentationslinie aufbauen, den Gedanken freien Lauf lassen und feststellen, dass sechs Stunden wie im Flug vergehen, wenn man gerne schreibt und nachdenkt. Ich hatte meinen Weg gefunden und würde mich dabei entfalten. Denke ich an diese Sonntagmorgen an der Sorbonne zurück, verstehe ich, was Bergson mit der »kontinuierlichen Melodie unseres inneren Lebens« meint. Ja, an diesen Vormittagen erklang etwas in mir, diese süße Melodie, das war »ich«, mein Innenleben entfaltete sich, meine Fähigkeiten entwickelten sich, meine wahre Persönlichkeit drückte sich aus, zaghaft zwar, aber für den Moment reichte es mir. So ähnlich erging es mir, als ich das erste Mal vor einer Abiturklasse stand: Trotz meiner Befürchtungen, Unsicherheit, sogar Gestammels war meine Freude so groß, dort zu sein, dass ich mich geleitet, getragen, »im Einklang« fühlte; diese Freude kann nicht lügen.

Ebenso wenig untrüglich ist die Freude, mit der Matthieu Chedid bei seinen märchenhaften Shows auftritt. Der Sohn des französischen Popsängers Louis Chedid[6] ist natürlich der Erbe seiner Vorfahren, aber er ist auch und vor allem in seinem Element, wenn er zu -M- wird. Matthieu hat einen Namen geerbt, reduziert sich aber nicht darauf. Und wenn er seinen Vater und die Geschwister Anna und Joseph, die ebenfalls Musiker sind, auf der Bühne um sich schart, schließt sich der Kreis: Er ist, seinem Erbe die Treue haltend, ganz er selbst.

Die Freude am eigenen Tun ist ein Kompass auf dem Weg der schöpferischen Rekapitulation, ein Wegweiser auf dem Weg unserer Freiheit.

Demnach besteht der Gestus der schöpferischen Rekapitulation in einer Zeit der Akzeptanz und einer Zeit des Handelns mit der Freude als Kompass.

DAS SCHMERZHAFTE ERBE DER OPFER

Ich bin, was ich erbe, reduziere mich aber nicht darauf. In ihrer offenkundigen Einfachheit kann diese Aussage helfen, den Status des Opfers zu beleuchten. Egal, welches Unglück wir erlebt haben, das uns zum Opfer macht, wir sind nicht bloß das, was dieses Erleben aus uns gemacht hat. Das »Opfer sein von« ist nicht Teil unseres Wesens, dieser Status hat mit Zufälligkeit zu tun, nichts mit Identität. Dieser Gedanke steht im Mittelpunkt des gesamten Werkes von Simone

Veil, ihrer Schriften und insbesondere ihrer Autobiografie *Und dennoch leben*[7] wie auch ihrer politischen und sozialen Arbeit. Sie wurde im Alter von sechzehn Jahren nach Auschwitz verschleppt, war Opfer der Nazibarbarei, durch die ihre Eltern und ihr Bruder ihr Leben verloren, aber sie lehnte es ab, sich durch die Deportation allein definieren und auf das Grauen festschreiben zu lassen; das wäre eine Art gewesen, ihren Peinigern den Sieg zu schenken. Also kämpfte sie für das, woran sie glaubte, wurde Anwältin und Gesundheitsministerin, brachte das Gesetz zur Entkriminalisierung des Schwangerschaftsabbruchs zur Abstimmung und war die erste Frau, die Präsidentin des Europäischen Parlaments wurde. Die Todeserfahrung, alles, was sie durchgemacht hatte, und die Menschen, die sie verlor, würden sie für immer begleiten; Simone Veil schaute nach vorne in dem Bewusstsein, dass diese Erfahrung Nahrung für ihren Kampf und Inspirationsquelle für ihre Werte war. Aber niemals ließ sie sich auf die junge Frau reduzieren, die den Holocaust überlebt hatte.

Das Ausmaß alles Geerbten zu erfassen, bedeutet nicht, es passiv hinzunehmen und sich von der eigenen Geschichte bestimmen zu lassen. Die Bergson'sche Idee der schöpferischen Rekapitulation weist uns den Weg: es aktiv annehmen, sich dafür öffnen und es uns zu eigen machen. So vermeiden wir gleichzeitig die Sackgassen der »Opferkonkurrenz« und der »Konkurrenz der Erinnerungen«. Letztere macht nur zwischen Opfern Sinn, die sich durch das erlebte Unglück definieren und darauf festschreiben lassen.

Die Dramaturgin und KZ-Überlebende Charlotte Delbo legt auf ihre Weise Zeugnis ab von der Möglichkeit, sich aus den Fängen der Vergangenheit zu befreien. In ihrer Trilogie *Auschwitz und danach*[8] berichtet sie, wie unsinnig die Rückkehr ins Leben ihr anfangs erschienen war. In Auschwitz herrschten die Extreme: die Brutalität des Bösen, Kälte und Hunger, aber auch, allen Widrigkeiten zum Trotz, unverbrüchliche Freundschaft und die Solidarität und Großzügigkeit derer, die nichts haben. Die Peiniger waren niederträchtige Peiniger, die Opfer hilflose Opfer, reduziert auf ebendiesen Zustand, und dennoch erwiesen sich die wohlwollenden Gesten als unendlich wohlwollend. Die Hölle des Lebens der Deportierten war gespickt mit täglichen Wundern, mit Momenten tiefer und aufrichtiger Menschlichkeit: Unter Lebensgefahr verschenkt eine Freundin ihre Suppenration, eine im Ärmel versteckte Ausgabe von Molières *Menschenfeind* wechselt feierlich den Besitzer, ein Sonnenstrahl, der durch die Wolken bricht, bringt ein wenig Licht in das Herz der Finsternis … Dazu schreibt Nancy Huston unter direkter Bezugnahme auf das Werk von Charlotte Delbo: »Schwindelerregendes Paradox der Lagererfahrung: Wenn man davonkommt, falls man davonkommt, weckt sie Nostalgie. Man kann nicht anders, als sich jedes Mal, wenn man jemand Neues kennenlernt, zu fragen: Hätte er mir die Hand gereicht, sein Brot mit mir geteilt? Hätte er weggeschaut, wenn unsere Kolonne an ihm vorbeigezogen wäre? Danach ist es fast unmöglich, wieder zur alten Sichtweise zurückzukehren.«[9] Wie eine Falle schnappt diese Nostalgie über dem Überlebenden zu: Jegliches Mitgefühl, jede großzügige Geste, jeder Mut scheint außerhalb des Lagers seiner Substanz, seiner Wahrheit beraubt zu sein, und die Gegenwart verliert angesichts der schrecklichen Intensität der Vergangenheit ihren Reiz. Charlotte Delbo und einige ihrer Freundinnen, deren Zeugnisse im dritten Band der Trilogie

Auschwitz und danach versammelt sind, betrachteten ihre Lagererfahrung letztlich als das einzig »wahre Leben«. Sie hatten überlebt, blieben aber in der Vergangenheit gefangen. Charlotte Delbo hat es schließlich geschafft, sich von dieser »Nostalgie« zu heilen, an das gegenwärtige Leben anzuknüpfen, sich der extremen emotionalen Kraft des KZ-Erlebnisses zu entziehen. Sie begriff, so Nancy Huston, dass die Wahrheit des Extremen nicht die Wahrheit des Lebens ist. Erst dann konnte sie sich wieder für die Freuden der Gegenwart öffnen, für alles, was ein »normales Leben« in seiner Einfachheit und stillen Sanftheit an Zauber bereithalten kann, etwas, das sie »die Schönheit des x-beliebigen Menschen« nennt. So lernte sie, sich aufzubauen und das wahre Leben zu bestimmen, außerhalb der Bezüge zur Lagererfahrung oder zumindest so, dass sie nicht allgegenwärtig und erdrückend war. Selbstredend ohne auszublenden, was sie durchgemacht hatte. Aber auch ohne zu vergessen, wie sehr sie das Leben vor dem Krieg geliebt hatte, vor ihrer Verhaftung als Mitarbeiterin der Résistance und ihrer Verschleppung, als sie an der Sorbonne Philosophie studierte, sich in der kommunistischen Jugend engagierte und bei dem großen Theatermann Louis Jouvet als Assistentin arbeitete.

»Sie war verrückt nach Luxusparfüms«, schreibt Nancy Huston, »ließ sich extravagante Mäntel schneidern, liebte raffinierte Küche und die großen Weine aus dem Bordeaux. […] Jeden Abend, wenn sie in der kleinen Wohnung mit Blick auf die Montagne Sainte-Geneviève ihr einsames Essen zu sich nahm, entkorkte Charlotte Delbo eine halbe Flasche Veuve-Clicquot und stieß auf das Leben an.«[10] Natürlich mutet diese Geste wie ein kleiner Racheakt an den Nazis an, die ihr die Schönheit der Welt mit ihren kleinen

Freuden rauben wollten, vor allem aber feiert sie die Schönheit um ihrer selbst willen, die großen und kleinen Dinge, die dem Leben einen Sinn geben.

»ÉLAN VITAL«

Der Philosophie der schöpferischen Rekapitulation liegt eine Metaphysik zugrunde: Das Leben, so Bergson, ist ein *Élan vital,* eine schöpferische Urkraft, die im Innersten des Lebendigen, aller Lebewesen pulsiert. In einem im Werden begriffenen Universum ist jede Lebensform eine einzigartige, vollkommen unvorhersehbare Schöpfung, die über die Mittlerschaft besonderer Organismen eine spezifische Ausformung dieser schöpferischen Neigung des Lebens selbst entwickelt, das sich unentwegt neu erfindet: ob im Efeu, der die Hauswand hochklettert und Hindernisse spielend umgeht, oder im Hirtenhund, der Dutzende von Schafen alleine zusammentreibt, ob in der Kühnheit oder Erfindungsgabe, zu der wir uns manchmal fähig zeigen, oder im Talent der virtuosesten Künstler und größten Gelehrten. Die Ausdrucksformen dieser Lebenskraft mögen variieren, sie bringen aber immer das *eine* Leben zum Ausdruck, das Bergson in *Denken und schöpferisches Werden* als eine »ununterbrochene Schöpfung von unvorhersehbar Neuem« beschreibt.[11] Wir alle entstehen aus dieser einen schöpferischen Lebenskraft, deren Spuren unsere Persönlichkeit in sich trägt, die wie eine Verzweigung, eine Spezialisierung davon ist. Die Lebenskraft spezifiziert sich in jedem von uns, und in diesem Sinne offenbaren wir alle einen Teil dieses einen Lebens, jener metaphysischen Kraft, die Bergson eine göttliche nennt.

Unsere Persönlichkeit ist mehr als das Resultat unserer Vergangenheit, mehr als »das Kondensat jener Geschichte, die wir seit unserer Geburt [...] gelebt haben«, so Bergson in *Schöpferische Evolution*.[12] Sie ist unsere Identität, aber vorwärts gerichtet, durchdrungen von jener Lebenskraft, die uns zum Handeln und schöpferischen Tun antreibt. Vermöge der schöpferischen Rekapitulation drücken wir unsere Persönlichkeit aus. Wegen ihr entfalten wir uns als einzigartige Individuen, die in die Zukunft aufbrechen.

Um an dieser Lebenskraft teilzuhaben und zur »ununterbrochene[n] Schöpfung von unvorhersehbar Neuem« beizutragen, sollten wir allerdings imstande sein, in unserem persönlichen Maßstab ein schöpferisches Leben zu führen, der Bequemlichkeit der Wiederholung zu widerstehen und Platz zu schaffen für Neues. Dann werden wir fühlen, wie sich diese Kraft des einen Lebens, das sich immerzu neu erfinden und Hindernisse überwinden will, im Innersten unserer Persönlichkeit entfaltet. Dieser *Élan* oder Schwung ist integraler Bestandteil unseres Selbst, unseres Wesens, unserer Essenz. Ihn zu verlieren, ist unmöglich. Aber es kommt vor, dass wir uns davon abschneiden, wenn wir uns im Alltag einigeln, uns resistent gegen Veränderung zeigen, renitent sind gegen jegliche Improvisation, Momente existenzieller Entscheidungen meiden oder aufschieben. Wir schneiden uns von dieser Lebenskraft ab, wenn wir das Band zu unserer Vergangenheit kappen. Eben weil sie eine »ununterbrochene Schöpfung von unvorhersehbar Neuem« ist, drückt sie sich in einem Kontinuum aus.

Das ist beispielsweise der Fall, wenn wir uns auf eine neue Beziehung einlassen. Wir spüren wohl, dass wir uns neu erfinden, uns für Neues öffnen, Dinge ausprobieren und uns weiterentwickeln müssen, da sie andernfalls mangels Vitalität und Kreativität zu scheitern droht. Aber auch das andere Extrem ist unerfreulich. Ein Neuanfang mit einem anderen Menschen kann nicht gelingen, wenn wir uns abschneiden von uns selbst, von unserem bisherigen Leben und den Menschen, die dazugehören, von allem, was unsere Persönlichkeit begründet hat. Auch riskieren wir, uns in einer Sackgasse wiederzufinden: Wenn der Taumel des Neuen nachlässt, holt uns die Vergangenheit wieder ein; wir verspüren das Bedürfnis, wieder an sie und also auch an uns selbst anzuknüpfen. Die Bewegung des Lebens ist keine Flucht nach vorn, sondern eine Entwicklung, die erfordert, dass wir ausgehend vom zurückgelegten Weg Neues erschaffen.

Wären wir nicht Teil der Bewegung des Lebens selbst, jener pulsierenden Kraft, die sich unentwegt ausdrücken will, würde sich unsere Vergangenheit als eine weitaus schwerere Last erweisen: Wir könnten sie vielleicht rekapitulieren, aber nicht auf schöpferische Weise. Ohne diese Bewegung, diese Zukunftsgerichtetheit, würde unsere Geschichte zum toten Ballast werden und wir selbst von ihr erdrückt, versteinert: Die Rekapitulation liefe auf ein starres, verdinglichtes Bild hinaus, mit dem wir uns identifizieren müssten, ohne die Möglichkeit zur Neuerfindung unserer selbst. Wir würden unsere Freiheit verlieren. Würden uns eingeschlossen fühlen in unserer Essenz als Arzt- oder Bäckerskind, in unserem Opferstatus. Dieses Faktum, dass wir uns vorwärts bewegen, mitgerissen vom Schwung des Lebens, das in die Zukunft drängt, eröffnet uns die Möglichkeit, alles Erlebte auf eine erfinderische, schöpferische Weise zu rekapitulieren.

»Eine kontinuierliche Vorwärtsbewegung, die die gesamte Vergangenheit einsammelt und die Zukunft erschafft, ist die wesentliche Natur der Person«, resümiert Bergson.[13]

Am Ende seines Buches *Die beiden Quellen der Moral und der Religion* äußert Bergson einen auf den ersten Blick seltsamen Wunsch: »… damit sich auch auf unserm widerspenstigen Planeten die wesentliche Aufgabe des Weltalls erfüllt, das dazu da ist, Götter hervorzubringen.«[14] Da der *Élan vital* als Lebensdrang dem Universum innewohnt, verleiht alles Leben, selbst das geringste, sobald es den Lebensdrang aktualisiert, diesem durch das eigene schöpferische Vermögen Gestalt, wird zu göttlichem Leben. Hier erschließt sich die tiefste Bedeutung der Bergson'schen Philosophie: Wenn wir auf die innere Melodie unserer Persönlichkeit hören, in aller Intensität ganz und gar wir selbst werden, uns zu Erben unserer Vergangenheit und Begründern unserer Zukunft machen, imstande sind, all unser Erlebtes zu ergreifen und mitzunehmen in die Bewegung, die uns der Zukunft entgegentreibt, werden wir zu vollwertigen Göttern.

GROSSZÜGIGKEIT

Die Berührung mit dieser metaphysischen Kraft, Bewegung des Lebens, erlaubt uns letztendlich, unsere Vergangenheit auf schöpferische Weise zu rekapitulieren, so Bergson. Der *Élan vital* findet seinen Ausdruck aber nicht nur im Kern unseres schöpferischen Vermögens, er treibt auch dazu an, uns dem Anderen, der Welt, der Zukunft zuzuwenden. Er ruft dazu auf, unseren Teil der Verantwortung zu übernehmen, und gibt unserer Regung der Großzügigkeit Nahrung. Somit wird er zu einer Kraft der Dezentrierung: Wir sind durchdrungen von einem Leben, das größer ist als wir selbst, und dieses Leben dezentriert, führt uns weg von unserer Geschichte und lässt sie gleichzeitig außerhalb unserer selbst in Resonanz treten. Dann spüren wir, dass dieses pulsierende Leben in uns nicht nur unser eigenes ist und dass wir mehr sind als ein isoliertes Individuum: Wir sind Teil eines großen Ganzen und damit solidarisch. Dann fällt es uns auch leichter, unsere auf diese Weise in eine größere Erzählung eingebettete Geschichte mitzunehmen, um uns vorwärts zu bewegen.

Künstler und Gelehrte sind großartige Vorbilder für das Leben, so Bergson: Der Lebensschwung, der durch sie besonders stark zum Ausdruck kommt, dezentriert sie auf exemplarische Weise hin zu einem Streben nach Höherem, das weit über die persönliche Anerkennung hinausgeht: Schönheit und Wahrheit. In dem Bewusstsein, dass das Leben, das sie durchströmt, durch sie nach etwas strebt, das sie übersteigt, stellen sie sich in seinen Dienst. Die Freude, die ihnen ihr Beitrag bereitet, hat wenig mit egoistischer Befriedigung zu tun. Ihre Arbeit bekommt etwas zutiefst Großzügiges, das an ihrer eigenen schöpferischen Rekapitulation teilhat, indem es ihre Vergangenheit aus Bemühungen, oft fruchtlosen Erkundungen und einigen Erfolgen in der Gegenwart und für die Zukunft aktualisiert. Ohne diese Großzügigkeit könnten ihre Fehlschläge und Momente des Zweifels so belastend werden, dass sie sie zum Aufgeben bringen, anstatt ihre Lust am Gelingen anzuspornen.

Die Bewegung des Lebens macht uns zu uneigennützigen, großzügigen Wesen und ermöglicht uns die Dezentrierung von der eigenen Person. So erweist sich die Großzügigkeit möglicherweise als entscheidender Faktor für unser Verhältnis zur Vergangenheit, für den Übergang von einer Zeit der Akzeptanz zu einer Zeit des Handelns.

Dass Charlotte Delbo und Simone Veil als KZ-Überlebende mit ihrer Vergangenheit leben können, gelingt auch deshalb, weil ihr Schreiben sich an andere richtet, weil sie die Sorge umtreibt, Zeugnis abzulegen, zu erzählen, alles zu tun, damit nicht vergessen wird und das Schrecklichste sich niemals wiederholt. Ihre Großzügigkeit, die Sorge um die anderen – all diejenigen, die gestorben sind und deren Andenken sie lebendig halten, und alle anderen, für die sie erzählen und deren Gewissen und Bewusstsein sie wecken –, macht es ihnen möglich, *mit* statt *in* der Vergangenheit zu leben und sie mitzunehmen, um die Zukunft aufzubauen.

Ich erinnere mich an ein Gespräch mit einer jungen Frau im Anschluss an einen Vortrag, den ich zum Thema Weitergabe gehalten hatte. Die Tochter einer Chirurgin, die in einer Privatklinik arbeitete, haderte lange mit ihrem Wunsch, Ärztin zu werden. In den ersten Jahren ihres Medizinstudiums konnte sie den Gedanken nicht ertragen, in die Fußstapfen ihrer Mutter zu treten; ihr Erbe bereitete ihr Unbehagen. Gleichzeitig war sie empört darüber, wie groß in einem hoch entwickelten Land wie Frankreich mancherorts die Lücken der medizinischen Versorgung sind, und so wurde ihr im Laufe des Studiums und vor allem während ihrer Praktika allmählich klar, wie wichtig ihr soziale und menschliche

Aspekte waren. Sie spürte, wie der Wunsch, Allgemeinärztin zu werden – statt Fachärztin wie ihre Mutter – und eine Praxis auf dem Land zu eröffnen, sich immer mehr durchsetzte. Ihre Sorge um andere, ihre Großzügigkeit haben auch sie dezentriert: Angesichts der Not so vieler Menschen aufgrund des Ärztemangels verloren die eigene Geschichte und das Verhältnis zur Mutter an Gewicht, während der Wunsch, nützlich zu sein, in ihr das Verlangen weckte und ihr die Kraft gab, ihr Vorhaben umzusetzen, ein eigenes Berufsethos zu formulieren und das Familienerbe auf ihre Weise fruchtbar zu machen.

Wenn man weiß, wohin man geht, und wenn man es zudem mit seinem ganzem Herzen und seinem ganzen Talent tut, verliert man viel weniger Zeit damit, sich zu fragen, woher man kommt.

Die Sorge um andere – oder um die Schönheit eines Werkes oder der Welt – bewirkt Dezentrierung und erlaubt uns, gut mit unserer Vergangenheit zu leben und sie auf unserem Lebensweg mitzunehmen. Ohne sie kann die Vergangenheit zur Last werden und zu viel Raum einnehmen. Es gibt kein besseres Mittel als Dezentrierung, um nicht in Grübelei zu verfallen. Öffnen wir uns für die Bewegung des Lebens, die von Natur aus großzügig ist, denn sie trägt uns alle über uns selbst hinaus.[15]

Damit ist die Definition des Gestus der schöpferischen Rekapitulation als Bergson'sche Methode für ein Leben mit unserer Vergangenheit vollständig: eine Zeit der Akzeptanz, eine Zeit des Handelns, die Freude als Kompass und die Bewegung des Lebens, die Großzügigkeit, als Motor.

KAPITEL 7

IN DIE VERGANGENHEIT EINGREIFEN

Manchmal bietet uns das Leben die Möglichkeit, einen anderen Blick auf die Vergangenheit zu werfen und sie anders wahrzunehmen. Auslöser kann ein Gespräch mit einem alten Verwandten sein, eine Begegnung, die neue Perspektiven eröffnet, das Mitgefühl für jemanden, der uns Leid zugefügt hat, aber auch der zeitliche Abstand, der sich als heilsam erweist, oder schlicht die wiedergefundene Lebensfreude, eine glücklichere Phase, die der Vergangenheit eine neue Färbung verleiht. Nicht immer wissen wir, warum es so kommt, aber mit einem Mal erscheint unsere Geschichte in einem neuen Licht, begreifen wir etwas über unsere Kindheit, das uns entgangen war, deuten einen Fehlschlag positiv um, können erlittenes Unrecht endlich relativieren – und fühlen uns einfach beruhigt und befreit.

Jede Erinnerung ist eine Rekonstruktion, wie wir gesehen haben: Wir nehmen unsere Vergangenheit niemals so wahr, wie sie gewesen ist, wir betrachten sie neu, deuten sie um.

Manchmal bringt uns das Leben von sich aus dazu, einen sanfteren Blick auf das Gewesene, auf uns selbst, unsere Angehörigen, unsere Fehlschläge, verpassten Begegnungen und auf unsere Geschichte zu richten. Manchmal bietet das Leben aber nicht die notwendigen, günstigen Bedingungen für eine Milderung des Vergangenen. Verbitterung, Ressentiments, Schmerz und Enttäuschung halten sich hartnäckig, und wir stolpern über dieselben Erinnerungen, dieselben Vorwürfe, dasselbe Bedauern. Wir würden uns gerne aus den Fängen der Vergangenheit befreien, die nötige geistige Beweglichkeit haben, um aus dem Wiederholungsschema auszubrechen, doch wir scheitern. Wir stecken in Grübeleien fest. Manche traumatische Vergangenheit macht dann ein Eingreifen erforderlich, auch mithilfe eines Therapeuten oder einer Therapeutin. Die in diesem Kapitel beschriebenen Techniken basieren größtenteils auf den Therapien zur »Rekonsolidierung des Gedächtnisses«, zeigen aber auch Wege auf, wie jeder für sich allein in seine Vergangenheit eingreifen kann. Sie weisen übrigens durchaus Ähnlichkeiten zu bestimmten philosophischen Praktiken auf, die seit der Antike bekannt sind. Diese Techniken beruhen auf folgender Methode: Man greift in eine Erinnerung ein, indem man die Emotion oder die Interpretation, die damit verknüpft ist, verändert.

DIE AN ERINNERUNGEN GEKNÜPFTE IMPLIZITE LEBENSREGEL VERÄNDERN

Die erste dieser neuen Therapien, die wir hier zur Sprache bringen, zielt darauf ab, die Vergangenheit neu zu verarbeiten, um ihren toxischen Charakter zu entschärfen. Diese Methode[1] beruht – wie die beiden anderen Methoden zur Gedächtnisrekonsolidierung, die im Anschluss erörtert werden – auf unserer Fähigkeit, eine Erinnerung aus dem Langzeitgedächtnis zu holen, sie in unserem Arbeitsgedächtnis zu verarbeiten und sie dann wieder in das Langzeitgedächtnis »zurückzuschicken«. Im Übrigen macht sie sich die jüngsten Erkenntnisse über die Funktionsweise unseres Gehirns zunutze, insbesondere die anatomische Trennung von episodischem Gedächtnis (die Erlebnisse, an die wir uns erinnern) und implizitem semantischem Gedächtnis (die Vorstellungen oder Lebensregeln, die wir daraus abgeleitet haben). Sie geht von einer Tatsache aus, die wir bereits geklärt haben: Wir können zwar keine Erinnerung aus dem episodischen Gedächtnis löschen, dafür aber sehr wohl eine implizite Lebensregel im semantischen Gedächtnis umdeuten oder löschen, sprich die »emotionale Wahrheit« dekonstruieren, die wir aus der Vergangenheit geerbt haben und die uns im Weg steht.

Nicht die Erinnerung selbst ist also das Hemmnis, sondern die Welt-, Lebens- und Selbstsicht, die wir aufgrund des Erlebten entwickelt haben und die uns am Weiterkommen hindert. Die Probleme rühren also beispielsweise nicht so sehr von der Erinnerung an die Wutausbrüche einer autoritären Vaterfigur, sondern von der Lebensregel, die wir daraus abgeleitet haben: Wir wollen immer alles gut machen und es allen recht machen, damit niemand seine Stimme hebt, wir scheuen die Konfrontation, geben nach, sobald jemand etwas vehement bekräftigt, und werten uns selbst bei der geringsten Vorhaltung ab.

Sophie Côté und Pierre Cousineau,[2] Spezialisten für Gedächtnisrekonsolidierung in Frankreich und Québec, berichten von einer Patientin, die unter Panikattacken, Bulimie und Schlaflosigkeit litt und ein geringes Selbstwertgefühl hatte, alles Symptome eines übertriebenen Perfektionismus, dessen sich die Patientin nicht bewusst war. Dabei traten die Panikattacken (Kurzatmigkeit, Schmerzen in der Brust, übermäßiges Schwitzen ...) immer in Momenten des Zweifels auf, wenn sie den Eindruck hatte, nicht in der Lage zu sein, eine perfekte Arbeit abzuliefern oder den Zeitplan einzuhalten: Die Angst, die sie lähmte, war kontraproduktiv. In der Therapie sollte die Patientin genau beschreiben, was sie während der Panikattacken fühlte, sich zwingen, die physiologischen Erscheinungen dieses extremen Stresses detailliert zu beobachten, und sich bemühen, möglichst genau und sachlich über ihre Empfindungen zu berichten. Dann forderte die Therapeutin sie auf, das Empfundene mit Szenen zu verbinden, die ähnliche Reaktionen hervorgerufen hatten. Sophie Côté schickte damit die Patientin auf eine Reise in die Vergangenheit. Erinnerungen kamen hoch: Schon als Kind geriet sie ins Schwitzen und fühlte ihr Herz rasen, wenn ihr autoritärer Vater sie wegen einer Durchschnittsnote, eines nicht ganz fehlerfrei geschriebenen Diktats oder ein paar Auslassungen in einem aufgesagten Gedicht anschrie. Diese Erlebnisse waren schmerzhaft, keine Frage, doch Sophie Côté interessierte etwas anderes, nämlich die Lebensregel, die ihre Patientin daraus abgeleitet hatte und die in ihrem semantischen Gedächtnis abgelegt war. Im Unterschied zu einer klassischen Psychoanalytikerin bat sie die Patientin, diese Lebensregel zu bestimmen, in Worte zu fassen und aufzuschreiben. Sie lautete: »Ich muss immer perfekt und makellos sein, sonst kann ich weder geschätzt noch geliebt werden.« Die Therapie zur Rekonsolidierung des Gedächtnisses zielt darauf ab, den Konnex zwischen den Erlebnissen und der daraus abgeleiteten Lebensregel aufzubrechen. Zu diesem Zweck konfrontiert die Therapeutin ihre Patienten mit widersprüchlichen Erfahrungen, die das etablierte Prinzip infrage stellen und offenlegen, dass es irrig ist oder zumindest überspitzt. Im beschriebenen Fall hegte die Patientin eine aufrichtige Bewunderung für ihre Vorgesetzte, die ihrer Effizienz, Gewandtheit und Ausstrahlung wegen ein Vorbild für sie war. Dann erzählte sie, wie ihrer Chefin bei einer Präsentation einmal ein Fehler unterlief, aber keiner davon Notiz zu nehmen schien. Alle hatten weiter aufmerksam zugehört. Die Patientin hatte das schnell dahingesagt, doch die Therapeutin hakte ein und schlug vor, ihre Lebensregel anhand dieses Erlebnisses zu prüfen, woraufhin die Patientin einen Widerspruch feststellte zwischen den selbst gesteckten, höchst anspruchsvollen Zielen und den realen Schwächen der Person, deren Verdienste sie lobte. Doch war ihre Vorgesetzte nicht umso charismatischer, als sie mit einem Lächeln zu ihrem Fehler stand? Daraufhin bat Sophie Côté ihre Patientin, sich eine Szene aus der Kindheit, die sie kurz zuvor geschildert hatte – ihr Vater schreit sie an, weil sie in ihrem Hausaufgabenheft eine Zusatzaufgabe aufgebrummt bekommen hat, und sie hat Angst, eine Ohrfeige zu bekommen –, zu vergegenwärtigen und die Lebensregel, die sie auf einem Blatt notiert hatte, noch einmal zu lesen. Die Regel »Ich muss immer perfekt und makellos sein, sonst kann ich weder geschätzt noch geliebt werden« mochte vielleicht bei ihrem Vater gegolten haben, doch wie sich bei der Sache mit der Chefin gezeigt hatte, galt sie bei Weitem nicht für jede Situation. Es gab keinen Grund, sie zur allgemeinen Regel zu erheben und blind zu befolgen. Die nach wie vor unangenehme Erinnerung an den Vater, der wegen Lappalien tobte, wurde »rekonsolidiert«, sprich von der im semantischen Gedächtnis abgespeicherten, viel zu strengen Lebensregel abgekoppelt und ins Langzeitgedächtnis zurückgeschickt. Manche Therapien gehen noch einen Schritt weiter und würden besagte Lebensregel im semantischen Gedächtnis modifizieren oder sogar entfernen. Damit hören schmerzhafte Episoden der Vergangenheit auf, uns in der Gegenwart im Weg zu stehen.

Unser Gehirn ist plastisch, und unsere Erinnerungen sind lebendig. Ihre Bedeutung ist nicht wie in Stein in unsere Neuronen und Synapsen gemeißelt. Das wird jeden beflügeln, der mit seiner Vergangenheit besser leben will. Die Möglichkeit, die Erinnerungen zurückzuholen und daraus eine andere Lebensregel abzuleiten, eine belastende emotionale Wahrheit in unserem Gehirn zu ersetzen, kurz: Vergangenes anders zu erleben, ist ein Ausdruck unserer Hirnplastizität, die sich die Methoden der Gedächtnisrekonsolidierung zunutze machen.

Wie der amerikanische Psychologe Bruce Ecker, der wichtigste Entwickler dieser Therapiemethode jenseits des Atlantiks,[3] resümiert: »Alles Erlernte kann auch wieder verlernt werden«. Die Zukunft wird zeigen, ob diese Methoden, die erste sehr ermutigende Ergebnisse erbringen, auch halten, was sie versprechen, aber eines ist jetzt schon sicher: Wir besitzen die Fähigkeit, unser Gehirn zu verändern, daher haben wir keinen Grund, an einer emotionalen Wahrheit festzuhalten, die unser Leben verdirbt. Hier findet ein radikaler Paradigmenwechsel statt. Es geht nicht mehr darum, eine Vergangenheit zu akzeptieren, die man nicht ändern kann, sondern darum, die Vergangenheit zu ändern, um besser mit ihr leben zu können.

AKTUELLE THERAPIEN ERFINDEN DEN STOIZISMUS NEU

Die zweite Technik der Rekonsolidierung, mit der wir uns hier beschäftigen, ist eine Technik der »Gewöhnung« an schmerzhafte Erinnerungen, die an eine antike Lehre denken lässt: den Stoizismus. Seneca, Epiktet oder auch Mark Aurel empfahlen bereits vor fast 2000 Jahren eine Methode, um Gelassenheit zu erlangen und in Frieden zu leben: Man meditiere regelmäßig über die schmerzhaftesten Erinnerungen, um ihre Brutalität und ihre Affektladung zu mildern. Die Aufmerksamkeit wiederholt und reflektiert auf vergangene Erlebnisse zu richten, führt dazu, dass wir uns an sie gewöhnen und besser damit leben. Diese philosophische Praxis greift aber, anders als im ersten Fall, nicht in die mit der Erinnerung assoziierte Bedeutung ein, sondern in deren emotionale Aufladung, mit dem Ziel, sie zu deaktivieren. Das Prinzip des Eingriffs ist jedoch ähnlich, sodass man die Stoiker durchaus für die Erfinder der Gedächtnisrekonsolidierung halten kann: Eine Erinnerung wird aus dem Langzeitgedächtnis hervorgeholt, im Kurzzeitgedächtnis bearbeitet und verändert im Langzeitgedächtnis rekonsolidiert.

In einem Brief, den Seneca an Polybius nach dem Tod von dessen Bruder schrieb,[4] empfiehlt der römische Philosoph, er solle weder vor der Trauer noch vor den Erinnerungen an den Bruder davonlaufen. Der Verlust eines nahestehenden Menschen führt oft dazu, dass wir ein positives Bild mit einem lächelnden und glücklichen Gesicht in Erinnerung behalten wollen und nicht den Leichnam oder den von Leid und Krankheit gezeichneten Menschen. Aber wie können wir das schaffen? Der Rat der Stoiker mag kontraintuitiv erscheinen, ist aber sehr pragmatisch: Wir sollten regelmäßig die schmerzhaftesten Bilder aufrufen, etwa den leblosen Körper oder das leidende Gesicht kurz vor seinem Ableben, um deren Brutalität und Unerträglichkeit zu entschärfen. Wenn wir hingegen versuchen, die schlimmen Erinnerungen zu vermeiden, könnte das zu einem Rebound-Effekt führen, wie wir gesehen haben.

Die weisen Stoiker wären damit die Ersten, die die Vorzüge der Nichtvermeidung und sogar der »Exposition«, wie sie in der Verhaltenstherapie Anwendung findet, erkannt haben: Wir sollten uns den Dingen exponieren, die uns am meisten Angst machen, und ihnen ins Gesicht sehen, um uns an ein Leben mit ihnen zu gewöhnen und von ihrer negativen emotionalen Wirkung zu lösen. Sie ermuntern uns beispielsweise, so oft wie möglich an den Tod zu denken, an den eigenen wie auch an den der Menschen, die er uns genommen hat, und ihn zum Freund, zum Gefährten oder zumindest zu einer erträglichen Begleitung zu machen. So schreibt Montaigne in Anlehnung an die stoische Weisheit im 20. Kapitel des Ersten Buches seiner *Essais*: »Ebenso habe ich es mir zur Gewohnheit gemacht, den Tod mir nicht nur ständig vorzustellen, sondern auch im Munde zu führen. Nach nichts erkundige ich mich eingehender als danach, wie ein Mensch gestorben sei: mit welchen Worten, welchem Gesicht und welcher Haltung«.[5]

Wir alle können diese stoische Übung – uns an das gewöhnen, was uns Angst macht, um diese Angst im Zaum zu halten – mit schlimmen oder schmerzhaften Erinnerungen praktizieren. Da eine Flucht vor ihnen sinnlos ist, sollten wir die stoische Lehre beherzigen und unsere Erinnerungen zu regelmäßigen Treffen einladen: im Tête-à-Tête mit unserem Bewusstsein. Diese Art Meditation über unsere Vergangenheit hat die Kraft, unser Verhältnis zu ihr zu verändern.

Die herzzerreißende Entdeckung der Nachricht auf dem Smartphone, die beweist, dass er oder sie uns betrogen hat, und unseren Verdacht bestätigt; das wiederkehrende verstörende Bild der Liste der Bestandenen, auf der unser Name fehlt; der schauderhafte Anruf, bei dem uns das Unfassbare ganz sachlich mitgeteilt wurde, der Tod eines nahen Angehörigen – sie hallen noch in uns nach. Es ist alles präsent, so plastisch, als wäre es erst gestern passiert, die Gefühle sind so beklemmend wie am ersten Tag, oder fast. Die Stoiker lehren uns, dass wir, um in Frieden zu leben, hinnehmen sollten, was wir nicht ändern können. Sie hatten dieses Schlüsselelement für ein Leben mit der Vergangenheit erkannt: Da das Geschehene da ist und bleibt, sollten wir lernen, damit zu leben, indem wir durch bewusste Meditation die damit verbundenen Gefühle verändern.

In *Die Kürze des Lebens* teilt Seneca das Leben in drei Zeitspannen ein und beschreibt sie wie folgt: Die Zeit, die wir gerade durchleben, ist vergänglich; die Zeit, die wir noch zu leben haben, ist ungewiss; und nur die Zeit, die wir durchlebt haben, ist uns sicher.[6]

Unser vergangenes Leben ist somit unser »wahres Leben«, das einzige, das uns wirklich gehört, so Seneca. Glücklich und weise kann nur der sein, der »all seine Lebensabschnitte durchwandert«[7] und versucht, in Frieden damit zu leben. Wer nicht imstande ist, sich umzudrehen und zurückzublicken, lebt am wahrhaft gelebten Leben vorbei. Wer meint, in der Gegenwart zu leben, sieht nicht, dass jede Sekunde der Vergangenheit zuwächst. Proust sagt im Grunde nichts anderes, wenn er in *Die wiedergefundene Zeit* schreibt: »Das wahre Leben, das endlich entdeckte und aufgehellte, das einzige infolgedessen von uns wahrhaft gelebte Leben, ist die Literatur«.[8] Durch sie, durch die unternommene *Suche* holt Proust sich seine Geschichte zurück, um sie zu erhellen, und lädt uns alle ein, unser Erinnerungsvermögen zu schärfen und die Erinnerungen zu durchleben, damit sie ihre ganze Kraft und Fülle erlangen.

Erinnern wir uns an die vergangene Zeit, dazu fordern uns die Stoiker auf, und nehmen wir hin, was gewesen ist. Manchmal reicht der Verlauf des Lebens, um Erinnerungen zu mildern, sie erträglicher, vertrauter zu machen; doch mit der von den Stoikern empfohlenen Übung des Wiedererinnerns nehmen wir unser Leben wieder selbst in die Hand und greifen in unsere Geschichte ein, indem wir sie reaktivieren und bewusst daran arbeiten – als ließen wir den Film des Vergangenen Revue passieren und drehten Mal um Mal die Lautstärke ein bisschen weiter herunter.

Die heutige Wissenschaft bestätigt die stoische Lehre. Wir wissen, dass bei der Abspeicherung einer Erinnerung zwei Hirnbereiche gleichzeitig eine Rolle spielen: Hippocampus und Amygdala. Beide gehören zum limbischen System, sind aber an verschiedenen Orten aktiv und haben unterschiedliche Funktionen. Der Hippocampus hält Begebenheiten fest: Man spricht vom episodischen Gedächtnis. Die Amygdala hält die mit diesen Begebenheiten verknüpften Emotionen fest: Man spricht vom emotionalen Gedächtnis. Die an eine Erinnerung geknüpfte Emotion ist zunächst sehr stark; das Erlebte ist umso fester eingebrannt und die Erinnerung umso prägnanter, je intensiver die Emotion war. Kommen wir aber absichtlich immer wieder auf diese Erinnerung zurück, können wir deren Verknüpfung mit der Emotion schrittweise auflockern und sie dadurch rekonsolidieren, dass wir die Begebenheit wieder ins episodische Gedächtnis überführen. So verflüchtigt sich der Affekt durch das zur Gewohnheit gewordene Zurückerinnern allmählich. Dann können wir uns auch an die schlimmsten Erlebnisse unseres Lebens erinnern, ohne zu zittern. Hier wird, nebenbei gesagt, auch klar, warum die Stoiker so oft fehlgedeutet werden: Sie laden uns ein, stoisch zu werden und »stark«, aber nicht dadurch, dass wir uns von unserem Leid abwenden, indem wir es mit souveränem Gleichmut ignorieren, sondern im Gegenteil dadurch, dass wir es hinnehmen, es bereitwillig annehmen, bis wir uns daran gewöhnt haben und begreifen, dass das Leid nun mal zum Leben dazugehört.

POSTTRAUMATISCHER STRESS

Es kommt manchmal vor, dass uns die verstörenden Bilder verfolgen und wir deren emotionale Aufladung nicht abmildern können. Wenn wir einen Anschlag, einen Tsunami, ein Erdbeben überlebt oder den leblosen Körper eines Freundes entdeckt haben, der sich das Leben genommen hat, kann es passieren, dass wir die traumatischen Erinnerungen auch beim besten stoischen Willen, selbst wenn wir täglich darüber meditieren, nicht gebannt bekommen. Einige Therapien zur Behandlung von posttraumatischem Stress, wie EMDR,[9] scheinen durchaus in einem stoischen Geist entwickelt worden zu sein und haben letztlich dasselbe Ziel: dass wir es schaffen, mit der Erinnerung an das Schlimmste zu leben. In einer EMDR-Sitzung bittet die Therapeutin den Patienten, sich die traumatische Szene (den Moment während des Erdbebens, als das Dach des Hauses einstürzt; den Moment, als er in die Küche geht und den leblosen Körper des Vaters entdeckt usw.) zu vergegenwärtigen, sie zu beschreiben und bei ihr zu verweilen und währenddessen mit den Augen dem Stift zu folgen, den die Therapeutin hin und her bewegt. Nach nur wenigen EMDR-Sitzungen gelingt es vielen Patientinnen und Patienten, bis dato unerträgliche Erinnerungen auszuhalten: Sie haben nichts von den Szenen aus der Vergangenheit vergessen, können aber fortan mit ihnen leben. Früher waren sie wie gelähmt, wenn diese Szenen wie unerhörte Flashbacks zurückkamen, nun sind sie zu annehmbaren Bildern geworden.[10]

Diese Art von Gewöhnung oder »Habituation«, so der Fachbegriff, versucht auch der klinische Psychologe Alain Brunet, Professor für Psychiatrie an der McGill University in Montreal, zu erreichen. Er hat eine neuartige Therapie für Patienten entwickelt,[11] die unter einer posttraumatischen Belastungsstörung leiden. Zwar haben sich die Ergebnisse noch nicht erhärtet, dennoch wurde sie mit einigem Erfolg[12] bei Personen angewandt, die die Anschläge im Bataclan in Paris und in Nizza, den Hurrikan Irma in der Karibik und die Explosion im Hafen von Beirut überlebt haben; außerdem wurde sie bei Jugendlichen in syrischen Flüchtlingslagern erprobt. Ein Patient, der an den sechs Sitzungen der

»Brunet-Methode« teilnimmt, wird aufgefordert, jedes Mal eine Stunde lang so detailliert wie möglich das Erlebte zu schildern, wobei ihm vorher der Betablocker Propranolol verabreicht wurde, der die Amygdala gegen Noradrenalin abschirmt und dadurch die mit der Erinnerung verknüpften Emotionen stark abschwächt. Wir haben es also auch hier mit einem Prozess der Rekonsolidierung zu tun: Die Erinnerung an den Schock wird abgerufen, bearbeitet, durch Assoziierung mit einer abgeschwächten Emotion rekonsolidiert und an das Langzeitgedächtnis zurückgeschickt. Zwei Drittel der Personen, die die Anschläge im Bataclan und in Nizza überlebt und die Brunet-Methode angewandt haben, fanden sie überzeugend.[13] Alle erzählen, dass sie die Szenen des Massakers, die übereinanderliegenden Körper, die Schreckensmomente und die Schockstarre nicht vergessen hätten. Die Erinnerungen seien immer noch da, doch nun sei ihre »schlimmste Erinnerung« nicht mehr mit der Gewalt behaftet, die das Leben unlebbar macht: Sie können jetzt *damit* weiterleben, und nicht mehr *trotz*. Das ändert alles. Eines der Symptome von posttraumatischem Stress ist der Eindruck, nicht mehr man selbst zu sein, einhergehend mit Appetitlosigkeit, Schlafstörungen, fehlendem sexuellen Verlangen, Panikattacken in geschlossenen Räumen oder beim geringsten Geräusch … Das Opfer mag zwar mit dem Leben davongekommen sein, fühlt sich aber in einem Zustand permanenter Alarmbereitschaft, zermürbender höchster Wachsamkeit gefangen. Eine Therapie, die in nur sechs Sitzungen von einer traumatischen Vergangenheit befreien kann und obendrein von den Kassen bezahlt wird, macht Hoffnung. Wir müssen nicht »mit der Last unserer schlimmsten Erinnerung« leben, sagt Alain Brunet.[14] Wir können die Last ablegen, wieder wir selbst werden und die Freude an der Gegenwart wiederfinden.

EINE FIKTIVE PERSON GREIFT IN UNSERE ERINNERUNGEN EIN: DIE TECHNIKEN DES REPARENTING

Es gibt noch eine dritte Möglichkeit, in die Vergangenheit einzugreifen, nämlich anhand der Techniken des Reparenting beziehungsweise der Neu- oder Wiederbeelterung, die Psychologen in der Schematherapie einsetzen. Manchmal haben wir das Glück, im Hier und Jetzt so tröstliche Glücksmomente zu erleben, eine schöne Liebes- oder Freundschaftsgeschichte beispielsweise, dass sie wie von selbst, fast hinter unserem Rücken, die Verletzungen unserer Kindheit »reparieren«. Diese geradezu »wundersamen« Heilungen haben etwas von einer Reise in die Vergangenheit: Wir nehmen die Beziehungen zu dem Kind, das wir einmal waren, manche sagen das »innere Kind« dazu, wieder auf, sodass es getröstet, beruhigt wird. Das neu Erlebte, die wohltuende Begegnung, wirkt wie ein Balsam, der die Verletzung aus der Kindheit heilt und die ihr anhaftende Überzeugung umwandelt. Das Kind, das von den Eltern vernachlässigt wurde und sich der Liebe für unwürdig hielt, entdeckt, dass es bedingungslos geliebt werden kann. Der so oft betrogene und durch vorgetäuschte Freundschaften verletzte Junge erkennt, dass er einem aufrichtigen, geradlinigen Menschen begegnen kann, auf den Verlass ist. Die Verletzungen von gestern heilen, und die damit einhergehenden Zweifel zerstreuen sich und lassen uns zuversichtlicher und selbstsicherer vorwärts gehen.

Wenn die Heilung nicht von selbst, spontan erfolgt, können wir uns auch direkt an das Kind wenden, das wir einmal waren und das in uns fortbesteht. Wir kommen dabei auf eine alte Wahrnehmung zurück, als wollten wir sie retroaktiv korrigieren und uns endlich von ihr frei machen. Was die Psychologen über die Präsenz dieses »inneren Kindes« sagen, wird durch den Bergson'schen Begriff der Simultaneität erhellt: Wenn die Schichten der Vergangenheit alle gleichzeitig in der Gegenwart lagern, dann lebt unser inneres Kind heute tatsächlich in uns. Wenn wir ihm Aufmerksamkeit und Fürsorge schenken, können wir die Karten der Vergangenheit neu mischen, eine neue Lebenspartie mit einer besseren Hand starten und unsere Kindheit akzeptieren, wie sie war, ohne unser Werden einem unabänderlichen Schicksal zu überlassen.

Der fruchtbare Dialog mit dem inneren Kind ist bei der Schematherapie entscheidend.[15] Bei dieser Methode stellt sich der Patient während der Sitzung mit dem Psychotherapeuten eine liebevolle und wohlwollende Person vor, die in die wiedererinnerte schmerzhafte Begebenheit eingreift. Diese Person, deren Worte und Gesten der Therapeut beschreibt, während der Patient sich in seine kindliche Gefühlswelt zurückversetzt, korrigiert dysfunktionales elterliches Verhalten und gewährt dem Patienten – oder genauer dem Kind, das er einmal war – die Aufmerksamkeit, den Schutz und die Sicherheit, die ihm gefehlt haben.

Der Psychologe Jeffrey Young[16] stellt neben vielen anderen spannenden Fällen den eines Patienten mit einem Verlassenheitsschema vor. Seine Partnerschaften sind von einer panischen Angst vor dem Verlassenwerden überschattet, was ihn dazu treibt, Verhaltensweisen zu entwickeln, die die Beziehung erst recht gefährden: Misstrauen, Eifersucht, Besitzanspruch … Wenn seine Partnerin einen Anruf nicht entgegennimmt, ihm nur eine WhatsApp-Sprachnachricht schickt oder zu wenig Aufmerksamkeit schenkt, fühlt er sich sogleich vernachlässigt und betrogen. Ihm ist nicht bewusst, dass er bei seinem pathologischen Verhalten Verletzungen aus der Kindheit reproduziert. Eine distanzierte Mutter, kaum zu Hause, dauernd von ihrer Arbeit als Anwältin in Anspruch genommen, vertieft in Arbeit, Sorgen oder Liebesaffären, selbst wenn sie anwesend war, hat ihn dieses Verlassenheitsschema entwickeln lassen. Der Therapeut lässt in eine Szene aus der Kindheit (die Mutter kommt spätabends nach Hause, öffnet ihre Post und begutachtet sie eingehend, bevor sie ihren vierjährigen Sohn küsst, obwohl der aufgeblieben ist, um sie noch zu sehen) eine Person aus der Gegenwart eingreifen, nämlich seine derzeitige Partnerin namens Stella (es könnte auch der Therapeut selbst, eine liebevolle Großmutter oder der Patient als Erwachsener sein). Er erteilt Stella das Wort, die sich an die Mutter des Patienten wendet: »Sie haben Ihre eigenen Sorgen und kommen gezwungenermaßen manchmal spät von der Arbeit nach Hause, doch Sie haben einen vierjährigen Sohn, der stundenlang auf Sie gewartet hat, um vor dem Schlafengehen ein bisschen Aufmerksamkeit und Zuneigung zu bekommen. Es ist sein gutes Recht, dass Sie ihn in die Arme nehmen, bevor Sie Ihre Post öffnen, das fundamentale Recht eines kleinen Jungen.«

Die Methode des Reparenting hat sich bewährt[17] und beruht auf einer wichtigen Entdeckung der neuronalen Funktionsweise: Das emotionale Gehirn unterscheidet nicht wirklich zwischen einer erlebten und einer imaginierten Begebenheit.[18] Auf rationaler Ebene verwechselt der Patient die beiden Szenen nicht (ihm ist klar, dass Stella nicht in die Vergangenheit gereist ist, um mit seiner Mutter zu sprechen), das emotionale und das rationale Gehirn sind zweierlei. Aber was er vor Jahrzehnten erlebt hat und was soeben in der Vorstellung passiert ist, vermischt sich im limbischen Bereich des Gehirns. Es ist ein bisschen so, wie wenn uns allein beim Gedanken an ein Lieblingsgericht das Wasser im Mund zusammenläuft.[19] Die in der Vorstellung durchlebte Szene muss nicht real sein, um in unserem emotionalen Gehirn wie Balsam auf den kindlichen Wunden zu wirken. Nachdem der Therapeut Stella in die Szene aus der Kindheit eingreifen ließ, bittet er den Patienten, die ursprüngliche Szene erneut zu schildern, diesmal ohne Reparenting-Person, und sie nochmals zu durchleben, um sie auf einer neuen Grundlage zu rekonsolidieren. Auch in diesem Fall macht der Patient Fortschritte: nicht indem er seine Vergangenheit vergisst oder einfach akzeptiert, wie sie ist, sondern dadurch, dass er eine Reise in die Erinnerungen unternimmt und in diese eingreift, indem er unter Anleitung des Therapeuten Erkundungen anstellt und sich in Begleitung der Reparenting-Person in dieses Abenteuer wagt. Um zu lernen, mit der Vergangenheit zu leben, musste er das Kind, das er einmal war, wiederfinden und es trösten.

•

Diese drei Beispiele für ein Eingreifen in die Vergangenheit lehren uns letztlich dasselbe und bringen dieselbe Hoffnung mit sich: Unsere Vergangenheit ist kein Gefängnis und legt auch nicht unser Schicksal fest. Statt sie zu verleugnen oder sich ihr zu beugen, können wir eine flexiblere Beziehung zu ihr unterhalten: Wir können die Vorstellungen, Prinzipien und Ideen, die sie uns eingepflanzt hat, verändern, die mit ihr assoziierten Emotionen abschwächen und die Wunden heilen, die sie uns zugefügt hat.

Der große Bergson'sche Gestus bleibt: Wir kommen nur voran, wenn wir ganz wir selbst sind und unsere gesamte Vergangenheit mitnehmen in die Bewegung des Lebens. Das gelingt umso besser, je mehr wir uns von den Fesseln befreien, die im Laufe unserer Geschichte und durchgemachter Prüfungen in uns gelegt wurden, sei es eine hinderliche Lebensregel, eine unerträgliche Erinnerung oder eine allzu empfindliche Wunde aus der Kindheit. Die schöpferische Rekapitulation, die Bergson erwünschte, erhält hier eine umfassendere Bedeutung, denn sie integriert die aktiven Eingriffe in den Kern unserer Vergangenheit. Wenn wir auf diese Weise durch unsere Geschichte reisen, sind wir mehr denn je ihr Kind und werden zugleich immer mehr zu ihrem Autor: Wir lernen, die richtige Art zu finden, sie uns zu erzählen. Das Bergson'sche Vorhaben – die Vergangenheit zu ergreifen, um die Zukunft aufzubauen – ist aktueller denn je.

BERGSON, FREUD UND PROUST: FÜRSPRECHER DES UNVERGESSLICHEN

Bergson und Freud sind die »beiden Fürsprecher des Unvergeßlichen«, schreibt Paul Ricœur.[20] Und Proust der dritte, möchte man hinzufügen. Bergson, Freud und Proust waren Zeitgenossen. Ihre Reflexionen und Werke entstanden in einem Moment der Ideengeschichte und überhaupt der Geschichte, in dem das Gedächtnis und die Frage nach unserem Verhältnis zur Zeit plötzlich in den Vordergrund rückten. Zu Beginn des 20. Jahrhunderts entwickelten ein Philosoph, ein Arzt und ein Schriftsteller zeitgleich ähnliche Ideen, wobei sie je eigene Worte dafür verwendeten, jeder entsprechend seiner eigenen Genialität: »unvergesslich« ist nicht gleichbedeutend mit erstarrt. Die Kapitel unserer Vergangenheit, die durchlebten Episoden und die Spuren, die sie hinterlassen haben, leben in uns, und in dieser Dynamik unserer Geschichte finden sich seltsamerweise die unterschiedlichen Momente gleichzeitig wieder. Damit ist uns die Möglichkeit gegeben, in unsere Vergangenheit einzugreifen.

In diesem Punkt sind die Ähnlichkeiten zwischen den Schriften Bergsons und denen Freuds verblüffend, zumal sich Bergson und Freud nie begegnet sind. Freud schreibt in *Das Unbewußte*: »Die Vorgänge des Systems *Ubw* [Unbewusst] sind zeitlos«,[21] und Bergson: »unser vergangenes Leben ist immer da, aufbewahrt bis in seine geringsten Einzelheiten« in unserem Gedächtnis, unabhängig von der tatsächlichen chronologischen Reihenfolge. Für Freud bedeutet das beispielsweise, dass eine vor einem halben Jahrhundert in Kindheitstagen erlebte Begebenheit sich auf unser psychisches Leben auswirken kann, als hätte sie sich erst gestern zugetragen, und für Bergson, dass etwas vor sehr langer Zeit Erlebtes in unserem freien Handeln genauso zurückgerufen werden kann wie Ereignisse viel jüngeren Datums. Auch für Proust bedeutet das Suchen und Wiederfinden der »verlorenen Zeit«, mit etwas in Berührung zu kommen, das lebendiger, sinnlich eindrücklicher ist als die jüngste Vergangenheit oder sogar die Gegenwart.

Was für Freud das Liegen auf der Couch ist, für Bergson das Lauschen auf die Melodie unseres inneren Lebens, für Proust das Verweilen bei einer Sinnesempfindung und das Empfangen der von ihr ausgelösten Reminiszenz: Immer geht es darum, sich für die eigene Geschichte zu öffnen und ihr zu lauschen, geht es um eine Form des Eingreifens in unsere Vergangenheit, die den Weg für die Fortschreibung der eigenen Geschichte ebnet.

DIE FREUDSCHE PSYCHOANALYSE: DER LANGE GANG ZURÜCK IN DIE VERGANGENHEIT

Die freudsche Psychoanalyse strebt die gleichzeitige Umsetzung der drei oben dargelegten Formen des Eingreifens in unsere Vergangenheit an: Sehen wir die Vergangenheit anders, um besser mit ihr zu leben; gewöhnen wir uns an die schlimmen Erinnerungen, um sie erträglich zu machen; reparieren wir die Verletzungen aus der Kindheit. Freud schlägt als Methode eine »Sprechkur« vor: Man lässt den Gedanken freien Lauf, sagt auf der Couch die Dinge so, wie sie kommen (und nicht, wie wir es gerne hätten), verbietet sich nichts, zensiert nichts. Das Zurückkommen auf die eigene Geschichte und das Entwirren aller Fäden braucht seine Zeit, und die bietet eine Psychoanalyse mehr als jede Kurzzeittherapie.

Man gab dem Vater die Schuld und entdeckt sich als ungerecht. Man idealisierte die Eltern und sieht sie mit neuer Klarheit. Man hielt sich für die vorbildliche große Schwester und fürsorgliche Beschützerin und weiß jetzt, dass die Ankunft des kleinen Geschwisters einen auch eifersüchtig gemacht und verletzt hat. Diese heilsame Bewusstwerdung ist besänftigend und manchmal auch erlösend. Dieses erfolgreiche Eintauchen in unsere Vergangenheit treibt uns der Zukunft entgegen. Wenn die Psychoanalyse uns diesen Weg eröffnet, erweist sie sich als eine wunderbare Schule der Flexibilität und geistigen Beweglichkeit. Auf der Couch, wenn wir über die Vergangenheit sprechen und sie in Bewegung setzen, öffnen wir einen Raum, um uns selbst in Schwung zu bringen.

Die psychoanalytische Methode sorgt jedoch für Kontroversen: Für die einen ist sie der beste Weg, um mit der Vergangenheit zu leben, ein Heilungsritual, das die Chance für eine echte Rückkehr zu sich selbst bietet; für die anderen ist sie ein nur wenigen privilegierten Neurotikern vorbehaltenes, unnützes und kostspieliges Wiederkäuen. Im Zentrum der Debatte steht die eigentliche Frage dieses Buches: Wie können wir auf unsere Vergangenheit zurückkommen, ohne uns in Grübeleien zu verfangen?

Freuds Irrtum entlarvt zu haben, behaupteten Gilles Deleuze und Félix Guattari bereits im *Anti-Ödipus*:[22] Das sei eine zu kurz greifende Obsession für die Vergangenheit, ein Begriff der Lust, der sich auf etwas reduziere, das die Autoren verächtlich »Papa Mama« nennen, eine Weise, unser Leben immer nur auf die frühe Kindheit und insbesondere den Ödipuskomplex[23] zurückzuführen, wodurch das erfinderische Wesen des Lebens selbst negiert würde. Über Freud hinaus griffen sie auch jede Philosophie an, die eine Rückbesinnung auf die Vergangenheit zur Bedingung für das Handeln und ein schöpferisches Leben machte.

Begehren bedeutet für Deleuze und Guattari nicht, ständig einen frühkindlichen Ödipuskomplex zu reproduzieren, sondern ist im Gegenteil eine überbordende Lebenskraft, die auf den Anderen, das Unbekannte, die weite Welt, die Zukunft gerichtet ist – und nicht auf die beschränkte, gleichbleibende Szenerie unserer Vergangenheit oder frühen Kindheit.

Im Übrigen weiß man heute, dass der limbische Bereich des menschlichen Gehirns, insbesondere die Amygdala als Sitz der Emotionen, vom Sprachzentrum getrennt ist. Deshalb kritisieren auch einige Therapeuten wie Jean-Louis Monestès[24] Freuds oder Lacans Verwendung der Sprache in der Psychoanalyse: Indem sie alles auf Worte setzt, versperrt sie sich den Zugang zum emotionalen Gehirn. Eine solche Sprechkur hätte demnach nicht die Kraft, die Verletzungen aus der Kindheit zu reparieren und insbesondere die schmerzhaften Emotionen zu lindern, die durch die Amygdala im limbischen System abgespeichert wurden. Mehr noch, durch die Aufforderung an den Patienten, immer und immer wieder über die schmerzhaften Erinnerungen zu sprechen, leiste sie dem Wiederkäuen Vorschub, ohne konkrete Lösungen anzubieten, um sich von den assoziierten negativen Emotionen frei zu machen, die tief im limbischen Bereich des Gehirns vergraben bleiben. Wer erlebt hat, wie jemand aus dem Bekanntenkreis in neurotische Zustände verfiel, obwohl er schon viele Jahre auf der Couch verbracht hatte, dürfte für eine solche Kritik empfänglich sein.

Im Übrigen erschiene Kritik durchaus angebracht, wenn die Psychoanalyse sich auf einen reinen intellektuellen Austausch beschränkte. Aber wie aufgezeigt wurde, geht es keineswegs darum, dieselbe Szene noch einmal zu spielen, zum einen weil es keine Erinnerung ohne Rekonstruktion und damit auch keine scharfe Grenze zwischen Gedächtnis und Fantasie gibt, zum anderen weil es eben nicht darum geht, die Szene haargenau nachzuspielen, sondern darum, in sie einzugreifen und sie teilweise neu zusammenzusetzen.

Mehr noch, dass unsere Reaktionen und unser Umgang mit anderen stark von unserer Kindheit beeinflusst werden, bedeutet keineswegs, dass dieser Ursprung uns ein Schicksal auferlegt oder unser Verhältnis zum Begehren beschneidet. Dieses Fundament mag unser Begehren formen und färben, es beschränkt sich aber nicht darauf. Wir kommen irgendwoher – warum es verleugnen? –, aber das hindert uns nicht daran, anderswohin zu gehen.

Ja, was Freud uns gelehrt hat, ist im Wesentlichen nach wie vor wahr: Erst waren wir das völlig abhängige, verletzliche Kind, das bei seiner Ankunft auf Erden Eltern in Empfang nahmen, die es sich nicht ausgesucht hat, das ganz offensichtlich vom Ablauf dieses Empfangs geprägt und dessen Begehren der Eltern und später anderer Menschen von seinen oft widersprüchlichen ersten Regungen bestimmt wurde.

Das alles hält uns jedoch nicht von dem Wunsch ab, uns aufzumachen und die weite Welt zu erobern.

Freud ist ein Pionier. Er war der Erste, der dieser Idee einen weit gespannten theoretischen Rahmen gab: Unser erstes soziales Universum – unsere Familie, unsere Beziehung zu den Eltern, unser Platz unter den Geschwistern … – beeinflusst unser Leben lang unsere Beziehung zu den anderen, zur Welt. Seit Freuds Arbeiten wissen wir, dass das Leben mit der Vergangenheit von uns verlangt, dass wir verstehen, wie die ersten Lebensjahre unser Inneres, den »Stoff« des Unbewussten geformt haben. Die psychoanalytische Kur mit ihren ritualisierten Sitzungen scheint ideal zu sein, um uns Klarheit zu verschaffen, aus der Logik der Vermeidung oder Leugnung auszubrechen und unserem ureigenen Begehren oder der Melodie unseres inneren Lebens, von der Bergson spricht, näher zu kommen.

Freuds bahnbrechende Genialität anzuerkennen, bedeutet jedoch nicht, dass eine Psychoanalyse heute genauso ablaufen muss wie vor hundert Jahren, oder vor fünfzig, als Jacques Lacan seine Theorien entwickelte. Alle Symptome allein im Lichte des Ödipuskomplexes und der Libido zu interpretieren, ist zu vereinfachend und kann in eine Sackgasse führen, wenn man die Augen und Ohren für andere Wege der Erforschung des Geistes verschließt. Und die Haltung des stummen Lacanianers, der in sibyllinischen Sentenzen spricht, um nach ein paar Minuten die Sitzung unter dem Vorwand zu unterbrechen, dass der Analysand dadurch besser hören wird, was er nicht wissen will, hat ihre Grenzen und kann kontraproduktive Frustrationen hervorrufen. In solchen Fällen besteht tatsächlich die Gefahr, dass der

Patient in Grübeleien verfällt, allein deshalb, weil ihm kein Ausweg gewiesen wird. Ein Eingreifen in die Vergangenheit dürfte schwierig sein, wenn der Psychoanalytiker selbst nicht in die Sitzung einzugreifen geruht!

Also hat sich die Psychoanalyse modernisiert und haben viele Psychoanalytiker ihre Methode weiterentwickelt: Sie greifen ein, unterbreiten Vorschläge, zeigen Erstaunen, machen sich Notizen, kommen auf eine Aussage zurück, um sie nachhallen zu lassen, schicken den Analysanden zurück zu einem Traum, den dieser in einer anderen Sitzung erwähnt hat, deuten auf Ähnlichkeiten mit einem anderen Traum … Diese Psychoanalytiker greifen die Fortschritte der Neurowissenschaften auf, zeigen sich offen für andere Praktiken, insbesondere die Verhaltenstherapie,[25] und verstehen es, ihren Patientinnen und Patienten nicht nur ihr Ohr zu leihen, mit dem sie hören können, was niemand sonst besser auszudrücken vermag, sie bieten ihnen auch die Qualität eines Rituals, einer Zeit und eines Ortes, die es ihnen ermöglichen, zu sich zurückzufinden, ihre Vergangenheit in eigenen Worten wieder aufzugreifen und wieder Vertrauen in sich selbst und in ihre Zukunft zu fassen.

Das »Sprechen auf der Couch« gibt dem Analysanden die Möglichkeit, sich in Worten zu ergehen, die aufhören, rational zu sein, die nicht mehr argumentieren (*raisonner*), sondern endlich in ihm Resonanz erzeugen (*résonner*). Er lässt sich von etwas anderem als der Rede selbst durchdringen; er öffnet sich für die Sprache seines Körpers, seiner Emotionen, seines Unbewussten. Er offenbart sich in Worten, die keine Worte des Geistes mehr sind. Lacan hat sogar einen eigenen Begriff – »lalangue«[26] – für diese Sprache auf der Couch geprägt, die sich der Kontrolle der Vernunft und des

Bewusstseins entzieht: Worte, aber auch Laute, Darmgeräusche, Onomatopöien, zögernde Pausen, Wiederholungen, Schweigen … Indem Lacan den Menschen als »parlêtre« oder »Sprachwesen« definierte, sagt er uns, dass wir nur über das Sprechen Zugang zu unserer Innerlichkeit, zu unserem Sein finden, wobei die Sprache viel stärker mit dem Unbewussten zu kämpfen hat als mit dem Bewusstsein.

Außerdem wissen wir heute, obwohl der Bereich der Emotionen tatsächlich vom Bereich der Sprache getrennt ist, dass alle Bereiche unseres Gehirns miteinander kommunizieren. Worte können also ein Vehikel sein, um Zugang zu den tief im limbischen System vergrabenen Emotionen zu finden. Das geschieht zuweilen, im Übrigen mit ganz einfachen Worten, bei Reparenting-Sitzungen, wie wir gesehen haben. Wir erleben das häufig selbst, ob auf der Couch oder anderswo, wenn wir von einem Erlebnis erzählen und uns Tränen in die Augen schießen und die Gefühle überkommen. Die Vergangenheit bricht hervor, und auf diesem Pfad, der entsteht, löst sich eine Blockade, findet eine befreiende Läuterung statt, die Platz macht für Neues, für die Zukunft. Wir spüren unversehens die Kraft, das Geschehene zu akzeptieren, statt ihm zu entfliehen – die erste Geste des Eingreifens in die eigene Vergangenheit. Im gleichen Atemzug begreifen wir, dass wir das Geschehene nicht ändern können, aber sehr wohl die Art und Weise, damit zu leben, dessen Kinder und Erben zu sein. Und so legen wir den Eckstein, mit dem wir zu Gründern werden.

Die psychoanalytische Kur begleitet uns auf einem Weg, um die Dinge auf eine neue Weise zu sagen, so, wie sie kommen, ohne Sorge um Kohärenz und ohne moralische Scheuklappen. Sie lehrt uns, zu *divergieren* und unsere Vergangenheit neu zu beleuchten. Diese Kunst der Divergenz ist das beste Mittel gegen Grübelei. Die Psychologen, die die Triebfedern der geistigen Schöpfungskraft analysieren – ebenjener, die uns ermöglicht, die Vergangenheit wieder zu ergreifen und unsere Zukunft selbst in die Hand zu nehmen –, definieren sie als das Ergebnis eines Hin und Zurück zwischen einer divergenten und einer konvergenten Haltung. Divergieren bedeutet, den Gedanken freien Lauf zu lassen, alle Assoziationen und Abschweifungen zuzulassen, bereitwillig anzunehmen, was kommt und wiederum anderes aufruft. Konvergieren hingegen bedeutet, den Gegenstand der Reflexion nicht aus den Augen zu verlieren und nur solche Gedanken zuzulassen, die in das Thema münden und sich unmittelbar darauf beziehen. Es braucht einen Wechsel zwischen diesen beiden, um schöpferisches Denken zu entwickeln. Während wir auf natürliche Weise auf den Gegenstand unserer Reflexion zulaufen, wenn wir darüber nachdenken, fällt es uns oft schwerer, einen neuen Blickwinkel einzunehmen, unseren Geist für andere Perspektiven zu öffnen, ebenjenen Schritt zur Seite zu tun, der uns neue Wege öffnen kann. Aber gerade dadurch lernen wir uns besser kennen, kommen wir unserem Begehren näher und gewinnen eine nie dagewesene Lebenskraft und Handlungsfähigkeit. Manchmal lernen wir dabei sogar, über uns und unsere Obsessionen oder Neurosen zu lachen oder zu schmunzeln, was nicht das schlechteste Ergebnis einer »gelungenen« Psychoanalyse ist.

Das wiedergefundene Schmunzeln, die neue Geschmeidigkeit, der sanftere Blick auf andere oder auf uns selbst, das ist es doch, was wir im Grunde suchen, wenn wir in unsere Vergangenheit eingreifen: einen Weg, uns zu entlasten. Egal, ob das Leben genug bereithält oder wir eine Therapie brauchen, um die Bewegung des Lebens zu begleiten oder wieder in Gang zu setzen, wir alle können einen Weg der Entlastung finden. Und uns wieder vorwärts bewegen.

KAPITEL 8

SICH MIT DER VERGANGENHEIT VORWÄRTS BEWEGEN

Anders als bei allen anderen Mannschaftssportarten ist es beim Rugby den Spielern nicht erlaubt, Pässe nach vorne zu spielen. Im vollen Sprint, mit einer schönen Schulterdrehung, den Ball in den Händen, wendet sich der Spieler um und spielt ihn seinem Mitspieler zu, der seinerseits den Ball in einer ähnlichen Drehbewegung rückwärts, doch den ganzen Körper vorwärtsgerichtet, passt. Auf diese Weise arbeiten sie sich vor, versuchen sich der gegnerischen Linie zu nähern und Pakete und Tacklings zu vermeiden, indem sie sich rückwärts drehend vorwärts bewegen.

In diesem Pass nach hinten, wie er im Rugby erfolgt, scheint sich der ganze Gestus dieses Buches zu verdichten – als eine Weise, sich der Vergangenheit zuzuwenden, um sich vorwärts zu bewegen. Dieser Gestus, der uns mittlerweile vertraut ist, lässt sich in eine Reihe von Handlungen auffächern.

SICH AN DIE SCHÖNEN DINGE ERINNERN

Allzu oft vergessen wir, dass wir die schönen Dinge aus unserer Vergangenheit wiederbeleben und sie fantasievoll zurückrufen können: Auch unsere glücklichen Erinnerungen müssen rekonsolidiert werden! Wie schade, sie im Dämmerzustand zu belassen, in den Tiefen des Gedächtnisses vergraben, uns ihren Glanz vorzuenthalten, den Trost, den sie uns spenden können, die Lebenslust, die sie nähren können, hier und jetzt. Schon in den *Bekenntnissen* des Augustinus findet sich die inspirierte Aufforderung, die strahlende Gegenwart der Vergangenheit wiederzufinden: »Dabei betrete ich die Felder und weiten Paläste meines Gedächtnisses. Dort lagern die Schätze unzähliger Bilder …«[1] Nur wir selbst können diese Schätze der Vergangenheit heben, um sie uns anzuschauen.

Mit der Formulierung »mit der Vergangenheit leben« beziehen wir uns viel zu oft auf eine schmerzhafte Vergangenheit oder auf die Last all dessen, was wir nolens volens geerbt haben. Wenn wir »damit leben müssen«, dann geht es entweder um den schwierigen Umgang mit den Verletzungen der Kindheit, mit den Erinnerungen an unsere Fehlschläge, an Bedauern und Reue, mit dem Schmerz, den uns all die Dinge bereiten, die in unserer Geschichte noch nicht so eingetreten sind, wie wir es gewünscht haben. Oder es geht um unser familiäres und soziales Erbe, all jene Gewohnheiten und Denkweisen, die uns im Laufe der Kindheit und durch unsere Erziehung mitgegeben wurden.

Unsere Vergangenheit ist aber auch reich an schönen Dingen, an Momenten des Glücks, des Teilens, der Erfüllung, der aufregenden Entdeckungen, der Versenkung und der unbändigen Freude. Dann bekommt dieses »mit der Vergangenheit leben« eine völlig andere Bedeutung, wird zur fröhlichen Einladung, all diese Momente zurückzurufen, an die Erinnerung anzuknüpfen, um in der Gegenwart von der Kraft und Schönheit dessen zu zehren, was gewesen ist.

Ich erinnere mich an das einfallende Licht in einem Unterholz der Puisaye, wie die Sonnenstrahlen zwischen den Blättern ganze Kontinente auf den Asphalt zeichneten, da war ich zwölf oder dreizehn, hatte ein petrolblaues Moped, und in meinem Herzen brannte das Feuer einer neuen Freiheit. Der Mensch, zu dem ich geworden bin, wurde auch auf diesen Wegen unter der gleißenden Sonne geboren, und nicht nur in der Verborgenheit der Verletzungen meines Egos. Wir sind auch das Kind unserer ersten ästhetischen Emotionen, unserer ersten Begegnungen mit einer Schönheit, die uns von uns selbst abzulenken vermag, indem sie uns jäh in der Welt gegenwärtig macht.

Da reicht es manchmal schon, bei einer glücklichen Erinnerung zu verweilen, sie auszuleuchten und in sie einzutauchen – wie damals als Kind das Baden im Meer mit dem Vater, ausnahmsweise mit ihm ganz allein, ohne die Geschwister –, um von einer Vergangenheit durchdrungen zu sein, die uns Trost schenkt und durch die wohltuende Berührung mit ihr neue Lebenskraft. Um wieder in den Genuss dieser vergangenen Freuden zu kommen und uns von ihnen durchfluten zu lassen, müssen wir aber nicht nur empfänglich, sondern auch imstande sein, ihnen die Tür zu öffnen, den Faden aufzugreifen. Wie Proust uns gezeigt hat, müssen wir der Erinnerung die Gelegenheit geben, in ihrer ganzen Fülle zurückzukehren, statt sie, wenn sie fast unbemerkt am Rand des Gedächtnisses hervorlugt, einfach vorbeiziehen zu lassen. Unsere Reminiszenzen haben nicht die Zeit, wie Balsam für die Gegenwart zu wirken, wenn wir sogleich wieder zu etwas anderem übergehen, uns der Alltag in Beschlag nimmt. Das bekannte Beispiel von Prousts Madeleine wird daher viel zu oft karikiert: Der Löffel Tee, in dem sich ein Stück Madeleine aufgelöst hat, setzt eben nicht sofort, wie von Zauberhand, die Wiederkehr der Vergangenheit in Gang. Der Erzähler muss bei dem, was zunächst nur eine Irritation ist, verweilen, sich Zeit nehmen, um dem Wiederkehrenden zu lauschen, sich in der Anstrengung des Wiedererinnerns einrichten – und erst dann kann das Glück von gestern wieder gegenwärtig werden.

Wenn wir also die Erinnerung an das Baden im Meer mit dem Vater, der uns dieses eine Mal ganz allein gehörte, sich entfalten lassen, dann fällt uns vielleicht als Erstes wieder der Geruch von Sonnencreme, die Empfindung von Sonnenwärme auf der Haut ein, dann der Geschmack von Salz und unser aufgeregtes Geschrei, als uns die Wellen in die Höhe trugen, dann dieses Gefühl zu fliegen, als der Vater uns an den Handgelenken festhielt und kreisen ließ. Und wenn wir wie der Erzähler in der *Suche* ein wenig nachhelfen, uns in eine »Erinnerungsmeditation« begeben, uns der unerbittlichen Zeitlichkeit des Alltags entreißen, können wir eine Vielzahl von Details zurückholen, mit vielen Gerüchen und Farben als Beigabe, die die Erinnerung abrunden: dass wir »schneller, schneller« riefen, dass wir den Schmerz an Armen und Handgelenken vergaßen, so berauscht wie wir waren, dass er uns schließlich losließ und wir wirklich flogen und so plötzlich ins Wasser fielen, dass unsere Freude für einen Augenblick in Panik umschlug. Dass wir dann den Kopf aus dem Wasser streckten, lauthals lachten und Wasser verschluckten. Schließen wir dann die Augen, um sie weit für die Vergangenheit zu öffnen, kehrt noch eine Empfindung wieder: die des brennend heißen Sandes, in den wir uns nach dem Baden fallen ließen, und die des Handtuchs, in das er uns wickelte, »das kleine Bündel«, wie er sagte, und kräftig den Rücken abrieb.

Unsere Kindheit ist vorbei, und doch kann nichts und niemand jemals bewirken, dass es diesen Moment nicht gegeben hat. Er ist da, für alle Ewigkeit: Das fühlen wir jedes Mal, wenn wir zu ihm zurückfinden, wenn wir ihm die Zeit lassen, uns zu zeigen, wie lebendig er ist. Ein anderes Mal wird uns das Zitronensorbet wieder einfallen, damals an der Strandbar mit den hohen Hockern, auf die wir uns so gerne hievten, der saure Geschmack der Zitrone, der uns das Gesicht verziehen ließ und unsere noch ungeübten Geschmacksnerven irritierte. Was für ein Glück das war, und was für eine Freude, das jetzt wieder zu erleben! Hinter einer glücklichen Erinnerung können sich so viele andere verstecken …

KANN DAS GEDÄCHTNIS KRAFTVOLLER SEIN ALS MELANCHOLIE?

Eine so greifbare, sinnlich wahrnehmbare Erinnerung macht die Vergangenheit so gegenwärtig, dass sie sich vielleicht mit Melancholie färbt, wenn sie auftaucht. Unsere Melancholie, schreibt Vladimir Jankélévitch,[2] ist eine »Melancholie des Unwiederbringlichen«: Wehmütig schauen wir auf das, was nicht mehr ist. Wenn aber das Vergangene so gegenwärtig ist, dass es geradezu greifbar wird, wenn die Erinnerung statt zur Reminiszenz zu einer nie dagewesenen Präsenz wird, dann gibt es genau genommen kein Unwiederbringliches mehr. Wer der Erinnerung nur ein angelehntes Fenster offen lässt, um kurz durchzuschlüpfen, der öffnet der Melancholie Tür und Tor, einem heimtückischen Weltschmerz, der daran erinnert, dass dieses Glück vergangen und endgültig passé ist, dass unsere Kindheit vorbei ist und wir nun ein Erwachsenenleben voller Zwänge und Verantwortung führen. Es ist verlockend, die wiederkehrende Erinnerung zu verscheuchen, um nicht darunter zu leiden, statt sie mit offenen Armen zu empfangen und voll auszukosten. Wie Proust am Beispiel der Madeleine oder der Serviette zeigt, deren Beschaffenheit den Erzähler an jene des Handtuchs erinnert, mit dem sich abzutrocknen am Strand von Balbec ihm nur mühsam gelungen war, können wir bei einer Sinneswahrnehmung innehalten, um der Reminiszenz die Tore weit zu öffnen und sie ihre Wirkung entfalten zu lassen, um die Vergangenheit in ihrer ganzen Komplexität und Fülle zurückzurufen. Die Proust'sche Methode wird dann zum Heilmittel gegen den Biss der Melancholie. Tatsächlich reicht ein kurzer Blick auf das Bild vergangenen Glücks, und schon beißt sie uns, so überrascht und verwirrt durch den flüchtigen Eindruck verlorenen Glücks wir sind. Wer dieses Bild aber zu ergreifen weiß, um es neu zu entdecken, und sich die Zeit nimmt, darin einzutauchen, findet dessen ganzen Geschmack wieder und schließt an seine erstaunliche Vitalität an. »Ich habe das Glück an dem Geräusch erkannt, das es machte, als es verschwand«, soll Jacques Prévert gesagt haben. Dagegen lädt Proust uns ein, dem Geräusch zu lauschen, das entsteht, wenn es zurückkehrt.

Uns an schöne Dinge zu erinnern, ermöglicht uns, durch die Zeit zu reisen: Da sind sie wieder, zuweilen so präsent wie nie, im Kern der wiedergefundenen Sinnesempfindungen. In einem solchen Moment lebendiger Erinnerung, die immer klarer und präziser wird, je mehr wir uns für sie öffnen, scheint nichts mehr der Vergangenheit anzugehören. Die Schönheit von gestern kehrt in neuem Glanz zu uns zurück, und wir lassen uns von ihr durchdringen, zehren von ihrer Kraft, während wir uns mit den Augen des Gedächtnisses in sie versenken.

Viel zu oft leben wir abgeschnitten von einem Teil unserer selbst, von jenen wunderbaren Momenten, die wir erlebt haben, aber reglosen, uninteressanten Dingen gleich in den Tiefen unseres Gedächtnisses verschwinden lassen. Dabei ist es noch nicht einmal aus Angst vor Melancholie, dass wir uns von diesen schönen Erinnerungen abwenden. Wir lassen sie einfach im Gedächtnis ruhen und vergessen, sie zu wecken. Diese Liebesnacht zum Beispiel, vor vielen Jahren mit einem Menschen erlebt, der dann weggegangen ist, fortgespült vom Leben. Seit Jahren leben wir, als hätte es sie nie gegeben, nach und nach überlagert von zahllosen nichtigen Erinnerungen. Gelegentlich taucht ein Bild am Rand des Bewusstseins auf, eine anrührende Bewegung zweier Körper, eine sinnliche Geste, und verschwindet genauso schnell wieder, wie es gekommen ist. Dabei war diese Mainacht wirklich ein außergewöhnliches Erlebnis: zwei Körper, die einander entdecken und in entwaffnender natürlicher Schamlosigkeit im Einklang erbeben, zwei Wesen, die sich kaum kennen, aber ihrer Fantasie freien Lauf lassen, um die Lust noch zu steigern … Die Augen schließen und das Fenster öffnen, um die Wärme jener Nacht hereinzulassen, gewähren lassen, dass uns die Empfindungen forttragen und einzelne Szenen unsere Sinne anregen, bei den aufblitzenden Bildern verweilen und geduldig abwarten, dass sie andere wachrufen – diese Erfahrung ist allen zugänglich: Man muss ihr nur eine Gelegenheit bieten, ein bisschen Zeit, gedanklichen Raum und Aufmerksamkeit schenken, und schon kehrt die Vergangenheit mit einer solchen Präzision zurück, dass sie uns wie eine Woge jäh mit ihrer Gegenwart durchflutet. Unser Tag wird dadurch verändert. Sogar unser ganzes Leben kann eine neue Färbung erhalten, wenn wir uns an der Flamme des Vergangenen zu wärmen wissen und kraft unseres Gedächtnisses die Melancholie fernhalten.

DIE VERGANGENHEIT IN RESONANZ TRETEN LASSEN

In einem grundlegenden Buch über unsere Moderne mit dem Titel *Beschleunigung* hat der Soziologe Hartmut Rosa[3] aufgezeigt, welche Gefahren die generalisierte Beschleunigung unseres Lebensrhythmus mit sich bringt. Ständig in Eile, oftmals bedrückt, sind wir in unserem Menschsein an sich bedroht: Wir laufen Gefahr, nicht mehr imstande zu sein, auf uns selbst zu hören, mit anderen in Beziehung zu treten, den gegenwärtigen Augenblick zu leben oder innezuhalten, um uns an die schönen Dinge der Vergangenheit zu erinnern.

Antworten auf die im Buch *Beschleunigung* aufgeworfene Problematik lieferte der Autor dann einige Jahre später mit seinem Buch *Resonanz*.[4] Wir können zwar nicht aus dem Zeitalter der Beschleunigung aussteigen, das auch große Fortschritte insbesondere in der Wissenschaft und der Medizin mit sich gebracht hat, aber wir können uns immerhin – inmitten dieser neuen Zeitlichkeit – *Resonanz*sphären gönnen, die uns die Möglichkeit bieten, uns wieder mit anderen und mit uns selbst zu verbinden; wir können sowohl unsere Gegenwart als auch unsere Vergangenheit zum Klingen bringen, damit in Resonanz treten.

Die Fähigkeit, in Resonanz zu treten, erfordert übrigens nicht, dass wir dem modernen Leben entsagen, um uns in eine Hütte tief im Wald oder in einen Ashram in Indien zurückzuziehen. Viel Zeit müssen wir nicht aufbringen, dafür aber einen Sinn für das Gegenwärtigsein wiederfinden und uns mit unserer Fähigkeit zu Aufmerksamkeit versöhnen. Wenn die Welt sich verändert und wir uns mit ihr weiterentwickeln, sind wir auch in der Lage, unser In-der-Welt-sein und unser Mit-anderen-sein zu verändern, indem wir mehr fließende Bewegung hineinbringen und unser Reaktionsvermögen sowohl beim Verlangsamen als auch beim Beschleunigen verbessern.

Es braucht nicht viel, um dieser Resonanz eine Chance zu geben: ein kurzes Wischen mit dem Daumen, um das Handy in den Flugmodus zu schalten und das schöne Gespräch mit den Freunden in vollen Zügen zu genießen; ein abgespeichertes Foto, für das wir uns Zeit nehmen und dessen Einladung zu einer inneren Reise wir annehmen; ein länger verweilender Blick auf einem Gemälde in einem Museum, ein Augenblick der Schwebe, den wir genießen, ohne uns um die Fortsetzung des Besuchs zu scheren, dann kommen alte Emotionen wieder hoch, die Erinnerung an andere Museen und andere Werke; bizarr geformte Wolken zwischen zwei großen Wohnbauten ziehen unsere Aufmerksamkeit auf sich, und wir versenken uns in ihre Betrachtung, unterbrechen einen Moment lang unseren eiligen Gang und erinnern uns plötzlich an »die wunderbaren Wolken« des Gedichts von Baudelaire und an die Französischlehrerin, die sie uns entdecken ließ …

Mit der Vergangenheit in Resonanz zu treten, kann einfach bedeuten, dass wir die Erinnerung an schöne Dinge zurückrufen, indem wir darüber sprechen, indem wir uns Zeit nehmen, uns mit Freunden, mit der Familie oder mit einer alten Liebe zusammenzusetzen, um uns an gemeinsame Momente zu erinnern: die unbeschwerten Studienjahre, das schöne berufliche Abenteuer, das Wochenende auf dem Land. Viel zu selten gönnen wir uns dieses Vergnügen, so geschäftig wir in der Gegenwart und so besorgt wir um die Zukunft sind.

Letztendlich geht es auch hier um eine Verabredung mit unserer Vergangenheit, aber diesmal nicht, um ihre Brutalität zu mildern, sondern im Gegenteil, um ihre Zartheit neu zu erleben, ihr Bestes auszukosten. Es ist eine Art Würdigung dessen, was gewesen ist. Eine epikureische Weise, sich zu freuen: Es hätte auch nicht sein können, aber es war so, zu unserem größten Glück. Freuen wir uns über so viel, ermessen wir unsere Freude darüber, dieses Glück der Kontingenz aller Dinge abgerungen zu haben, werden wir uns dessen voll bewusst. Diese epikureische Weisheit ist ein weiteres Mittel gegen schmerzhafte Melancholie. Denkt der Melancholiker an das vergangene Glück zurück, sagt er sich, dass es nicht wiederkehrt. Der Epikureer aber freut sich über das Wunder, dass es dieses Glück gegeben hat.

Ein weiteres Mittel für glückliche Reminiszenz besteht darin, die Orte unseres Glücks aufzusuchen. Manchmal genügt es, durch die Gasse zu laufen, in der wir beglückende

Momente erlebt haben, oder einen Umweg zu fahren und die Straße zu einem Ferienhaus wiederzufinden, um Erinnerungen wiederkehren zu lassen, die andernfalls weitergeschlummert hätten. Das Gedächtnis hat seine Orte: Zögern wir nicht, sie zu besuchen, um einen Spaziergang in die Vergangenheit zu machen.

Übrigens haben wir in unserem Gehirn, genauer im Hippocampus, sogenannte Platz- oder Ortszellen, die es uns ermöglichen, uns an etwas zurückzuerinnern, wenn wir die Erinnerung mit einem Ort verknüpfen. Unser episodisches Gedächtnis wird somit »verräumlicht«. Wenn wir schlafen, erfolgt die Erinnerungsarbeit nach einem erstaunlichen Verfahren: Unser Gehirn spielt den Film unseres Tages ab und speichert das Erlebte in Verbindung mit den Orten ab, an denen wir waren, ganz so, als müsste unser Gehirn die gegangenen Wege noch einmal durchspielen, um das Erlebte festzuhalten. Unser Gedächtnis ist also zuerst räumlich und dann erst zeitlich strukturiert.

Nun wird auch verständlich, warum schon in der Antike, wie Cicero im *De oratore* schildert, sich die Redner den Text ihrer Rede einprägten, indem sie zu Fuß durch die Stadt, das Umland oder einen prächtigen Palast gingen und dabei die einzelnen Abschnitte der Rede mit bestimmten Orientierungspunkten auf ihrem Spaziergang verknüpften. Wenn sie dann die Rede hielten, mussten sie sich nur den gegangenen Weg vergegenwärtigen, um den Argumentationsfaden nicht zu verlieren. Diese erste bekannte mnemotechnische Lernmethode wird Loci-Methode genannt. Dadurch wird klar, warum wir manchmal nur an den Ort eines vergangenen Glücks zurückkehren müssen, damit die Erinnerungen daran zurückkommen.

Es braucht nicht viel, um die Vergangenheit wiederkehren zu lassen, aber dieses Wenige ändert alles. Indem wir uns dafür empfänglich machen, widersetzen wir uns der paradoxen Weisung unserer Zeit, die da lautet, dass wir auf uns selbst hören und uns zugleich beeilen sollen. Und vielleicht gelingt es uns, diesen Vers von Lord Byron Lügen zu strafen: »Erinn'rung an die Freude | Ist ja nicht Freude mehr; doch das Gedächtniß | Des Leids bleibt immer Leid.«[5] Es hat nichts mit Schicksal zu tun, wenn wir eine schmerzhafte Erinnerung so oft zurückrufen, dass sie sich *abnutzt*, zahm wird, *vertraut*. Aber die Erinnerung an Glück kann immer noch Glück bedeuten und sogar mehr als das: Glück im Quadrat, erklingendes Glück. Es braucht nicht mehr als ein bisschen Bewusstsein, Geduld und Gegenwärtigsein – die Kunst des Erinnerns an die schönen Dinge erlernen wir oft erst mit der Zeit.

SICH NEUE ERINNERUNGEN SCHAFFEN

Ich war fünfundzwanzig Jahre alt und befand mich in Portugal an einem Strand. Einer meiner besten Freunde feierte das Ende seines Junggesellendaseins. Einige von uns spazierten auf das Meer zu, weg von der Party, die unter dem sternenübersäten Himmel in vollem Gange war. Die Musik wurde leiser, je weiter wir uns entfernten, als mich plötzlich einer aus unserer Clique zur Seite nahm und auf eine recht feierliche Weise sagte: »Weißt du überhaupt, welche Erinnerungen wir uns da gerade schaffen?« Mir war etwas unwohl zumute. So eine Bemerkung passte doch eher zu einem alten Menschen. Wie konnte er jetzt, mitten in der Party, so weit vorausdenken, an die Zukunft und an die Erinnerungen denken, die man »sich selbst schafft«, während wir sie gerade erlebten? Genügte ihm der gegenwärtige Augenblick nicht? Aber er hatte recht. Sich der Bedeutung bewusst zu sein, die das Fest in unserer Erinnerung einnehmen würde, steigerte für ihn die damit verbundenen Freuden noch. Vielleicht kostete er sie dadurch in noch volleren Zügen aus, mit klarerem Bewusstsein. Er hatte extreme familiäre Schwierigkeiten durchgemacht und gerade überstanden. Diese Ereignisse hatten ihn zweifellos eine Lebensweisheit gelehrt. Indem er darauf achtete, sich neue Erinnerungen zu schaffen, wappnete er sich, um besser mit seiner Vergangenheit leben zu können. Er ließ das Leben und seine Freuden einziehen, sich entfalten, *sich ausdehnen*, um es in den Worten des englischen Arztes und Psychotherapeuten Russ Harris zu sagen,[6] um den schmerzhaften Erinnerungen immer weniger Raum zu geben. Ausdehnen bedeutet für Harris, sich für neue Aktivitäten oder Beziehungen zu öffnen, die uns das Empfinden von Emotionen und die Schaffung neuer Erinnerungen ermöglichen, um in die schlimmen Erinnerungen »vorzudringen« und sie zu *verwässern*, und auf diese Weise die Vergangenheit zu akzeptieren. Hier ist keine Logik der Vermeidung am Werk, bei der wir vor unseren schlimmen Erinnerungen weglaufen. Sie sind sehr wohl präsent und kommen auf natürliche Weise wieder hoch. Aber sie finden ihren Platz in einem lebendigen Gedächtnis, das um neue Erfahrungen, neue Interessen und neue Freuden erweitert wurde. In einem erweiterten Gedächtnis werden sie verwässert. Die Akzeptanz unserer Vergangenheit geht mit dieser »Ausdehnung« einher.

Sich neue Erinnerungen zu schaffen, ist somit eine gute Art, die schlimmen Erinnerungen ins Hintertreffen zu bringen. Die Stoiker haben uns gelehrt, mit unseren schlimmen Erinnerungen zu leben, uns zu bemühen, ihnen ins Gesicht zu sehen, und Therapeuten wie Jean-Louis Monestès raten, sie auf keinen Fall zu vermeiden. Diese Methoden tragen umso reichlicher Früchte, wenn wir nicht vergessen, zu leben, auf die Welt und andere Menschen zuzugehen, so viele neue glückliche Erfahrungen wie möglich zu sammeln. Hier geht es nicht mehr darum, innezuhalten, um die Erinnerung an alte Glücksmomente wiederzufinden, sondern darum, sich dem Leben zu öffnen, um Erinnerungen an neue Glücksmomente zu sammeln.

Wir können schmerzhafte Erinnerungen zwar nicht auslöschen, sie aber sehr wohl in unserem episodischen Gedächtnis verwässern, überlagern, weniger aggressiv machen, weniger präsent, indem wir uns trauen, zu handeln und neue Emotionen zu empfinden, kurz: indem wir neue Erinnerungen auf die vordere Bühne unseres Gedächtnisses platzieren. Um mit einer schmerzhaften Vergangenheit zu leben, gibt es nichts Besseres, als Interessen und Neugierde in der Gegenwart zu nähren.

Wer deprimiert oder ängstlich ist, leidet unter der Schwierigkeit, neue Erinnerungen zu sammeln. Im einen Fall gewähren wir unsere ganze Aufmerksamkeit der Erinnerung dessen, was uns traurig stimmt, im anderen Fall der Erinnerung an Dinge, die uns Angst machen, in der ständigen Furcht, dass sie wieder hochkommen oder über uns hereinbrechen könnten. So bleibt uns kein Raum mehr für neue Erinnerungen.

Um diese Logik zu durchbrechen und aus diesem Teufelskreis auszubrechen, geben Verhaltenstherapeuten ihren Patienten einen Rat, den wir alle beherzigen können: Führen Sie sukzessive eine Reihe von Handlungen in Ihr Leben ein, die Ihnen Freude bereiten oder die Gelegenheit bieten, sich selbst zu verwirklichen. Fangen Sie mit einfachen Dingen an (gehen Sie vor die Tür, um auf dem Markt statt im Internet einzukaufen, nehmen Sie die Einladung eines alten Freundes zum Abendessen an und so weiter) und vergrößern dann den Radius Ihrer Handlungen (begeben Sie sich vor Ort zu einer Konferenz, werden Sie Mitglied in einem Sportverein usw.). Das Ziel: sich neue Erinnerungen schaffen, die den alten das Terrain streitig machen und sie zurückdrängen.

Es ist ein bisschen so, wie wenn uns ein unerträglicher Song ständig durch den Kopf schwirrt. Der idiotische Refrain, der plumpe Beat kehren immer wieder. Wir werden ihn allerdings nicht los, indem wir uns anstrengen, sondern erst wenn wir Musik hören, wenn wir anderen Songs Raum geben, die den nervigen übertönen oder, besser, die ihm den Raum streitig machen, ihn partiell überlagern und seine Bedeutung im Gedächtnis verwässern.

Nun wird auch verständlicher, in welche Falle der Alkoholiker mit Korsakow-Syndrom geraten ist. Um die Erinnerungen ins Hintertreffen und zum Schweigen zu bringen, die er im Alkohol zu ertränken sucht, müsste er sich neue Erinnerungen schaffen, vorwärts schauen und neue Erfahrungen sammeln können, doch genau das ist aufgrund seiner Hirnschädigung nicht möglich, da das Korsakow-Syndrom zu einer anterograden Amnesie führt, zu einem »sofortigen Vergessen«: Kaum erlebt, sind die neuen Erinnerungen ausgelöscht. Nur die alten bleiben übrig, nehmen den ganzen

Raum ein und zwingen so den Alkoholiker zu einem Leben in der Vergangenheit.

In *Schreiben oder Leben* erzählt Jorge Semprun, wie die sinnlichen Momente, die er sehr bald nach seiner Befreiung aus dem KZ Buchenwald mit Frauen erlebte, ihm halfen, mit der Erinnerung an das »Erlebnis des Todes« zu leben. Sein Zeugnis ist umso interessanter, als er Szenen aus den ersten Monaten nach seiner Rückkehr beschreibt, mitten in einer Phase, in der er das Schreiben aufgeben musste, weil jeder Versuch des Erzählens ihn den Tod wieder durchleben ließ und er ihn zu verschlingen drohte. In dieser Phase »wählte« Semprun das Leben, wie er selbst im Buch erzählt, indem er sein Erlebnis als Deportierter auf Abstand hielt, seinen Aufenthalt in der Hölle dem »willentlichen Vergessen« anheimgab. Doch während die Erinnerungen an die Jahre in Buchenwald nicht zu ertragen waren, wenn er sich ihnen widmete und sie festzuhalten versuchte, fand Semprun einen gewissen Frieden, wenn er sich in den Armen der Frauen neue Erinnerungen schuf. Als hätte er gespürt, dass neue Erfahrungen, das Wiederanknüpfen an das Leben durch das Kennenlernen neuer Menschen und die körperliche Liebe ihm eine neue Kraft und die Fähigkeit verleihen würden, die Erinnerung an das Schlimmste zu ertragen.

»Aber es gelang mir anscheinend nicht, meinen Blick zum Schweigen zu bringen«,[7] schreibt er, um zu erklären, dass diese Frauen etwas Fremdartiges an ihm wahrnahmen, das sie anziehend fanden. Sie erahnten in der Tiefe seiner Augen den Tod, den er überlebt hatte – dieser »irre, verwüstete Blick«,[8] eine Mischung aus Angst und einem Hauch Ironie, den auch ein junger amerikanischer Soldat am Tag der Befreiung des Konzentrationslagers an ihm bemerkt hatte. Genau dieser Blick, so begriff er, gefiel ihnen paradoxerweise: »Bei den gemeinsamen Freudenausbrüchen, den abendlichen Kneipenbesuchen hatten Frauen ein Gespür dafür. Ich wandte den Kopf, neugierig auf ein kurz wahrgenommenes Gesicht, auf die Rundung einer Schulter oder Hüfte, auf ein intelligentes Lachen. [...] eben dieser Blick würde mir nun Zugang verschaffen zur Schönheit der Frauen, zu ihrer Zärtlichkeit, ihrer Leidenschaft und ihrer Hingabe, die meine Seele wieder bewohnbar machten. Zumindest zeitweise.«[9] Doch selbst in diesen Momenten scheinbar größerer Leichtigkeit, in denen er für eine Weile die Last der Erinnerung abgelegt hatte, war die Vergangenheit gegenwärtiger als gedacht: »Wenn sie mich gleich am ersten Tag unserer Begegnung unter all den jungen Leuten ausgewählt hatte, die um ihre Frische, ihre spöttische Ungezwungenheit, ihren schönen Körper und ihren klaren Blick herumschwirrten, der in aller Unschuld die Schätze einer verfügbaren Zärtlichkeit preisgab, dann genau deshalb, weil ihr mein Blick, so hat sie mir später gestanden, von einer ungewohnten Nacht, einer eisigen, nahezu fanatischen Forderung erfüllt zu sein schien.«[10] Jorge Semprun wusste, was die Frauen in seinen Augen sahen, daher konnte er unmöglich nicht an seine Vergangenheit denken. Doch dann wurde diese Erinnerung für ihn unerträglich, zumindest für kurze Zeit, wenn er einschlief und die Albträume zurückkehrten. Solange er in der Beziehung zum Anderen etwas Intensives und Schönes erlebte, wurde das Trauma an den Rand seines Bewusstseins gedrängt: »Odile umhegte mich mit den erfinderischen Gesten der körperlichen Liebe, mit ihrem Lachen ohne Sinn und Verstand, ihrer unersättlichen Vitalität.«[11] Odile heilte ihn von einer nicht auszuhaltenden Erinnerung; sie schenkte ihm reine Gegenwart, Augenblicke, die zu glücklichen Erinnerungen werden konnten.

Mit unserer Vergangenheit leben, bedeutet in erster Linie: zu leben, *aufzuleben,* Erfahrungen zu sammeln und sie bei sich zu behalten, sich damit für die Zukunft zu wappnen, wie Jorge Semprun auf diesen herrlichen Seiten voller Sinnlichkeit und Hoffnung schreibt: »Gerade soviel, um die Erinnerung mit ein paar winzigen Augenblicken herzzerreißenden Glücks zu füllen.«[12]

VERGEBEN?

Sich der Vergangenheit zuzuwenden, um die Tore zur Zukunft zu öffnen und die potenziellen Möglichkeiten auf sich zukommen zu lassen, ist ein Wesensmerkmal der Vergebung oder – weniger stark religiös konnotiert – des Verzeihens.

Schaffen wir es nicht, der Person, die uns Unrecht getan hat, zu verzeihen, bleiben wir in den Fängen der Vergangenheit gefangen: Ressentiments machen uns das Leben madig und trüben unsere gegenwärtigen Freuden, Rachegelüste fressen uns erst recht innerlich auf. Die Vergangenheit vergeht nicht, und die gesamte Gegenwart ist von Bitterkeit grau gefärbt. Wie ein schwerer Klotz hängt die Vergangenheit am Bein: Wenn Wut sich einnistet, wird sie zum Ressentiment und droht die Existenz in ihrer Totalität zu kontaminieren – nach einem Mechanismus, den Cynthia Fleury in ihrem Buch *Hier liegt Bitterkeit begraben. Über Ressentiments und ihre Heilung* analysiert.[13] Fleury zeigt auf, dass Wut nicht an und für sich problematisch ist – das gilt übrigens auch für Traurigkeit oder Groll –, sie ist sogar oftmals notwendig und berechtigt. Wenn wir uns jedoch zu lange darin einrichten, nicht die Ressourcen finden, um zu etwas anderem überzugehen, dann überlassen wir es unseren traurigen Leidenschaften, uns innerlich zu verzehren. Wenn wir nicht vergeben wollen oder können, bleibt die Verletzung in uns bestehen, und wir verwehren uns die Freude am Leben, zerstören unser Vermögen, uns mit allem auf die Zukunft auszurichten. Außerdem drohen wir, so erschöpft wir durch diesen hartnäckigen Groll sind, in Depression zu verfallen.

Mag sein, dass die Person es nicht für nötig hielt, sich bei uns zu entschuldigen, oder es nicht verdient hat, dass wir ihr verzeihen, wenn wir allerdings der Ansicht sind, dass wir es verdient haben, in Frieden zu leben, dann müssen wir die Kraft finden, zu vergeben. Vergeben bedeutet, sich selbst zu befreien – noch vor dem Anderen. Doch auch hier müssen wir erst die Kraft aufbringen, um auf den Anderen zuzugehen und ihm zu vergeben.

Vergeben bedeutet nicht, die Vergangenheit zu vergessen oder auszulöschen, vergeben bedeutet, die Last der Ressentiments abzulegen und leichter der Zukunft entgegenzugehen. Vergeben ist eine sehr starke, auf zweierlei Weise heilbringende Geste: ein Geschenk für den Anderen und zugleich ein Geschenk für uns selbst, das Leben, die Zukunft.

In ihren posthum erschienenen Memoiren *Es war einmal ein schwarzes Klavier …* erzählt die Grande Dame des Chansons Barbara,[14] dass sie ihrem Vater schließlich vergeben hat. Im Zweiten Weltkrieg, als sie sich vor den Nazis verstecken mussten, hatte er sie missbraucht. Sie war gerade mal zehn, als es das erste Mal passierte. Nach dem Krieg machte sich ihr Vater auf und davon und führte ein unstetes Leben, das sie sich mit Schuldgefühlen beladen vorstellte; sie sah ihn nie wieder. Wie Barbara schreibt: »Ich […] bin am meisten darüber verzweifelt, dass ich diesem Vater, den ich so verabscheut habe, nicht sagen konnte: ›Ich vergebe dir, schlaf ganz ruhig, ich habe es verwunden, denn ich singe!‹«[15] Ja, die befreite, barmherzige Barbara singt. In ihrem Chanson *Nantes* erzählt sie, wie sie sich an das Krankenbett ihres Vaters begibt, der im Sterben liegt, um ihm diese Vergebung zu schenken, sie auszusprechen und jenem Menschen anzubieten, der trotz allem ihr Vater ist.

Nantes kam 1964 heraus, mehr als zwanzig Jahre nach dem Missbrauch. »Je veux que tranquille il repose« – Ich will, dass er friedlich ruht, singt sie, und dieses Ruhen birgt die Hoffnung auf eine befriedete Vergangenheit. Aber Barbara trifft zu spät in der Rue de la Grange aux Loups 25 ein: »Er starb noch in derselben Nacht, ohne einen Abschied, ohne ein ›Ich liebe dich‹.« Man kann sich ihre Enttäuschung vorstellen, und so überbrachte sie ihre Botschaft mit Worten und Musik als Stütze in einer Geste der Selbstheilung mit universeller Gültigkeit. Hinter dem ergreifenden Chanson erahnt man den Lebensweg, den sie zurückgelegt hat, um diese Milde zu erlangen. Ein Lebensweg voller verzehrender Liebesgeschichten, ewiger Freundschaften – insbesondere mit Jacques Brel –, schöner Begegnungen, Leidenschaft für die Bühne, Erfolg und Liebe seitens ihres Publikums. Ob Barbara ohne all dies die Kraft gefunden hätte, ihrem Vater zu vergeben? Einem Menschen zu vergeben ist letztendlich eine Entscheidung, doch bis es so weit ist, muss das Leben wohl einiges an Zufriedenheit und Trost geschenkt haben. In diesem Fall verhält es sich also andersherum: Nicht weil es uns gelingt, mit unserer Vergangenheit zu leben und zu vergeben, können wir wieder aufleben und uns wieder auf die Zukunft ausrichten, sondern im Gegenteil, weil wir wieder zu leben begonnen haben und uns neue Erinnerungen schaffen, finden wir die Kraft, unsere Vergangenheit zu akzeptieren, und kann sich unser Herz endlich für das öffnen, was zuvor unmöglich schien.

Unser Gefühl der Befreiung geht dann mit so etwas wie Stolz einher: Wir haben es geschafft! Wir haben es geschafft, zu vergeben! Es hat lange gedauert, man kann nicht über Nacht vergeben, es ist oft ein komplexer Prozess. Erst mussten wir akzeptieren, dass der Andere wirklich so fehlbar ist, ihm möglicherweise mildernde Umstände zugestehen, und es dann der Zeit und dem Leben überlassen, ihre heilenden Kräfte zu entfalten.

Die Idee, die sich durch all diese Überlegungen zieht, dass ein Zurückwenden zur Vergangenheit die Zukunft wieder in Gang zu setzen vermag, findet sich wie in Reinform in der Vergebung. Wer sich zu Vergebung fähig zeigt, wendet sich der Vergangenheit zu, stellt das angetane Leid fest, schließt damit Frieden und geht durch die Gnade dieses Zurückwendens gestärkt hervor, um sich vorwärts zu bewegen.

Und die Vergebung, die so grundlegend ist, dass sie manchmal durch die Bewegung des Lebens selbst – die Zeit mit ihren Freuden und Erfüllungen – erfolgt, löscht die Feuersbrunst von gestern, besänftigt die traurigen Leidenschaften oder bewirkt einfach, dass wir zu etwas anderem übergehen.

In ihrem Werk *Vita activa oder Vom tätigen Leben* unterbreitet Hannah Arendt den Gedanken, dass Vergebung zwar einen religiösen und insbesondere christlichen Ursprung hat, aber in Wirklichkeit etwas universell Menschliches ist und dass sie nicht nur möglich, sondern sogar wesentlich ist. Ohne Vergebung wären wir in der Vergangenheit gefangen und die Folgen unserer Handlungen so untragbar, dass wir quasi zur Untätigkeit verdammt wären. Angesichts der Unumkehrbarkeit der Zeit und der Unwiderruflichkeit unserer Handlungen sei Vergebung daher unsere einzige Alternative, um dem Kerker der Schuld zu entgehen. Sie schreibt: »Könnten wir einander nicht vergeben, d.h. uns gegenseitig von den Folgen unserer Taten wieder entbinden, so beschränkte sich unsere Fähigkeit zu handeln gewissermaßen auf eine einzige Tat, deren Folgen uns bis an unser Lebensende im wahrsten Sinne des Wortes verfolgen würden, im Guten wie im Bösen; gerade im Handeln wären wir das Opfer unserer selbst, als seien wir der Zauberlehrling, der das erlösende Wort: Besen, Besen, sei's gewesen, nicht findet.«[16]

Wir alle machen irgendwann Fehler, fügen einem anderen Menschen absichtlich oder versehentlich Leid zu. Die daraus resultierende Schuld kann erdrückend sein und die unauslöschliche Schmach unseres Irrtums oder unserer Verfehlung in uns festschreiben. Und wie soll ich mich dem entziehen, wenn nichts ausgelöscht, vergessen werden kann? Was tun, damit meine künftigen Entscheidungen und Handlungen nicht allesamt von diesem allzu menschlichen Moment der Schwäche bestimmt werden? Und wie kann ich wieder handeln, wenn die Folgen jeder meiner Handlungen in Stein gemeißelt sind?

Hannah Arendt erkannte die enorme Kraft der Vergebung: Sie spricht uns von Schuld frei, damit wir voranschreiten können. Durch Vergebung können wir die Vergangenheit zurückholen und sie korrigieren. Was gewesen ist, bleibt, aber die Vergebung löscht aus und gestattet dem Täter, sich von der Schuld, und dem Opfer, sich vom Leid zu befreien: Wir sind nicht dazu verdammt, der eine oder das andere zu sein. Vergebung lässt uns das Blatt wenden und ein neues Kapitel aufschlagen. Vergebung ist die Bedingung für ein freies Handeln.

DIE RICHTIGE DOSIS VERGESSEN

Auch Nietzsche hat gespürt, wie lebensnotwendig es ist, Fehler auslöschen zu können und der Unwiderruflichkeit des Getanen entgegenzuwirken. Doch Vergebung war für seinen Geschmack ein zu christliches Konzept und gefiel ihm nicht besonders. Er erkannte darin eine Unfähigkeit, sich vom erlittenen Unrecht ganz zu befreien, eine Ohnmacht, zu *vergessen*. Denn für ihn gehörte zu den Freuden, die das Leben bereithält, wie er in *Also sprach Zarathustra* sagt, auch die Freude des Vergessens. Vergessen bedeute keinesfalls Verdrängen, aber auch kein Leugnen oder Vermeiden (dessen Gefahren aufgezeigt wurden), und habe auch nichts mit Vertuschung oder Blindheit zu tun. Vergessen sei vielmehr eine Bejahung, eine Entfaltung der eigenen Kräfte über die Verletzungen hinweg, eine Akzeptanz in wiedergefundener Freude. Vergessen komme, richtig dosiert, einer Lebensnotwendigkeit gleich: Man braucht eine Dosis davon, um weiterleben zu können. Vergessen bedeutet, sich das Genießen von Freuden zu erlauben, ohne sie am Maßstab vergangener Glücksmomente zu messen; noch und noch über die Wiederkehr des Gleichen zu staunen, das immer wieder anders ist; die Kühnheit zu besitzen, neue Ideen hervorzubringen; einfach frei zu sein. Vergessen ermöglicht uns, nach vielen Enttäuschungen noch an die Liebe zu glauben, trotz aller bisherigen Schwierigkeiten auf unserem Lebensweg immer größere Herausforderungen anzunehmen, unbekümmert um die vergangenen Fehlschläge einfach weiterzugehen. Diese Dosis Vergessen ist notwendig, um uns zu entlasten und etwas kindliche Unschuld und Leichtigkeit wiederzufinden. Vergessen ist die eigentliche Quelle des Handelns, wie übrigens Bergson selbst einräumt. Die Stärke von Nietzsches Idee besteht darin, dass sie unser Verhältnis zur Zeit und deren Unwiderruflichkeit ganz umfängt. Wo die Vergebung uns eine großartige Waffe gegen erlittenes oder verursachtes Unrecht an die Hand gibt, bietet uns das Vergessen aus sich heraus die Fähigkeit zur ewigen Erneuerung aller Erfahrungen. Übrigens veranlasste das Denken des Vergessens Nietzsche dazu, einen Ansatz der Vergebung zu entwickeln, der dem christlichen diametral entgegengesetzt ist.

»Und vergib uns unsere Schuld, wie auch wir vergeben unseren Schuldigern«, heißt es im Vaterunser. Wir Menschen können vergeben, so die christliche Sicht, weil Gott uns vergeben hat und wir als seine Geschöpfe an seiner göttlichen Macht teilhaben. Weil wir Kinder der Liebe Gottes sind, sind wir zu dieser einzigartigen, übermenschlichen Liebe fähig: der Gabe der Vergebung gegenüber denen, die uns gekränkt, verletzt haben und manchmal sogar zerstören wollten. Dem Anderen vergeben bedeutet, das Böse in ihm herauszufordern, indem man ihm das Antlitz des Guten entgegenhält, als wolle man ihn in Versuchung führen oder verführen. Es bedeutet auch, den Anderen daran zu erinnern, dass wir alle Sünder sind und alle erlöst werden können. Zugespitzt sagen die Christen: »Ich vergesse nicht, aber ich vergebe dir«. Nietzsche entgegnet, dass man nicht vergibt, sondern einfach vergisst, und dass das gut so ist. Der Philosoph des Verdachts – der alles daransetzte, unsere falschen Überzeugungen zu zerschlagen und die unterschwellige Ambiguität unserer sogenannten Tugenden aufzudecken –, der Tiefenpsychologe, als der er sich selbst gerne präsentierte, behauptet nun, all jene zu entlarven, die vorgeben, sie würden vergeben, aber nicht vergessen: Sie verraten sich in Wirklichkeit selbst und offenbaren damit ihre Unfähigkeit, sich von der Vergangenheit frei zu machen. Nietzsche zieht es vor, auf die Fähigkeit zu vergessen zu vertrauen. Durch sie, und nicht durch Vergebung, können wir uns unserer Ressentiments entledigen und uns aus dem Gefängnis der Vergangenheit befreien.

In den *Unzeitgemäßen Betrachtungen II* warnt Nietzsche vor den Auswüchsen eines bestimmten Gedächtnisses, das er »antiquarische Historie« nennt. Vom vielen Aufbewahren der Überreste seiner Vergangenheit und Abstauben der Regale in seinem überfüllten Laden füllt sich die Lunge des Antiquars immer mehr mit Staub, und sein Husten wird immer schlimmer. »[E]s giebt einen Grad von Schlaflosigkeit, von Wiederkäuen, […], bei dem das Lebendige zu Schaden kommt, und zuletzt zu Grunde geht, sei es nun ein Mensch oder ein Volk oder eine Cultur«, schreibt Nietzsche.[17] Aber nicht nur, dass der Antiquar sich an zu viel erinnert, er erinnert sich auch schlecht. Sein Gedächtnis ist zu wenig auf das Handeln, die Gegenwart, das Leben ausgerichtet. Das Vergessen ist demnach in der Bewegung des Lebens; und wenn wir uns gestatten, uns nicht zu erinnern, ähneln wir weniger dem Antiquar, über den Nietzsche spottet, mit seinem Staubwedel in der Hand, versenkt in die Betrachtung der Überreste der Vergangenheit, als vielmehr einem Künstler bei der Arbeit, der reich beschenkt ist mit der geheimnisvollen Gegenwart der Vergangenheit, die seine Werke anregt und seinen Blick in die Zukunft lenkt.

Nietzsche nimmt hier etwas Wesentliches wahr: Unsere Fähigkeit, zu vergessen, ist mit dem Lebenstrieb verbunden. Das Vergessen ist im Kern tatsächlich weniger eine bewusste Entscheidung als das Werk des Lebens selbst. Wir haben es gesehen, am stärksten präsent sind uns die Erinnerungen, die mit starken Emotionen verknüpft sind, die für unseren Erhalt notwendig oder für unsere Zukunft nützlich sind. Also müssen wir auch vergessen und unser Gedächtnis entlasten, um im Leben voranzukommen, achtsam in der Gegenwart und zukunftsgerichtet zu sein. Selbst Bergson, der behauptete, dass wir nichts vergessen, stellte klar, dass bestimmte Episoden uns entgehen, wir Einzelheiten und Informationen in das Hinterstübchen unseres Bewusstseins verbannen, um Platz für nützlichere Erinnerungen zu schaffen. Handeln ist sogar nur auf dieser Grundlage möglich. Aber wir »vergessen« nicht völlig, Erinnerungen verschwinden nicht, können immer geweckt und zu Bewusstsein gebracht werden, begünstigt durch allerlei Priming-Gelegenheiten, die das Leben für uns bereithält. Diese mehr anekdotenhaften Ereignisse stehen schlicht nicht im Vordergrund und machen Platz für den Fluss der gegenwärtigen Eindrücke. Somit leben wir nicht in der Vergangenheit, sondern sehr wohl mit ihr.

Eine Frau vergisst die Geburtsschmerzen, weil unmittelbar danach eine Flut von glücklichen, intensiven Urereignissen ihre ganze Aufmerksamkeit beansprucht; ihr Kind wächst und jeder Tag bringt sein Päckchen an Fragen, Ängsten und Freuden mit sich – allesamt Erinnerungen, die viel wesentlicher sind. Wir vergessen bestimmte Augenblicke unserer Geschichte, weil wir sie permanent schreiben und uns dafür nicht an alles erinnern müssen.

In der schillernden Erzählung *Das unerbittliche Gedächtnis* des argentinischen Schriftstellers Jorge Luis Borges[18] dreht sich alles um einen jungen Mann namens Funes, der im Alter von siebzehn Jahren von einem Pferd stürzte und seitdem unter einer seltsamen Beeinträchtigung leidet: Er kann nichts mehr vergessen. Manche Unfälle führen zu Gedächtnisstörungen, dieser hier hat zu einer Störung des Vergessens geführt. Funes erinnert sich an alles, an jedes Detail, an jedes einzelne Ereignis, und sei es noch so trivial und anekdotisch, an jedes Datum, an jedes gehörte Wort, egal in welcher Sprache, an jeden einzelnen Ausdruck in jedem flüchtig erhaschten Gesicht … Sein Gedächtnis speichert alles derartig präzise, dass er von einer Unmenge von Erinnerungen überflutet wird, die unmöglich zu klassifizieren und nach Relevanz zu ordnen, geschweige denn zu deuten sind. Um zu verstehen, muss man aber aus dem Ganzen die notwendigen Teile herausziehen, zusammenfassen, sich auf das Wesentliche beschränken, nur das Nützliche behalten, kurzum: vergessen, was im Weg steht. Funes ist erst recht nicht zum Handeln fähig und bleibt regungslos im Halbdunkel auf seinem Bett liegen, mit seinem unendlichen Gedächtnis als einzigem Gefährten. Er hat aber nicht nur ein unerbittliches Gedächtnis, er *ist* dieses Gedächtnis, nichts anderes mehr, und das wird ihm zum Verhängnis. Funes stirbt im Alter von neunzehn Jahren an einer Lungenembolie, erstickt am Zuviel der Erinnerungen. Wir müssen vergessen, um zu leben, erinnert uns Borges auf dem Höhepunkt seiner Kunst.

MIT DER TRAUER LEBEN

Die Zeit, die vergeht, trägt mit dazu bei, dass wir vergessen, was uns bedrücken würde, aber sie konfrontiert uns auch unweigerlich mit dem Verschwinden geliebter Menschen, die wir niemals vergessen möchten.

Aber wie an die Abwesenden zurückdenken, ohne in selbstzerstörerisches Grübeln zu verfallen, ohne von Schmerz oder Kummer überwältigt zu werden? Wie mit den Toten leben?, lautet die Frage, die die Rabbinerin und Essayistin Delphine Horvilleur in ihrem wunderbaren Buch *Mit den Toten leben* zu beantworten sucht.[19]

Auf Hebräisch »hat der Friedhof auf den ersten Blick einen ebenso absurden wie paradoxen Namen«, erklärt die Autorin. »Er heißt *Beit haH'ayim*, ›Haus des Lebens‹ oder ›Haus der Lebenden‹. Dabei geht es nicht darum, den Tod leugnen oder ihn auslöschen und damit abwenden zu wollen, sondern im Gegenteil darum, ihm […] eine klare Botschaft zu erteilen. Ihm zu vermitteln, dass seine offensichtliche Anwesenheit an jenem Ort nicht automatisch auch seinen Triumph besiegelt; zu bekräftigen, dass er nicht einmal hier das letzte Wort haben wird. Die Juden halten einen Thoravers, der im Deuteronomium als göttliches Gebot formuliert wird, besonders in Ehren: ›Das Leben und den Tod habe ich dir vorgelegt. Erwähle nun das Leben!‹ (Deuteronomium 30:19) Um zu beweisen, dass sie dieses Gebot beim Wort nehmen, gedenken sie bei jeder Gelegenheit des Lebens.«[20]

Am Tag der Beerdigung zum Beispiel. Die Aufgabe des Rabbiners besteht ja gerade darin, die Erinnerung an den Verstorbenen wachzurufen, seine Geschichte zu erzählen, ihn durch Worte wieder aufleben zu lassen, manchmal sogar mit Humor, wie Delphine Horvilleur es gerne tut, wenn sie zu den Trauernden spricht, die noch unter Schock stehen. »Meine Aufgabe ist es, etwas erzählen zu können, was schon tausend Mal gesagt worden ist, aber eine dieser Geschichten dem, der sie zum ersten Mal hört, neu zu erschließen. Ich stehe Frauen und Männern bei, die in den entscheidenden Momenten ihres Lebens das Bedürfnis nach Erzählungen haben«, schreibt sie.[21] Was die Rabbinerin (oder der Priester, der Imam, die Pfarrerin …) am Tag der Beerdigung vorschlägt – die lebendige Erinnerung an den Verstorbenen für immer wachzuhalten, den Dialog mit ihm fortzusetzen, seinen Tod in eine Lektion für das Leben der Zurückbleibenden umzuwandeln –, umreißt in groben Zügen, wie auch wir mit den Toten leben können.

Geistliche verfügen über heilige Texte und Rituale, mit denen sie als Leiter oder Leiterin der Bestattungszeremonie versuchen, eine Verbindung zwischen den Lebenden und den Toten zu knüpfen. Wie Delphine Horvilleur erklärt: »Zur Rolle eines Geschichtenerzählers gehört, neben der Tür zu stehen und dafür zu sorgen, dass sie offen bleibt.«[22] Wir haben unsere Erinnerungen, unser Gedächtnis, um die Verbindung, den Austausch aufrechtzuerhalten. Wir besitzen die großartige Fähigkeit, die Vergangenheit zurückzuholen, uns an schöne Momente mit dem Verstorbenen zu erinnern, um sie in einer wahren Erinnerungsmeditation erstaunlich präsent werden zu lassen. Wir können uns aber auch komplexere, mehrdeutige, zeitlich ausgedehnte, mit unterschiedlichen Gefühlen verbundene Gegebenheiten vergegenwärtigen, zum Beispiel ein schwieriges Verhältnis zu einem inzwischen verstorbenen Angehörigen. Wenn wir die enge Beziehung zum Anderen, der nicht mehr da ist, in ihrer ganzen Fülle und Vielfalt, aber auch ihre heiklen Aspekte erfassen, wird uns vielleicht klar, wie sehr sie uns weitergebracht hat, sie für unsere Entwicklung förderlich war und auch ihre härtesten Seiten uns bereichert haben. Und dass wir diesen Weg der Weiterentwicklung als eine eigenständige Form des Zusammenlebens mit unseren Toten fortsetzen können. Somit verfügen wir, um den Dialog mit den Toten, unsere Beziehung zu ihnen fortzuführen, über alles, was wir mit ihnen geworden sind, über jenen Teil von uns, der auf das Engste mit ihnen verbunden ist: Unsere Verstorbenen leben in uns, im Innersten dessen, was wir sind.

Es braucht Zeit, dies zu realisieren: Trauer ist ein langer Prozess, und am Ende finden wir dieses Leben in uns wieder, das über den Tod hinaus fortbesteht, manchmal schöpfen wir sogar neue Kraft im Schmerz und in der Traurigkeit, um uns vorwärts zu bewegen. Doch zuerst ist es Fassungslosigkeit, die uns erfasst, der Schock des Undenkbaren, der auf eine schroffe, brutale Realität trifft. Das schwindelerregende Gefühl des Verlustes überwältigt uns, setzt uns außerstande, an die Erinnerung anzuknüpfen, die uns mit dem Menschen verbindet, den wir verloren haben, und sie durch uns wiederaufleben zu lassen. Wir können, so scheint es, den Verlust nicht verwinden.

Kurz bevor ich mit der Arbeit an diesem Buch begonnen habe, verlor ich einen meiner engsten Freunde. Zuerst waren da Fassungslosigkeit, Leugnen, Wut, Unverständnis. Ich wollte es nicht wahrhaben; es zu akzeptieren schien mir unmöglich, unzumutbar. Ständig musste ich an die Umstände des Todes meines Freundes Philippe[23] denken, der sich das Leben genommen hatte. Dann spürte ich das Bedürfnis, vor meinem geistigen Auge den Film seiner letzten Augenblicke so oft wie möglich abzuspulen. Vermutlich um mich in der Illusion zu wiegen, alles unter Kontrolle zu haben. Ich klammerte mich an das, was mir die letzten Zipfel seines Lebens zu sein schienen ... Um wie viel Uhr genau ist es passiert? Und wie lange hat es gedauert, bis die Feuerwehr da war? Wann habe ich das letzte Mal mit ihm gesprochen? Der Tod tritt in unser Leben, und wir begreifen nichts. Er ist unfassbar. Dass wir ihn nicht akzeptieren, ist eine Untertreibung. Leugnen (das Nicht-wahrhaben-Wollen), Wut, Verhandeln, Depression und Akzeptanz sind der US-amerikanischen Psychiaterin Elisabeth Kübler-Ross zufolge die fünf Phasen der Trauer, egal, ob es sich um den Verlust eines Freundes, eines Ideals oder des Arbeitsplatzes geht. Dieses Modell wurde zwar als zu systematisch kritisiert, weil es die Einzigartigkeit jeder Geschichte nicht ausreichend berücksichtige und darüber hinwegsehe, dass die mit den einzelnen Phasen der Trauer verbundenen Emotionen durchaus gleichzeitig auftreten können, aber es zeigt in jedem Fall auf, dass der Weg bis zur Akzeptanz lang ist und oft mit dem genauen Gegenteil beginnt, dem Leugnen.

Ich hatte die Angewohnheit, Philippe jeden Montag anzurufen, wenn ich auf dem Weg zu dem Kino war, in dem ich spätnachmittags einen Vortrag hielt. Wir wichen nur selten von diesem Ritual ab, das uns beiden Spaß machte. Ich stellte ihm das Thema vor, über das ich sprechen würde, und sammelte seine Eindrücke, seine Überlegungen. Ich staunte immer wieder über seine Ideen, seine Art, die Dinge zu sehen, die so anders war als meine. Genüsslich lauschte ich seinem Schweigen, nachdem er das Thema zur Kenntnis genommen hatte, dem langen Zug an seiner Zigarette, deren Knistern ich mehr erahnte als hörte, seinem vollen, beklommenen Lachen, das sich plötzlich entspannte, und oft betrat ich den Kinosaal noch in Gedanken an das, was Philippe gesagt hatte.

In den ersten Wochen nach seinem Tod ertappte ich mich auf dem Weg zu meinem montäglichen Vortrag mehrmals dabei, wie ich mein Handy zückte, um ihn anzurufen. Alle Trauernden kennen diese einfache, natürliche Form des Nicht-wahrhaben-Wollens, diese Art von Trauerwahn: Aus Gewohnheit greifen wir zum Telefon, um den Verstorbenen anzurufen, kommen nach der Arbeit nach Hause und glauben ihn vorzufinden, stellen reflexartig seine Tasse auf den Frühstückstisch, sprechen ihn an, wenn wir ein Zimmer betreten. Und kehren dann in die Wirklichkeit zurück. Doch nicht ganz. Ein Teil von uns hält sich noch am Rande des Wahns auf, redet sich ein, dass wir recht haben, dass er jeden Augenblick zurückkommen wird. Joan Didion beschreibt das sehr treffend in ihrem Buch *Das Jahr magischen Denkens*. Sie schildert die Trauer um ihren Mann John, der plötzlich an einem Herzinfarkt starb: »Das Leben ändert sich schnell. Das Leben ändert sich in einem Augenblick. Man setzt sich zum Abendessen, und das Leben, das man kennt, hört auf.«[24] Einige Wochen nach seinem Tod macht sie sich daran, ein Regal mit Kleidung auszuräumen, und will sich vor allem von den herumstehenden Schuhen trennen. Doch: »Ich blieb in der Tür zum Zimmer stehen. Ich konnte seine restlichen Schuhe nicht weggeben. Ich stand dort eine Weile, bevor ich begriff, warum: Er würde Schuhe brauchen, wenn er zurückkam.«[25] Die Trauer, schreibt Freud in *Trauer und Melancholie,* bringt »schwere Abweichungen vom normalen Lebensverhalten mit sich«.[26] All diese Abweichungen, diese Momente »magischen Denkens«, in denen wir uns so verhalten, als würde der Verstorbene zurückkommen, als wäre er einfach nur Brot einkaufen gegangen, hält Joan Didion in ihrem Bericht mit einer fast klinischen Sachlichkeit fest, die im Widerspruch zu diesem »magischen Denken« steht und die Stärke dieses Buches ausmacht. Für Didion dauerte die Trauerphase ein Jahr – »das Jahr magischen Denkens« –, eine Schwelle, die, so Psychologen wie Alain Sauteraud, nicht überschritten werden sollte, weil man sonst in eine pathologische Trauer verfällt, die eine anhaltende Trauerstörung ist.[27] Dieses erste Jahr nach dem Tod eines nahestehenden Menschen ist zugleich die Zeit, in der alles zum ersten Mal ohne ihn stattfindet: das erste Weihnachten ohne ihn, der erste Geburtstag ohne ihn, der erste Sommerurlaub ohne ihn … Am Ende dieses Jahres beginnt ein neuer Zyklus, die wichtigsten Feiern und Ereignisse werden wir schon einmal ohne ihn erlebt haben, der Trauerschmerz lässt nach und wird diffuser. Im »Jahr des magischen Denkens« leben wir zwar »mit unseren Toten«, die wir ständig präsent haben, allerdings in einem Hin und Her zwischen Leugnung und Wut oder Depression.

Die Verbindung zu dem geliebten Menschen hat noch nichts Lebendiges, Feierliches, ist keine innige Beziehung, die sich von den gemeinsamen Erinnerungen speist; sie wird vielmehr ertragen und schneidet uns in Wirklichkeit vom Wesentlichen ab: der Gegenwärtigkeit des Anderen in uns. Wir leben mit der Abwesenheit, mit dem Fehlen, das uns verrückt macht, mit dem Unfassbaren, das unsere Gedanken in Beschlag nimmt; wir leben wohl eher mit dem Tod als mit dem Menschen, den wir verloren haben, diesem Tod, den wir zurückweisen, der uns empört, mit dem wir versuchen zu verhandeln. Vor uns liegt noch ein langer Weg, bis wir mit unseren Toten leben können.

DIE ZEIT DER TRAUER

Mit der Zeit – wohl einer der wichtigen Faktoren des Trauerprozesses – werden sich unsere Erinnerungen von dem bedrückenden Verlust freimachen, unsere Gedanken aufhören, um die Umstände des Todes zu kreisen, und wir werden wieder auf die Momente blicken, die wir mit dem Verstorbenen geteilt haben, auf die Bilder der Person, die sie war, auf alles, was unsere Beziehung ausmachte. Wir fangen an zu akzeptieren und können in einen Dialog der anderen Art mit ihr treten. Erst wenn wir allmählich das magische Denken abstreifen, uns mit der Tatsache anfreunden, dass die Person nicht zurückkommt, nie mehr mit uns am Frühstückstisch sitzen und nie wieder ihre Schuhe brauchen wird, können wir ermessen, was sie in uns hinterlassen hat, wie die Erinnerung an sie in unserem Leben fortlebt und wie unsere Beziehung auch nach ihrem Tod fortgesetzt werden kann.

Trauern braucht auch deswegen Zeit, weil es ein Vergessen-Können impliziert. Glücklicherweise erinnern wir uns nicht an alles. Und denken auch nicht ständig an die Verstorbenen. Um gut mit ihnen zu leben, müssen wir ein wenig vergessen können: uns an das Wesentliche erinnern, es in unseren Handlungen und Werten fortleben lassen, Szenen aus der Vergangenheit zurückrufen, in sie eintauchen mit einem Gefühl der Erfüllung und mit umso größerer Wonne, als diese Momente einzigartig bleiben, das Leben seinen Gang geht und unsere Aufmerksamkeit auf eine Vielzahl mal mehr, mal weniger wichtiger Einzelheiten lenkt.

Auch wenn das Vergessen ein natürlicher Prozess ist, können wir ihn begleiten und fördern; wir verfügen über einen gewissen Handlungsspielraum. So, wie wir die Schuhe des geliebten Menschen weggeben oder ein neues Leben beginnen können, indem wir umziehen, können wir auch bestimmte Erinnerungen an den Rand des Gedächtnisses abschieben. Eine recht natürliche Strategie besteht darin, Priming-Gelegenheiten zu vermeiden: nicht mehr in unser Stammlokal zu gehen, nicht mehr an unseren gemeinsamen Urlaubsort zurückzukehren, zumindest für eine Weile nicht mehr mit bestimmten Personen zu verkehren, die uns zu sehr an den Verstorbenen erinnern … Wir können beschließen, die Fotos und Videos auf unserem Handy zu sichten, manche löschen, dafür andere ganz sicher behalten, sie auf einer externen Festplatte abspeichern für den Tag, an dem wir froh darüber sein werden, sie wiederzufinden, aber jetzt müssen sie beiseitegeschafft werden. Es geht mit Nietzsche darum, die richtige Dosis Vergessen zu finden: die Dosis, die erlaubt, dass wir uns eben besser erinnern und das Leben ohne die Last der Vergangenheit empfangen. Der Abwesende kann dann zu einem selbstverständlich Anwesenden werden, der mit uns lebt, ohne uns völlig einzunehmen. Und es fällt uns immer leichter, uns von Gegenständen zu trennen, die uns an ihn erinnern – jede und jeder im eigenen Tempo.

Wir müssen vergessen, um zu leben, auch mit unseren Toten: Wollen wir sie in unserem Herzen und unserem Leben, in unseren Kämpfen und Siegen, in unseren Leiden und Freuden mitnehmen, ist es wichtig, dass uns die Erinnerungen an die Verstorbenen nicht mehr ständig umtreiben, sollten wir nicht mehr dauernd daran denken, was sie wohl gesagt, gedacht oder gewollt hätten, auch nicht mehr unbedingt in dem Haus oder der Wohnung leben, die voll ist mit ihren Sachen und wo alles uns an ihre Abwesenheit erinnert. Mit unseren Toten leben, bedeutet nicht, in einem Mausoleum zu leben, sondern die Erinnerung an sie in einer Welt in Bewegung und im pochenden Herzen unserer Innerlichkeit lebendig zu halten. Wer möchte, dass die Geister der Verstorbenen ihn gelegentlich besuchen kommen, muss ihnen ein bisschen Luft und Freiheit lassen.

Nach einigen Monaten zückte ich nicht mehr mein Handy, um Philippe anzurufen, sondern stellte mir vor, was er wohl zu meinem Vortragsthema gesagt hätte, und so fand ich nach und nach seine Art, die Dinge zu sehen, und die Ernsthaftigkeit wieder, mit der er sich der Fragen annahm, die ich in den Raum stellte. Eine neue Gewohnheit trat an die Stelle der alten: Jeden Montag setze ich mich auf dieselbe Bank am Boulevard Saint-Germain, um mich mit ihm über mein Vortragsthema auszutauschen. Wir haben unser Ritual, unsere Verabredung wiedergefunden. Ich musste mich erst aus der

Schockstarre der Trauer lösen, damit wir unser Gespräch wiederaufnehmen konnten.

Natürlich ist die Trauer weniger problematisch, wenn wir ein gutes Verhältnis zum Verstorbenen hatten. Aber auch wenn dies nicht der Fall ist, können wir versuchen, etwas daraus zu machen oder darüber zu sagen, aus diesem Tod eine Lehre des Lebens, der Weisheit, der Bescheidenheit zu ziehen, indem wir beispielsweise nicht die gleichen Fehler mit den Zurückbleibenden machen oder indem wir uns unserer Unvollkommenheit und unserer Grenzen bewusst werden.

»Wir haben, Sie und ich, einen Austausch von Geist zu Geist, der sich eines Tages in einen Austausch von Seele zu Seele verwandeln kann, wenn ich nicht mehr da bin, Sie an unsere Begegnung zurückdenken und etwas anderes davon bleibt als das, was wir uns gesagt haben«, so François Cheng.[28] Tatsächlich bleibt vom Austausch zwischen Philippe und mir etwas anderes als das, was wir uns gesagt haben: eine Präsenz, die ich jeden Montag auf derselben Bank wiederfinde. Damit erschließt sich die ganze Bedeutung des Titels *Mit den Toten leben* des Buches von Delphine Horvilleur. Die Geister der Vergangenheit sind nicht notwendigerweise ätherische, feindselige Wesen, die unsere Albträume bevölkern. Es gibt auch gutaussehende und wohlgesinnte, die uns, auf einer Bank am Boulevard Saint-Germain sitzend, Gedanken ins Ohr flüstern, auf die wir nicht gekommen wären. Sie stehen uns zur Seite, erinnern uns daran, woher wir kommen, an unsere Träume und Hoffnungen, und beugen sich in entscheidenden Momenten unseres Lebens über unsere Schulter, um uns mit ihrer liebevollen Gegenwart zu beruhigen. Auf diese Weise begleitet und unterstützt, fühlen wir uns mit neuer Kraft belebt, um das Leben zu bewältigen.

François Cheng schreibt in seinem Roman *Die allzu kurze Ewigkeit*: »Die Toten […] hinterlassen den Zurückbleibenden sicher untröstlichen Kummer, aber auch und erst recht die Pflicht, zu leben und den Teil des Lebens zu vollenden, von dem die Verstorbenen sich offensichtlich haben trennen müssen. So führen die Lebenden die Toten zurück auf den Weg des Lebens und bewahren sich selbst davor, ebenfalls dem Tod anheimzufallen.«[29] Und sie können weitergehen, den Kummer im Rucksack, bereichert um das, was sie denen verdanken, die sie verloren haben. Wir nehmen unsere Toten mit, wie wir unsere Vergangenheit mitnehmen, indem wir ganz einfach wir selbst sind und mit dem gemeinsam Erlebten und ihrer Hinterlassenschaft etwas erschaffen.

Vor Philippes Tod wusste ich nicht, was dreißig Jahre Freundschaft und Gedankenaustausch in mir bewirkt hatten, ahnte noch nicht einmal, was ich ihm alles verdankte. Aber die Geschichte unserer Freundschaft ist noch nicht zu Ende; sie hat mit seinem Selbstmord nicht aufgehört. Sie hat schlicht eine andere Form angenommen: Unsere Beziehung, die zu großen Teilen eine äußerliche war (wir gingen zusammen etwas trinken, arbeiteten abends an Texten, fuhren zusammen in den Urlaub und so weiter), ist eine innerliche geworden. Auch ohne an Gott zu glauben, fühle ich, dass Philippe noch da ist. Was manchen als spirituell oder sogar metaphysisch erscheinen mag, ist für mich selbstverständlich, so natürlich wie der Prozess der Vernarbung nach einer Verwundung.

Der Tod ist integraler Bestandteil des Lebens. Es liegt an uns, herauszufinden, wie wir dem Verstorbenen einen Platz in unserem Leben geben können. Wie wir, wenn Fassungslosigkeit, Leugnen und Wut nachzulassen beginnen, unsere gemeinsame Geschichte fortschreiben. Der Tod des Freundes, einer Verwandten wird dann nur ein Kapitel dieser Geschichte sein, und nicht unbedingt das letzte. Der Verstorbene, die Verbindung zu ihm, erklingt noch in uns. Gerade in Momenten der Trauer müssen wir dieses Erklingen – den Sinn für Resonanz, um mit Hartmut Rosa zu sprechen – der Beschleunigung der Welt entgegensetzen, dem Druck einer Epoche widerstehen, die uns sogar den Tod in beschleunigtem Tempo erleben lassen will, einer Epoche, in der die Dauer der Bestattungszeremonien und -riten sich immer mehr verkürzt, die uns vorschreibt, so schnell wie möglich zu etwas anderem überzugehen.

Unsere innige Verbindung zum Verstorbenen aufrechtzuerhalten, hindert uns, wie der Psychiater Christophe Fauré in seinem Buch *Vivre le deuil au jour le jour* zeigt,[30] in keiner Weise daran, uns in der Außenwelt einzubringen, im Gegenteil. Nach dem Tod von Émilie du Châtelet kämpfte Voltaire dafür, dass die Thesen der Frau, mit der ihn eine siebzehn Jahre währende Liebe verband, Anerkennung fanden: So machte er für die Welt zugänglich, was das Paar in seiner geistigen Beziehung teilte. Auch Montaigne führte nach dem Tod des Freundes La Boétie in seinen *Essais* das Streitgespräch mit ihm fort. Wir tun nichts anderes, wenn wir unseren Gästen ein Essen servieren, das wir nach einem Rezept unserer Großmutter gekocht haben und dessen Geschmack uns ein Stück Kindheit zurückbringt, das wir mit ihr verbinden; wenn wir unseren beruflichen Erfolg als eine Art Wiedergutmachung für die Misserfolge unserer inzwischen verstorbenen Eltern erleben; wenn wir erkennen, dass unsere Art zu lieben, an die wahre Liebe zu glauben, von unserer viel zu früh von uns gegangenen Mutter kommt und wir diesem Erbe treu bleiben. Wenn es uns gelingt, die innige Verbindung zu den geliebten Verstorbenen in Resonanz mit der Außenwelt treten zu lassen, ist das ein Zeichen dafür, dass der Trauerprozess im Gange ist, so Christophe Fauré.

»Gesegnet sei, der die Toten wiederbelebt«, wiederholen die Juden in ihren Gebeten. Die Auferstehung mit der Rückkehr des Messias ist ein Versprechen, das dem jüdischen Volk gegeben wurde. Für die Christen kündigt die frohe Botschaft des Evangeliums – die Auferstehung Christi – die Auferstehung aller Menschen an. »Gepriesen seist Du, Herr, der die Toten lebendig macht!« Dieses Gebet können wir aber auch anders verstehen. Gesegnet sei, der die Toten belebt: Machen wir das nicht alle, jeder nach seinem eigenen Maßstab, wenn wir ihrem Andenken treu bleiben, ihr Andenken hier und jetzt lebendig halten, im pochenden Herzen dieser Welt, im Kern unseres Handelns, in unserer Art zu kochen, zu arbeiten, zu lieben? Hat der Ewige uns nicht etwas von seiner Macht mitgegeben? Das Bewusstsein des Todes kann helfen, besser das Wesentliche vom Unwesentlichen zu unterscheiden, jeden Augenblick unserer Existenz in vollen Zügen zu genießen. Auf ähnliche Weise wie bei dem berühmten Memento mori der Trappisten, die einander jeden Morgen mit den Worten begrüßten: »Erinnere dich, dass du sterblich bist«. Memento mori – gedenke des Todes – und bemühe dich in der Zwischenzeit, ein besserer Mensch zu werden.

•

Die vergehende Zeit bringt, neben dem Tod geliebter Menschen, mit dem wir leben müssen, eine Vielzahl weiterer Sterbefälle mit sich: Wir tragen unsere Jugend zu Grabe, manche Ideale, das Kind, das wir einmal waren, eine Liebesbeziehung, Vorstellungen oder Ansichten, die zu revidieren uns das Leben nahegelegt hat … Oder konkreter: unser Arbeitsleben, wenn wir in den Ruhestand gehen, unsere Gesundheit, wenn wir uns mit der Krankheit einrichten müssen, unser Elternhaus, das wir verkaufen mussten …

Wir sind nicht mehr dieselbe oder derselbe wie früher, haben uns verändert, sind gealtert, aber das bedeutet nicht, dass der Dialog mit unserem früheren Selbst unterbrochen ist oder wir die Vergangenheit nicht mitnehmen.

So dauern die Liebesbeziehungen, unter die wir einen Schlussstrich gezogen haben, in unserer jetzigen Beziehung, im geteilten Glück mit dem neuen Menschen oder in unserem glücklichen Dasein als Alleinstehende fort – aus dem einfachen Grund, dass wir ohne diese grundlegenden Beziehungen nicht derselbe Mensch wären. Sie haben uns genährt, bereichert und ermöglichen uns heute, dem Anderen mehr zu geben, uns mehr hinzugeben als früher. Oder sie haben uns so glücklich gemacht, dass wir heute die Freuden des Alleinseins genießen können. Für alle Fälle gilt: Indem wir das Gewesene betrauern, können wir uns in der Gegenwart entfalten. Wir müssen das Ende dessen akzeptieren, was gewesen ist, und herausfinden, wie es sich in der Geschichte, die wir schreiben, fortsetzen lässt. Wir »machen« etwas aus dem, was nicht mehr ist.

Die schöne mitreißende Energie unserer Jugend gehört ebenfalls der Vergangenheit an, die strotzende Gesundheit, die uns glauben ließ, alles sei möglich, ist geschwunden, wir werden alt. Aber das Leben hat uns nicht nur Kummer, Enttäuschungen und Krankheiten beschert, es hat uns auch Weisheiten gelehrt. Und unsere jugendliche Kraft und Lebenslust findet sich in der Ablehnung von Ungerechtigkeit, der unbändigen Sehnsucht nach einer besseren Welt, in unserem Kampfgeist oder auch Hedonismus wieder. In diesen Momenten wiedergefundenen Ungestüms tragen wir unsere Jugend zu Grabe. Wir versuchen nicht so sehr, an sie anzuknüpfen, sondern eher, mit dem Nachhall des Gewesenen in der Gegenwart zu handeln, unsere Geschichte so weit wie möglich mit unserer Vergangenheit in unserer Art zu leben fortzusetzen oder uns einfach nur zu erinnern. So, wie wir es mit unseren Toten tun.

»Der Weg, den wir in der Zeit durchlaufen, ist übersät mit den Trümmern all dessen, was wir zu sein begannen, all dessen, was wir hätten werden können«, schreibt Bergson in *Schöpferische Evolution*.[31]

Jede Entscheidung, jeder eingeschlagene Weg rückt uns von einer Vielzahl anderer Möglichkeiten ab, die wir hätten verwirklichen können; wir lassen so viel Potenzial hinter uns, von dem wir nie wissen werden, was daraus geworden wäre. Und dennoch lassen wir diese Entwürfe und Versprechen nicht einfach nur hinter uns. Sie wirken in uns fort, schwingen in unserem Werden mit. Das Kind, das von einem abenteuerlichen Leben träumte, das Studium, von dem wir uns abwandten, der erste Beruf, den wir für eine andere Stelle aufgaben, die Liebesgeschichten, die hätten sein können, die vielversprechenden Begegnungen, aus denen wir nichts machten, die Pläne, die wir nicht weiterverfolgten – alles, was nicht gewesen ist, hat in Wirklichkeit Platz für etwas anderes gemacht, hat *ex negativo* dazu beigetragen, uns zu der Person zu machen, die wir sind. Nehmen wir ohne Bedauern diese gesichtslosen Geister der Vergangenheit mit uns mit, lassen wir sie ein bisschen leben: Alle unsere Errungenschaften sind auch ihre.

Um in vollem Maße zu leben, müssen wir mit allem, was nicht mehr ist und nicht gewesen ist, aber was wir in uns und mit uns tragen, weitergehen. Wie ein Schöpfer, der neugierig und geduldig zugleich nach der Form, der Weise, dem Augenblick sucht und aus Erfahrung weiß, dass früher oder später daraus etwas entsteht. Der weiß, dass alles, was nicht mehr ist, noch da ist und wieder aufgegriffen und umgewandelt werden kann. Er ist zuversichtlich, er hat Zeit – und ein Gedächtnis.

SCHLUSS

Während eines Gesprächs mit dem Philosophen Michel Serres, das ich wenige Monate vor seinem Tod mit ihm führte, sagte ich zu mir, dass ich auf eine ähnliche Weise altern möchte wie er: achtundachtzig Jahre und ein fast kindliches Vermögen, zu staunen, auf alles neugierig zu sein, auf die eigene Epoche ebenso wie auf die Welt von morgen, den Zweifel über die Gewissheiten stellend, auch wenn er einige davon in den mehr als vierzig Büchern verteidigte und sich zugleich dafür fast entschuldigte, ohne je diesen Enthusiasmus in der Stimme, das Lächeln in den Augen, seinen Sinn für Humor zu verlieren, ohne jegliches Ego. Verschmitzt spottete er über alle, die denken, früher sei alles besser gewesen.[1] Nicht die kleinste Spur Nostalgie für die Vergangenheit und erst recht nicht Jugendwahn bei diesem lebensprühenden alten Mann: Wie hätte jemand, der zeit seines Lebens die starren Identitäten kritisierte und dargelegt hat, dass wir nie dieselben »bleiben« und immerzu im Werden sind, »jung bleiben« wollen können?

Warum altern manche Menschen, wie der Autor von *Erfindet euch neu!* oder *Der Naturvertrag*,[2] als fröhliche Skeptiker und behalten sich eine unerschütterliche Neugier bei, während andere in Bitterkeit versinken oder sich in Selbstzufriedenheit ergehen, die immergleichen Fehlschläge oder den vergangenen Ruhm wiederkäuen und andere zu Geiseln ihrer Grübeleien machen?

»[Das Alter] läßt unsren Geist tiefer verrunzeln als unser Gesicht, und man trifft keine Seelen, oder nur sehr wenige, die im Altern nicht sauer und schimmlig zu riechen begännen«, schreibt Montaigne in seinen *Essais*.[3]

Viele Menschen altern schlecht, weil sie nicht *mit* ihrer Vergangenheit leben, sondern *in* ihr. Tatsächlich ist die Versuchung groß, sich in die Vergangenheit zu flüchten, denn das Nachlassen der Lebenskräfte zu akzeptieren, kann sehr schwer sein. Es lauern neurodegenerative Krankheiten, die Gefahr zu vereinsamen wächst und der nahende Tod macht Angst. Gut zu altern, ist nicht leicht! Doch das »saure und schimmlige« Altern, von dem Montaigne spricht, ist nicht vorherbestimmt. Wir können gut altern, das Alter kann sogar eines der schönsten Abenteuer unseres Lebens sein – den Weg dahin haben wir im Laufe dieser Reflexion zu zeichnen versucht: Je besser wir mit der Vergangenheit leben, mit dem richtigen Abstand zu ihr und in einem offenen Dialog mit ihr, desto besser altern wir.

Wer immer sich in der »Geschwollenheit des Seins«, die Jean-Paul Sartre so herrlich verspottet hat,[4] an dem berauscht, was er einmal war, wer sich in die Vergangenheit flüchtet wie in das einzige Land, in dem es sich gut leben lässt, oder wer die vermeintliche Ungerechtigkeit des eigenen existenziellen Versagens nicht verdaut hat und im Groll versinkt, hat es nicht geschafft, eine gesunde Beziehung zur Vergangenheit aufzubauen. Der vor Stolz platzende »blöde alte Sack« und das in der Eigenwahrnehmung »arme Opfer« haben mehr gemeinsam, als sie denken: Ihre Vergangenheit nimmt zu viel Raum ein. Der eine prahlt, der andere jammert, aber keiner von beiden vermag die Gegenwart zu lieben, geschweige denn sich in neue Vorhaben zu stürzen, weder für sich selbst noch für nahestehende Menschen noch für die kommenden Generationen, wie dies Michel Serres als Pionier des ökologischen Kampfes in seinen letzten Schriften getan hat. Und wer vorgibt, sein Leben lang nach vorne geschaut zu haben, ohne sich umzudrehen, läuft Gefahr, schlecht zu leben, unsicherer zu gehen und öfter zu stolpern, von Geistern heimgesucht, die nicht gebannt wurden.

Eine andere Beziehung zur Vergangenheit ist möglich, eine kreativere, beschwichtigende, sanftere. Gut zu altern ist eine Kunst, die sich früh übt. Es hat sich gezeigt, wie flexibel unsere Beziehung zur Vergangenheit sein kann: Sie stülpt uns weder eine Essenz noch eine Identität über, erst recht keinen Affekt. Wir können unsere Vergangenheit neu betrachten, umdeuten und sogar umwandeln, schlimme Erinnerungen zurückrufen und anders wiedererleben, mit Wonne in die Freuden von gestern eintauchen und durch die Gnade der Reminiszenz unser Wahrnehmungsfeld wieder öffnen. Wir können in jedem Augenblick unseres Lebens, vorausgesetzt, wir lehnen jedes Vermeiden und Leugnen ab, unsere Vergangenheit auf eine schöpferische Weise rekapitulieren, unser Erbe, das wir uns nicht ausgesucht haben, zum Fundament unserer Freiheit machen, verstehen, was die Vergangenheit aus uns gemacht hat, und entscheiden, daraus etwas Neues zu schaffen. Und das umso mehr, je besser es uns gelingt, uns zu dezentrieren und uns für andere und die Welt zu öffnen. Wir können uns auf unsere Vergangenheit stützen, ohne zwangsläufig alles davon mitzunehmen; manchmal muss man sich entlasten und vergessen können, um weiterzumachen.

Gelingt es uns, auf diese Weise mit der Vergangenheit zu leben, durch das Land des Gewesenen zu reisen und verändert zurückzukommen, bereichert um alles, was wir davon mitgenommen und auch dort gelassen haben, dann können wir als Epikureer und Stoikerin zugleich alt werden – als Epikureer wissen wir, dass das, was gewesen ist, auch nicht hätte sein können, und erfreuen uns, indem wir immer nach der Gegenwart Ausschau halten, umso mehr daran, was jeder Tag zu bieten hat – und als Stoikerin akzeptieren wir, dass nicht alles von uns abhängt und in unserer Macht liegt, aber wir die Kraft haben, dem Schlimmsten ins Gesicht zu sehen und es zu ertragen.

Wenn wir uns der Vergangenheit zuwenden, die darin enthaltenen Hinweise deuten, die Ohren spitzen, um zu hören, was sie uns zu sagen hat; wenn wir uns an die Momente erinnern, in denen uns die Umstände genötigt haben, ebenso wie an die, in denen alles einfach zu sein schien, wir endlich in Übereinstimmung mit unserem Leben zu sein meinten, dann lernen wir uns selbst kennen und kommen dem Wesentlichen näher: was uns wichtig ist, uns wirklich fröhlich macht, uns mit der Welt in Einklang bringt. Dieses Glück entdecken wir dann in einer bestimmten Weise zu arbeiten oder uns um andere zu kümmern, in einem Leben, das der Schönheit, Großzügigkeit, Geistigkeit, Liebe oder Freundschaft gewidmet ist. Wie können wir hoffen, glücklich zu sein, ohne das Wesentliche erkannt zu haben, und wenn ja, ohne versucht zu haben, zumindest einen Teil von uns mit ihm in Einklang zu bringen?

Der geduldige und kreative Dialog mit unserer Vergangenheit ist somit eine Methode, um gut zu altern, mit achtzig ebenso wie mit sechzig oder sogar dreißig. Im Lauf unseres Lebens schwillt die Vergangenheit in Wirklichkeit mit jedem Schritt nach vorn an, um uns der Zukunft besser entgegenzutreiben. Für unsere Gelenke gilt dasselbe wie für unsere Anschauungen: Je geschmeidiger sie sind, desto besser altern wir. Zugegebenermaßen habe ich nicht geahnt, als ich mit der Arbeit an diesem Buch begann und mich in die Bergson'sche Philosophie des Gedächtnisses und die Arbeiten der Neurowissenschaftler vertiefte, dass ich eine Methode vorlegen würde, um uns vor etwas zu schützen, das uns alle bedroht – eine kleine Abhandlung, um kein »blöder alter Sack« und keine »blöde alte Schachtel« zu werden.

Unsere Vergangenheit ist da, in jedem Augenblick. Allem verleiht sie Geschmack, dem so mächtigen und komplexen gegenwärtigen Augenblick ebenso wie dem so ehrgeizigen und kohärenten Zukunftsprojekt. Die Vergangenheit trägt uns wie eine stetig anschwellende Welle, die wir erst beobachten und kennenlernen müssen, bevor wir den Ehrgeiz entwickeln können, auf ihr zu surfen.

Unsere Vergangenheit ist da, doch sie sollte nicht den ganzen Raum einnehmen. Dafür sollten wir uns ihr zuwenden und gleichzeitig der Zukunft, den anderen, der Welt. Um gut mit unserer Vergangenheit zu leben, über alle Phasen unseres Lebens hinweg, sollten wir lernen, drei Bewegungen gleichzeitig zu vollführen.

Eine erste Bewegung hin zur Vergangenheit: die Bewegung des Annehmens und Umschreibens in einem. Die Vergangenheit ist sowohl Einladung zu einer Reise als auch Material, das umgemodelt werden muss, um zu verstehen, was uns mitgegeben wurde und wie wir uns dieses Erbe anverwandeln können.

Eine zweite Bewegung hin zur Zukunft: die Bewegung des Handelns. Sie erfolgt dadurch, dass wir unsere Vergangenheit auf schöpferische Weise rekapitulieren, neue Erfahrungen und neue Erinnerungen sammeln. Und auch dadurch, dass wir uns mit der Sedimentationszeit abfinden: Nicht wir wählen immer den Zeitpunkt, in dem es uns gelingt, das Gewesene in etwas Neues zu verwandeln und als Erben zu Gründern zu werden.

Und eine dritte Bewegung hin zu den anderen und zur Welt: die Bewegung des Sich-Öffnens, die den Übergang von der ersten zur zweiten Bewegung begünstigt. Es gibt in der Tat nichts Besseres, um der Vergangenheit wieder den richtigen Platz zuzuweisen und der Versuchung des Wiederkäuens zu widerstehen, um die Akzeptanz in Handeln umzuwandeln, als sich aus Sorge um die anderen und die Welt zu dezentrieren.

Drei Bewegungen also, drei Gesten: Wir wenden uns der Vergangenheit, der Zukunft, den anderen und der Welt zu.

Wobei dies zu behaupten sich womöglich immer noch als zu »kopflastig« erweist. Bei unseren Überlegungen analysieren, zergliedern, unterteilen wir das Leben mit der Vergangenheit in drei Bewegungen. Das Leben aber vereinigt sie in sich. Das scheinbar Aufeinanderfolgende findet in Wirklichkeit gleichzeitig statt, und so sind diese drei Bewegungen, diese drei Gesten am Ende eine einzige: Wir bewegen uns vorwärts.

DANK

Dieses Buch hätte ohne Begegnungen, Kooperationen und Freundschaften nicht zustande kommen können. Es ist nicht nur meins, sondern auch das anderer.

Mein Dank gilt an erster Stelle Emilie de Bueil, die mich mit den psychologischen Werken von Jeffrey Young, Bruce Ecker, Russ Harris, Pierre Cousineau, Sophie Côté, Jean-Louis Monestès und anderen bekannt gemacht hat. Es bedurfte unseres spannenden, mitunter erregten Austauschs und unserer gemeinsamen Vorträge, damit ich eine riskante Wandlung vollziehen konnte: Der Anhänger von Freud und Lacan ist weicher geworden und plädiert heute für einen integrativen Ansatz, der die verschiedenen Therapieschulen einbezieht …

Danke an Lionel Naccache für den Einblick in die Funktionsweise unserer 85 Milliarden Neuronen (oder sind es 86 Milliarden, das scheint immer noch strittig zu sein) und für die schöne Erinnerung an unsere Kaffeepausen auf dem sonnigen Vorplatz des Grundlagenforschungszentrums *Institut du Cerveau* in Paris. Unsere Erinnerungen sind bestenfalls *Indizien,* wie mir auf diesem Vorplatz klar geworden ist.

Danke an Albert Moukheiber für unsere Diskussionen über Elizabeth Loftus' Arbeit zur falschen Erinnerung und die Typologie der Gedächtnisse in den Neurowissenschaften. Diese Erinnerung ist, glaube ich, sehr real; sie beweist, dass es möglich ist, in einfachen Worten über komplexe Dinge zu sprechen.

Danke an Stéphane Thibierge für seinen Humanismus und seine Ethik der Psychoanalyse.

Danke an Vincent Trybou, der mir die Vielfalt der heutigen Therapievorschläge aufgezeigt hat, und für unsere fruchtbare Meinungsverschiedenheit darüber, ob Worte den limbischen Bereich unseres Gehirns erreichen können oder nicht.

Danke an Michka Assayas für sein Verständnis, dass ich, obwohl es schon spät war, nicht bis zum nächsten Tag warten konnte: Ich musste wissen, ob David Bowie Songs über seine schwierige Kindheit komponiert hat oder nicht.

Danke an Fabien Galthié für die Einladung, mit den Spielern der Rugby-Union-Nationalmannschaft *XV de France* über Philosophie zu sprechen, und die Möglichkeit, ihnen beim Training zuzuschauen: Die Schönheit ihrer Rückpässe hat mir gezeigt, dass man sich rückwärts drehend vorwärts bewegen kann …

Danke an Stéphane Desa für sein aufmerksames Lektorat und seinen Proust'schen Sinn für Rhythmus.

Danke an das gesamte Team von Allary Éditions: Laurence d'Aboville, Elisabeth Franck, Morgane Eloy, Camille Seyot und Stéphanie Hervé. Inzwischen haben sie mich bei fünf Büchern begleitet: Es bereitet mir immer wieder aufs Neue große Freude, mit ihnen zusammenzuarbeiten.

Danke an Achille du Genestoux für seine sokratischen Fragen und für unsere Gespräche über Chateaubriands Memoiren *Erinnerungen von jenseits des Grabes*, Nicola Mathieus Roman *Wie später ihre Kinder* oder den Rückpass im Rugby. Sie haben möglicherweise den Keim für die These dieses Buches gelegt …

Danke an Guillaume Allary, der seit fast drei Jahrzehnten mein Verleger und noch viel länger mein Freund ist, für sein Vertrauen und seine hohen Ansprüche. Das Leben bietet nur wenige Freuden, die so sicher sind wie eine solche Freundschaft.

ANMERKUNGEN

KAPITEL 1
HENRI BERGSONS GENIALE INTUITION

1 Henri Bergson: *Die seelische Energie. Aufsätze und Vorträge*, autorisierte Übersetzung von Eugen Lerch, Eugen Diederichs, Jena 1928, S. 50 f. (OF *L'Énergie spirituelle*, 1919).

2 Ebd., S. 85.

3 Serge Gainsbourg: *La Chanson de Prévert*, auf der LP *L'Étonnant Serge Gainsbourg*, 1962; »Ich gebe mich natürlich anderen hin | Aber ihr Lied ist eintönig | Und nach und nach werde ich gleichgültig | Daran ist nichts zu ändern | Denn jedes Mal rufen ›Les Feuilles mortes‹ | die Erinnerung an dich zurück.«

4 »Die Erinnerung ist ein sturer Hund. Sie lässt sich nicht rufen oder wegschicken, aber ohne dich kann sie nicht überleben. [...] Sie kommt, wenn sie hungrig ist, nicht wenn du es bist.« Zitat aus: Elliot Perlman: *Tonspuren. Roman*, aus dem Englischen übers. von Grete Osterwald, Deutsche Verlags-Anstalt, München 2013 (hier btb, München 2015, S. 9).

5 Bergson: *Die seelische Energie* (wie Anm. 1), S. 84.

KAPITEL 2
DIE GEGENWÄRTIGKEITEN DER VERGANGENHEIT

1 Nicola S. Clayton / Joanna M. Dally / Nathan J. Emery: »Social cognition by food-caching corvids. The western scrub-jay as a natural psychologist«, The Royal Society Publishing, Philosophical transactions B, online veröffentlicht am 19. Februar 2007 (zugänglich unter: https://doi.org/10.1098/rstb.2006.1992).

2 Siehe insbesondere ihr spannendes Buch *Gedächtnis. Die Natur des*

Erinnerns, das uns als Wegweiser dienen wird (aus dem Englischen übers. von Monika Niehaus-Osterloh, Spektrum Akademischer Verlag, Heidelberg / Berlin 1999; OF *Memory. From Mind to Molecules*, 1999).

3 Ebd.

4 Diese Gedächtnisstörung wirkt sich auf das aktuelle Erleben aus und wird »anterograde Amnesie« genannt. Man unterscheidet sie von der gängigen Amnesie, die in Wirklichkeit eine »retrograde« ist, bei der die Erinnerungen an früher Erlebtes beeinträchtigt sind.

5 Übrigens trägt das erste Kapitel des Standardwerks *Gedächtnis* von Squire und Kandel den Titel »Vom Geist zum Molekül«, was auf einen materialistischen Ansatz deuten könnte, allerdings ist der letzte Abschnitt dieses Kapitels betitelt mit: »Vom Molekül zum Geist«! Bergson hatte dies in seinem Meisterwerk *Materie und Gedächtnis* vorausgeahnt: Wenn unsere Erinnerungen in der Materie unseres Gehirns verwurzelt sind, sind sie auch anderswo …

6 Großes Aufsehen erregte ein Experiment von Elizabeth Loftus in den 1970er-Jahren, bei dem es ihr gelang, eine falsche Erinnerung in das Gedächtnis mehrerer Probanden zu implementieren, indem sie sie davon überzeugte, sie hätten sich als Kinder in einem Einkaufszentrum verirrt. Seitdem wissen wir, dass die Aussagen von Zeugen oder Opfern vor Gericht unzuverlässig sind, daher sollten sie sich zumindest mit anderen Aussagen überschneiden und bestenfalls als Indiz angesehen werden. Loftus war Gutachterin in weit über hundert Gerichtsverfahren, wobei sie meist mit Blick auf die Möglichkeit des Zustandekommens falscher Erinnerungen bewirken konnte, dass Urteile, die sich beispielsweise auf die Aussage eines einzigen Augenzeugen stützten, aufgehoben wurden. In Anerkennung ihrer Arbeit landete Loftus auf Platz 58 der Rangliste der 100 wichtigsten Psychologen des 20. Jahrhunderts, die 2002 in der *Review of General Psychology* erschien. Als Lektüre empfehlenswert: Daniel Bernstein / Elizabeth Loftus: »How to tell if a particular memory is true or false«, in: *Perspectives on Psychological Science* 4 (4) 2009, S. 370–374.

7 Diesen Gedanken habe ich in einem anderen Buch entwickelt: *Die Schönheit des Scheiterns. Kleine Philosophie der Niederlage* (aus dem Französischen übers. von Caroline Gutberlet, Carl Hanser Verlag, München 2016; OF *Les Vertus de l'échec*, 2016).

8 Didier Eribon: *Rückkehr nach Reims*, aus dem Französischen übers. von Tobias Haberkorn, Suhrkamp Verlag, Berlin 2016 (OF *Retour à Reims*, 2009).

9 Deswegen ist das prozedurale Gedächtnis von den meisten Formen der Amnesie, die mit einer Schädigung des Hippocampus einhergehen, nicht betroffen.

10 Bei neurodegenerativen Erkrankungen wie der Parkinson- oder der Huntington-Krankheit ist das prozedurale Gedächtnis durch Schäden am Kleinhirn oder Veränderungen der Basalganglien beeinträchtigt.

11 Schon Aristoteles hat in seiner *Nikomachischen Ethik* die Gewohnheit als »zweite Natur« bezeichnet. Diese aristotelische Vorstellung hat Félix Ravaisson in einem brillanten Büchlein kommentiert und weitergedacht: *Abhandlung über die Gewohnheit*, hrsg. von Gerhard Funke, Habelt, Bonn 1954 (OF *De l'habitude*, 1838).

12 Das ist ein Mittelwert, es sind gewöhnlich sieben plus/minus zwei Einheiten. Eine elfstellige Handynummer besteht aus elf Einheiten. Faktisch aber sind es weniger, da wir an die Vorwahlen gewöhnt sind und sie sich als eine Einheit an der nächsten anheften.

13 Fernand Braudel: *Das Mittelmeer und die mediterrane Welt in der Epoche Philipps II.*, 3 Bde., aus dem Französischen übers. von Grete Osterwald, [Übersetzung aus der 4. durchgesehenen und berichtigten Auflage von 1979], Suhrkamp Verlag, Frankfurt am Main 1994 (OF *La Méditerranée et le monde méditerranéen à l'époque de Philippe II*, 1949).

KAPITEL 3
DIE VERGANGENHEIT ALS TOR ZUR GEGENWART

1 Henri Bergson: *Materie und Gedächtnis und andere Schriften*, aus dem Französischen übers. von R. v. Bendemann, Julius Frankenberger und Eugen Lerch, S. Fischer Verlag, Frankfurt am Main 1964, S. 65.

2 »Of the Delicacy of Taste and Passion«, in: David Hume: *Essays, moral, political, and literary*, Bd. 1, Clarendon Press, Oxford 2021, Faksimile der Ausgabe von 1741; dt. »Über die Feinheit des

Geschmacks und der Leidenschaften«, in: Johann Wilhelm von Archenholtz (Hrsg.): *Litteratur und Völkerkunde. Ein periodisches Werk*, 4. Bd., Dessau und Leipzig 1784, S. 626–631.

3 Oscar Wildes Text mit dem Titel »The decay of lie« erschien 1891 in dem Sammelband *Intentions* mit Essays und Dialogen über Ästhetik. Die deutsche Übersetzung »Der Verfall der Lüge« erschien in: *Fingerzeige*, J. C. C. Bruns Verlag, Minden in Westf. [1903], S. 1–60, hier S. 43 f.

4 Ebd., S. 59.

5 Marcel Proust: *Unterwegs zu Swann*, Frankfurter Ausgabe, Werke II, Bd. 1, aus dem Französischen übers. von Eva Rechel-Mertens, revidiert von Luzius Keller, Suhrkamp Verlag, Frankfurt am Main [11]2021, S. 67.

6 Ebd., S. 67 und 70.

7 Ebd., S. 71.

8 Ebd., S. 70.

9 Marcel Proust: *Die wiedergefundene Zeit. Auf der Suche nach der verlorenen Zeit Siebter Teil*, aus dem Französischen übers. von Eva Rechel-Mertens, Suhrkamp Taschenbuch Verlag, Frankfurt am Main 1984, S. 260.

10 Der Neurobiologe Roland Salesse, ehemaliger Leiter des Laboratoire de Neurobiologie de l'Olfaction am Forschungszentrum INRAE in Jouy-en-Josas, führt zahlreiche Beispiele in seinen Werken *Le Cerveau cuisinier* (Éditions Quae, Versailles 2022) und *Faut-il sentir bon pour séduire?* (Éditions Quae, Versailles 2015) an.

11 Proust: *Die wiedergefundene Zeit* (wie Anm. 9), S. 297.

KAPITEL 4
DIE VERGANGENHEIT ALS SOCKEL UNSERER IDENTITÄT

1 Francis Eustache: »Le paradoxe de l'identité singulière et plurielle: un paradigme inédit et un défi nouveau pour la neuropsychologie«, in: *Revue de neuropsychologie* 1 (4) 2012, S. 9–23 (online unter: https://www.cairn.info/revue-de-neuropsychologie-2012–1-page-9.htm).

2 David Hume: *Über die menschliche Natur*, I. Teil: *Über den*

Verstand: In deutscher Bearbeitung mit Anmerkungen und einem Sachregister, hrsg. und aus dem Englischen übers. von Theodor Lipps, 2., durchgesehene Auflage, Verlag von Leopold Voss, Hamburg und Leipzig 1904, Sechster Abschnitt. Von der persönlichen Identität, S. 325 f. (Hervorhebungen im Original).

3 Lionel Naccache: *Apologie de la discrétion. Comment faire partie du monde?*, Odile Jacob, Paris 2022.

4 Lionel Naccache: *Le Cinéma intérieur. Projection privée au cœur de la conscience*, Odile Jacob, Paris 2020.

5 Proust: *Die wiedergefundene Zeit* (wie Anm. 9, Kap. 3), S. 265 f.

KAPITEL 5
DER VERGANGENHEIT DEN RÜCKEN ZUKEHREN

1 Jacques Brel: *Ne me quitte pas*, auf der LP *La Valse à mille temps*, 1959.

2 In Frankreich wurde nach Verabschiedung des Gesetzes 2002–93 vom 22. Januar 2002 der *Conseil national pour l'accès aux origines personnelles* (CNAOP) geschaffen. Diese staatliche Einrichtung unterstützt Personen, die »unter Geheimhaltung« geboren oder ausgesetzt wurden, bei der Suche nach der eigenen Abstammung. Sie hält Informationen über das Verfahren der Annahme und Aufbewahrung von Unterlagen bereit, die einen Bezug zur Abstammung von Adoptivkindern und staatlich betreuten Kindern haben; nachdem ein Antrag auf Zugang zu den Abstammungsdaten eingereicht wurde, sucht sie nach den leiblichen Eltern und holt deren Zustimmung für die Offenlegung ihrer Identität ein; sie fordert Frauen, die anonym entbinden möchten, dazu auf, ihre Daten in einem verschlossenen Couvert zu hinterlassen für den Fall, dass das Kind später Zugang dazu haben möchte.

3 So in der hervorragenden Biografie von Dylan Jones: *David Bowie – ein Leben* (aus dem Englischen übers. von Friederike Moldenhauer, Rowohlt, Reinbek bei Hamburg 2018). Sehr spannend sind die Folgen der Sendung »Very Good Trip« über David Bowie von Assayas Michka auf France Inter und entsprechend lesenswert das daraus hervorgegangene Buch *Very Good Bowie Trip* (GM Éditions, Paris 2023).

4 Die einzige Ausnahme bildet der Song *Jump They Say* (LP *Black Tie White Noise*, 1993), den er Terry widmete und wo er die Stimmen erwähnt, die sein Halbbruder hörte und ihn dazu brachten, aus dem Fenster zu springen.

5 Jorge Semprun: *Schreiben oder Leben*, aus dem Französischen übers. von Eva Moldenhauer, Suhrkamp Verlag, Frankfurt am Main [2]1995 (OF *L'Écriture ou la vie*, 1994).

6 Ebd., S. 331.

7 Ebd., S. 296.

8 Ebd., S. 274.

9 Ebd., S. 296.

10 Ebd., S. 24.

11 Ebd., S. 295 f.

12 Ebd., S. 216.

13 Ebd., S. 25.

14 Gaël Faye: *Kleines Land. Roman*, aus dem Französischen übers. von Brigitte Große und Andrea Alvermann, Piper Verlag, München 2017 (OF *Petit Pays*, 2016). Sie finden den Podcast meiner Sendung »Sous le soleil de Platon« vom 12. Juli 2022 mit Gaël Faye als Gast unter: www.radiofrance.fr/franceinter/podcasts/sous-le-soleil-de-platon.

15 Jean Hatzfeld: *Zeit der Macheten. Gespräche mit den Tätern des Völkermords in Ruanda*, aus dem Französischen übers. von Karl-Udo Bigott, Haland und Wirth im Psychosozial-Verlag, Gießen 2004 (OF *Une Saison de machettes*, 2003). Das mit dem Prix Femina ausgezeichnete Buch versammelt Gespräche mit Tätern des Völkermords in Ruanda, die im Gefängnis von Rilima einsitzen.

16 F. M. Dostojewskij: *Winterliche Aufzeichnungen über sommerliche Eindrücke – Aufzeichnungen aus dem Kellerloch – Aus dem Tagebuch eines Schriftstellers*, aus dem Russischen übers. von Svetlana Geier und Alexander Eliasberg, Rowohlt, Reinbek bei Hamburg 1962, S. 46.

17 Jean-Louis Monestès: *Faire la paix avec son passé*, Odile Jacob, Paris 2009. Monestès ist der Hauptvertreter der Akzeptanz- und Commitment-Therapie (ACT) in Frankreich.

18 Ebd.

19 Jorge Semprun: *Was für ein schöner Sonntag!*, aus dem Französischen übers. von Johannes Piron, Suhrkamp, Frankfurt am Main [3]1994, S. 56 (OF *Quel beau dimanche!*, 1980).

20 Monestès: *Faire la paix avec son passé* (wie Anm. 17).

21 A. J. Scheen, »›WORKAHOLISM‹: la dépendance au travail, une autre forme d'addiction«, in: *Revue médicale de Liège* 5–6 (68) 2013, S. 371–376 (online unter: https://orbi.uliege.be/bitstream/2268/157735/1/28.%20SCHEEN%20NS13%20Work%20(6).pdf).

22 Pépin: *Die Schönheit des Scheiterns* (wie Anm. 7, Kap. 2).

23 Hervé Le Tellier: »Willibald Walter ou la mémoire en place«, in: *Encyclopædia Inutilis*, Le Castor astral, Bordeaux 2002, S. 53–59.

24 Ebd.

25 Ebd.

26 Monestès: *Faire la paix avec son passé* (wie Anm. 17).

27 Eribon: *Rückkehr nach Reims* (wie Anm. 8, Kap. 2), S. 12 f.

28 Ebd., S. 23.

29 Ebd., S. 11 f.

30 Kaoutar Harchi: *Comme nous existons*, Actes Sud, Arles 2021.

31 *Ich bin Zlatan Ibrahimović. Meine Geschichte. Erzählt von David Lagercrantz*, aus dem Schwedischen übers. von Wolfgang Butt, Piper Verlag, München / Zürich 2015.

32 Jene Ereignisse unserer Geschichte, die das episodische Gedächtnis beinhaltet.

33 Man könnte von »Körpergedächtnis« sprechen; es handelt sich tatsächlich um das prozedurale Gedächtnis, mit dessen Art und Weise des Wiederauftauchens wir uns im Folgenden beschäftigen.

KAPITEL 6
DIE VERGANGENHEIT ALS STÜTZE

1 Henri Bergson: *Schöpferische Evolution*, Neuübers. aus dem Französischen von Margarethe Drewsen, Felix Meiner Verlag, Hamburg 2013, S. 15 (OF *L'Évolution créatrice*, 1907).

2 Die Originalität von Bergsons Werk zeigt sich auch darin, dass er viele zentrale Konzepte seines Denkens in unzähligen Vorträgen darlegte, sie aber nicht unbedingt in seinen Büchern auftauchen. Die Philosophin und Psychoanalytikerin Cynthia Fleury erwähnt Bergsons Vortrag über die Persönlichkeit vom 6. Mai 1916 in Madrid in ihrer Vorlesung mit dem Titel »Bergson, ou le problème de la personnalité comme problème central de la philosophie«

(zusammen mit Frédéric Worms, 2018, Chaire de philosophie à l'Hôpital, Paris; online: https://www.youtube.com/watch?v=YARvIHYmTMc).

3 Bergson: *Die seelische Energie* (wie Anm. 1, Kap. 1), S. 84.

4 Henri Bergson: *Zeit und Freiheit*, Nachdruck der Übersetzung der 1949 erschienenen 2. Auflage der Übersetzung des Verlags Eugen Diederichs, Jena 1920 [ohne Nennung des Übersetzers], Philo& Philo Fine Arts / EVA Europäische Verlagsanstalt, Hamburg [3]2006, S. 129 (OF *Sur les données immédiates de la conscience*, 1889).

5 Henri Bergson: *Denken und schöpferisches Werden* [ohne Nennung des Übersetzers], Europäische Verlagsanstalt, Hamburg 1993, hier [3]2000, S. 169 (OF *La Pensée et le mouvant*, 1946).

6 Louis Chedid ist Enkel der Dichterin und Autorin Andrée Chedid, die auch Liedtexte für ihn schrieb.

7 Simone Veil: *Und dennoch leben. Die Autobiographie der großen Europäerin*, aus dem Französischen übers. von Nathalie Mälzer-Semlinger, Aufbau Verlag, Berlin 2009 (OF *Une Vie*, 2007).

8 Charlotte Delbo: *Auschwitz und danach. Trilogie*, aus dem Französischen übers. von Eva Groepler und Elisabeth Thielicke, Stroemfeld / Roter Stern, Basel u. a. 1990 (OF *Aucun de nous ne reviendra*, 1965; *Une Connaissance inutile*, 1970; *Mesure de nos jours*, 1971).

9 Nancy Huston: *Professeurs de désespoir* [Aufsatzsammlung], Actes Sud, Arles 2004.

10 Ebd.

11 Bergson: *Denken und schöpferisches Werden* (wie Anm. 5), S. 110.

12 Bergson: *Schöpferische Evolution* (wie Anm. 1), S. 15.

13 Aus »The Personality problem«, einer Vortragsreihe, die Henri Bergson 1914 im Rahmen der Gifford Lectures in Edinburgh hielt (eine Zusammenfassung der elf Vorträge in französischer Übersetzung findet sich u. d. T. »Le problème de la personnalité« im Sammelband *Écrits philosophiques*, PUF, Paris 2011, S. 418–439).

14 Henri Bergson: *Die beiden Quellen der Moral und der Religion*, aus dem Französischen übers. von Eugen Lerch, Fischer Taschenbuch Verlag, Frankfurt am Main 1992, S. 247 (OF *Les deux sources de la morale et de la religion*, 1932).

15 In diesem Abschnitt stelle ich die spezifisch menschliche Großzügigkeit als Ausdruck des Bergson'schen *Élan vital* dar, muss aber darauf hinweisen, dass diese Position nicht von allen Bergson-

Kommentatoren geteilt wird. Da der *Élan vital* eine metaphysische, übermenschliche Kraft ist, legen einige Bergson-Leser großen Wert auf eine klare Trennung zwischen der metaphysischen Ebene und der schlicht menschlichen oder anthropologischen Ebene. Die menschliche Großzügigkeit gehört ihnen zufolge einer anderen Kategorie an, ergibt nur auf menschlichem Niveau Sinn und ist nicht Ausdruck des *Élan vital*. Eine ziemlich befremdliche Position, denn wenn alles Lebendige, bis hin zu den Pflanzen, von dieser Lebenskraft durchdrungen ist, warum sollte sie in der womöglich schönsten Manifestation des Lebendigen, der menschlichen Großzügigkeit, keinen Ausdruck finden?

KAPITEL 7
IN DIE VERGANGENHEIT EINGREIFEN

1 Hierbei handelt es sich nicht um eine neue Schule, sondern um eine Methode, die sich in verschiedene therapeutische Ansätze integrieren lässt, darunter die Kohärenztherapie, aber auch EMDR, Schematherapie und Psychoanalyse, was diese Revolution der Rekonsolidierung des Gedächtnisses sehr interessant macht.

2 Siehe insbesondere das Standardwerk: Sophie Côté / Pierre Cousineau: *La Reconsolidation thérapeutique de la mémoire. Transformer les schémas émotionnels avec la thérapie de la cohérence*, Dunod, Malakoff 2022; der hier dargelegte Fall ist diesem Werk entnommen.

3 Bruce Ecker ist Mitautor (zusammen mit Robin Ticic und Laurel Hulley) des Standardwerks *Der Schlüssel zum emotionalen Gehirn. Mit Gedächtnisrekonsolidierung die Ursachen von Symptomen beseitigen*, aus dem Englischen übers. von Isolde Seidel, Junfermann Verlag, Paderborn 2016 (OF *Unlocking the Emotional Brain: Eliminating Symptoms at Their Roots Using Memory Reconsolidation*, 2012).

4 Seneca: *Trostschrift an Polybius*, 41 n. Chr. (u. a. in *Philosophische Schriften lateinisch und deutsch*, Bd. 2, Wissenschaftliche Buchgesellschaft, Darmstadt 1971).

5 Michel de Montaigne: *Essais*, erste moderne Gesamtübersetzung von Hans Stilett, Eichborn Verlag, Frankfurt am Main 1998, S. 49 (OF *Essais*, 1580).

6 Seneca: *Die Kürze des Lebens / De brevitate vitae*, Lateinisch-deutsch, hrsg. und übersetzt von Gerhard Fink, Artemis & Winkler, Düsseldorf / Zürich 2003, S. 33.
7 Ebd., S. 35.
8 Proust: *Die wiedergefundene Zeit* (wie Anm. 9, Kap. 3), S. 297.
9 Eye Movement Desensitization and Reprocessing (EMDR), auf Deutsch »Desensibilisierung und Verarbeitung durch Augenbewegung«.
10 Die Wirksamkeit dieser Methode wird durch die guten Ergebnisse aus der Praxis bestätigt, allerdings besteht keine Einigkeit über die Gründe für diesen Erfolg. Früher wurde angenommen, dass die Augenbewegungen das limbische System beruhigen, sodass der präfrontale Cortex die Affektladung regulieren kann. Heute hat eine andere Hypothese diese Annahme verdrängt: Da der Patient zwei Dinge gleichzeitig tun muss – sich mit dem verstörenden Erlebnis beschäftigen und dem Stift mit den Augen folgen –, ist die Erinnerung weniger leicht zu vermeiden, obwohl er weniger darauf und auf ihre Auswirkungen fokussiert ist, sodass er sich leichter daran gewöhnen kann.
11 Näheres dazu unter: https://lecerveau.mcgill.ca/flash/a/a_07/a_07_p/a_07_p_tra/a_07_p_tra.html.
12 Siehe insbesondere die Ergebnisse der klinischen Studie »Paris Mémoire Vive«, die 2016 in Zusammenarbeit mit AP-HP (Assistance publique des hôpitaux de Paris) mit 400 Patientinnen und Patienten durchgeführt wurde: https://www.aphp.fr/contenu/paris-memoire-vive-paris-mem-lap-hp-et-le-fonds-msdavenir-partenaires-pour-soutenir-une.
13 Ebd.
14 Siehe seinen Vortrag »La thérapie de reconsolidation« vom 5. Februar 2022 am Institut Polytechnique Saint-Louis (Campus Cergy): https://www.ted.com/talks/alain_brunet_la_therapie_de_la_reconsolidation?language=fr.
15 Diese Therapiemethode wurde von dem US-amerikanischen Psychologen Jeffrey Young im Anschluss an die gemeinsame Arbeit mit Aaron Beck zur kognitiven Verhaltenstherapie entwickelt. Die Schematherapie hat sich insbesondere bei der Behandlung von Persönlichkeitsstörungen bewährt.
16 Siehe sein Standardwerk: Jeffrey E. Young / Janet S. Klosko / Mar-

jorie E. Weishaar: *Schematherapie. Ein praxisorientiertes Handbuch*, aus dem Amerikanischen übers. von Theo Kierdorf in Zusammenarbeit mit Hildegard Höhr, Junfermann Verlag, Paderborn 2005 (OF *Schema Therapy: A Practitioner's Guide*, 2003).

17 Siehe die Studie von Josephine Giesen-Bloo et al.: »Outpatient psychotherapy for borderline personality disorder: randomized trial of schema-focused therapy vs transference-focused psychotherapy«, in: *Archives of General Psychiatry* 6 (63) 2006, S. 649–658.

18 Das zeigt die berühmte Studie von G. Kreiman, C. Koch und I. Fried aus dem Jahr 2000 (»Category-specific visual response of single neurons in the human medial temporal lobe«, in: *Nature Neuroscience* 3 [9], S. 946–953), die insbesondere Ecker, Ticic und Hulley in *Der Schlüssel zum emotionalen Gehirn* zitieren (Anm. 3).

19 Der Vergleich stammt von Anne-Hélène Clair und Vincent Trybou, in: *Devenez votre propre psy*, Allary Éditions, Paris 2021. In diesem Buch findet sich übrigens eine sehr schön beschriebene Reparenting-Szene im Rahmen einer schematherapeutischen Behandlung (S. 346–353).

20 Siehe Paul Ricœur: *Gedächtnis, Geschichte, Vergessen*, aus dem Französischen übers. von Hans-Dieter Gondek, Heinz Jatho und Markus Sedlaczek, Wilhelm Fink Verlag, München 2004, S. 680 (OF *La Mémoire, l'histoire, l'oubli*, 2000).

21 Sigmund Freud: »Das Unbewußte« [1915], in: *Das Ich und das Es. Metapsychologische Schriften*, Fischer Taschenbuch Verlag, Frankfurt am Main [4]2014, S. 117–153, hier S. 138 (Hervorhebung im Original).

22 Gilles Deleuze / Félix Guattari: *Anti-Ödipus. Kapitalismus und Schizophrenie*, aus dem Französischen übers. von Bernd Schwibs, Suhrkamp Verlag, Frankfurt am Main 1974 (OF *L'Anti-Œdipe: capitalisme et schizophrénie*, 1972).

23 Der Ödipuskomplex, eine Wortprägung Freuds, ist eine seelische Dynamik, die etwa vom 3. bis 5. Lebensjahr auftritt, in einer Zeit also, in der ein Interesse am Körper und am Unterschied der Geschlechter erwacht. Er besteht »aus der Gesamtheit der libidinösen und aggressiven Triebimpulse, die ein Kind seinen Eltern gegenüber empfindet«. Schematisch gesagt, sucht der Junge die Zuneigung der Mutter, der er seine Stärke beweisen will, während er den

Vater als Rivalen sieht; das Mädchen sucht auch die Zuneigung der Mutter, gerät aber leicht mit ihr in Konflikt und wendet sich in besitzergreifender Weise dem Vater zu.

24 Siehe sein Buch *Faire la paix avec son passé* (wie Anm. 17, Kap. 5).

25 Diese Frage habe ich mit der Philosophin und Psychoanalytikerin Cynthia Fleury, die verhaltenspsychologische Methoden einsetzt, in meiner Sendung »Sous le soleil de Platon« vom 5. August 2021 auf France Inter zum Thema »Comment guérir du ressentiment« (Wie man sich vom Ressentiment heilen kann) diskutiert; hier nachzuhören: https://www.radiofrance.fr/franceinter/podcasts/sous-le-soleil-de-platon/comment-guerir-du-ressentiment-avec-la-philosophe-cynthia-fleury-5279401.

26 Lacan prägte diesen Neologismus infolge eines Versprechers, der ihm 1971 in einer Vorlesung in Paris unterlaufen war. Die »lalangue« verweist auf eine Trieb-Grammatik, die unter anderem auf Wiederholung basiert. Sie ist das Unbewusste, das sich in Worte kleidet, sich materialisiert – »motérialisme« sagt Lacan dazu, das die Worte *mot* und *matérialisme* in eins fügt.

KAPITEL 8
SICH MIT DER VERGANGENHEIT VORWÄRTS BEWEGEN

1 Aurelius Augustinus: *Bekenntnisse*, hrsg. und aus dem Lateinischen übers. von Kurt Flasch und Burkhard Mojsisch, Philipp Reclam jun., Stuttgart 2008, Zehntes Buch, Kapitel VIII, S. 282–286, hier S. 282.

2 Vladimir Jankélévitch: *L'Irréversible et la nostalgie* [1974], Flammarion, Paris 2011.

3 Hartmut Rosa: *Beschleunigung. Die Veränderung der Zeitstrukturen in der Moderne*, Suhrkamp Verlag, Frankfurt am Main 2005.

4 Hartmut Rosa: *Resonanz. Eine Soziologie der Weltbeziehung*, Suhrkamp Verlag, Berlin 2019.

5 Lord George Byron: *Marino Faliero – Doge von Venedig* [1821], frei übers. von Adolf Seubert, Philipp Reclam jun., Leipzig 1900, 2. Akt, 1. Auftritt.

6 Siehe Russ Harris: *Wer dem Glück hinterherrennt, läuft daran vor-*

bei: ein Umdenkbuch*, aus dem Englischen übers. von Maike und Stephan Schumacher, Kösel Verlag, München 2009 (OF *The Happiness Trap: How to Stop Struggling and Start Living*, 2007). Harris ist einer der wichtigsten Vertreter der Akzeptanz- und Commitment-Therapie (ACT) weltweit und sein Buch eine perfekte Einführung in diese Therapie, die auch im bereits genannten Buch *Faire la paix avec son passé* von Jean-Louis Monestès dargelegt wird. ACT (eine der wissenschaftlich fundiertesten Therapieschulen) verbindet die Logik des Annehmens (Akzeptanz) mit der Logik des Handelns (Commitment), genauer gesagt des Handelns in eine für das Selbst des Betreffenden wirklich wichtigen Richtung, und lässt an die schöpferische Rekapitulation von Bergson denken, die in Kapitel 6 dargelegt wurde. Auch die Nicht-Vermeidung erinnert eindeutig daran, dass wir »mit unserer gesamten Vergangenheit« leben und sie bereitwillig annehmen sollten. Wäre Bergson Therapeut gewesen, er hätte sich sicherlich ACT verschrieben!

7 Semprun: *Schreiben oder Leben* (wie Anm. 5, Kap. 5), S. 132.

8 Ebd.

9 Ebd.

10 Ebd., S. 188.

11 Ebd.

12 Ebd., S. 132.

13 Cynthia Fleury: *Hier liegt Bitterkeit begraben. Über Ressentiments und ihre Heilung*, aus dem Französischen übers. von Andrea Hemminger, Suhrkamp Verlag, Berlin 2023 (OF *Ci-gît l'amer: guérir du ressentiment*, 2020).

14 Barbara: *Es war einmal ein schwarzes Klavier … Unvollendete Memoiren*, hrsg. von Andrea Knigge, aus dem Französischen übers. von Annette Casasus, Wallstein Verlag, Göttingen [2]2017 (OF *Il était un piano noir…*, 1998).

15 Ebd., S. 113.

16 Hannah Arendt: *Vita activa oder Vom tätigen Leben* [1958], R. Piper & Co. Verlag, München [7]1992, S. 232.

17 Friedrich Nietzsche: *Kritische Studienausgabe KSA I*, Deutscher Taschenbuchverlag, München 1999, S. 250.

18 Jorge Luis Borges: »Das unerbittliche Gedächtnis«, in: *Sämtliche Erzählungen: Das Aleph. – Fiktionen. – Universalgeschichte der Niedertracht*, aus dem Spanischen übers. von Karl August Horst,

Eva Hessel und Wolfgang Luchting, Carl Hanser Verlag, München 1970 (OF *La memoria de Shakespeare*, 1983).

19 Delphine Horvilleur: *Mit den Toten leben*, aus dem Französischen übers. von Nicola Denis, Hanser Verlag, Berlin 2022 (OF *Comment vivre avec nos morts*, 2021).

20 Ebd., S. 20 f.

21 Ebd., S. 13.

22 Ebd., S. 13 f.

23 Mein Freund und ebenfalls Schriftsteller Philippe Nassif hat mehrere sehr schöne Bücher geschrieben: *La Lutte initiale. Quitter l'empire du nihilisme*, Denoël, Paris 2011; *Ultimes. Ce que les plus grands ont dit juste avant de mourir*, Allary éditions, Paris 2015; *Changer le monde… En tout cas, un peu*, Allary éditions, Paris 2022.

24 Joan Didion: *Das Jahr magischen Denkens*, aus dem Amerikanischen übers. von Antje Rávic Strubel, Claassen, Berlin 2006, S. 7 (OF *The Year of Magical Thinking*, 2005).

25 Ebd., S. 43.

26 Sigmund Freud: »Trauer und Melancholie« [1917], in: *Das Ich und das Es. Metapsychologische Schriften*, Fischer Taschenbuch Verlag, Frankfurt am Main [4]2014, S. 171–189, hier S. 173 f.

27 Diese Auffassung vertritt der Psychiater Alain Sauteraud in *Vivre après ta mort. Psychologie du deuil* (Odile Jacob, Paris 2012). Dagegen wendet Christophe Fauré in *Vivre le deuil au jour le jour. Réapprendre à vivre après la mort d'un proche* (Albin Michel, Paris 1995) ein, dass die Festlegung auf ein Jahr wenig sinnvoll sei, da die Trauer von Mensch zu Mensch variiere und bis zu mehreren Jahren dauern könne, ohne pathologische Züge anzunehmen.

28 François Cheng im Gespräch mit Pierre Assouline, in: *Magazine Littéraire* 577, März 2017, S. 26–31.

29 François Cheng: *Die allzu kurze Ewigkeit. Roman*, aus dem Französischen übers. von Carina von Enzenberg, Piper Verlag, München / Zürich 2005, S. 175 (OF *L'Éternité n'est pas de trop*, 2002).

30 Fauré: *Vivre le deuil au jour le jour* (wie Anm. 27).

31 Bergson: *Schöpferische Evolution* (wie Anm. 1, Kap. 6), S. 121.

SCHLUSS

1 Michel Serres: *Was genau war früher besser? Ein optimistischer Wutanfall*, aus dem Französischen übers. von Stefan Lorenzer, Suhrkamp Verlag, Berlin 2019 (OF *C'était mieux avant!*, 2017).

2 Michel Serres: *Erfindet euch neu! Eine Liebeserklärung an die vernetzte Generation*, aus dem Französischen übers. von Stefan Lorenzer, Suhrkamp Verlag, Berlin 2013 (OF *Petite Poucette*, 2012); *Der Naturvertrag*, aus dem Französischen übers. von Hans-Horst Henschen, Suhrkamp Verlag, Frankfurt am Main 1994 (OF *Le Contrat naturel*, 1992).

3 Montaigne: *Essais* (wie Anm. 5, Kap. 7), Drittes Buch, 2. Über das Bereuen, S. 407.

4 Durch sein satirisches Porträt des Arztes Rogé in *Der Ekel* (OF *La Nausée*, 1938).

REGISTER

#MeToo-Bewegung 103

Akzeptanz 13, 109, 128–130, 140, 143, 152 f., 159, 168, 170, 179, 194, 202, 204, 212, 215, 222, 226, 228, 230, 240, 247
Akzeptanz- und Commitment-Therapie (ACT) 240, 247
Albtraum 101, 104, 198, 218
Alkoholismus 105 f., 108, 196 f.
Altern 93, 225–229
Alzheimer 18, 43, 69 f., 77
Amnesie 68 f., 71, 93, 101, 111, 196, 236 f.
Angst 29, 35, 65, 89, 92, 99–101, 103, 107, 112, 157 f., 161, 168, 188, 195, 197, 226
Arbeitsgedächtnis 26, 45–49, 155
Arendt, Hanna 13, 203 f.
Aristoteles 237
Augustinus (Kirchenlehrer) 15, 109, 183

Barbara (Sängerin) 13, 80, 200 f.
Baudelaire, Charles 191
Beck, Aaron 244
Bergson, Henri 13, 16–21, 23–25, 28, 31, 53, 62, 80 f., 124 f., 130–134, 140–142, 144, 147 f., 150 f., 153, 168, 171–173, 177, 205, 207, 223, 229, 236, 241–243, 247
Bewusstsein 15–23, 26, 28, 35, 60–62, 70–74, 77 f., 110, 121, 144, 151 f., 162, 179, 188, 193 f., 198, 207, 221
Biolay, Benjamin 80
Biran, Maine de 42
Boileau, Nicolas 89
Borges, Jorge Luis 208 f.
Borton, Jennifer 98, 100
Bowie, David 87–91
Braque, Georges 76
Braudel, Fernand 49
Brel, Jacques 84, 90 f., 123, 201
Brunet, Alain 165 f.
Burnout 96, 107 f.
Byron, Lord George 193

Casey, Elisabeth 98, 100
Châtelet, Émilie du 220
Chedid, Andrée 242
Chedid, Louis 143, 242
Chedid, Matthieu 143
Cheng, François 218 f.
Chopin, Frédéric 42, 80
Christophe (Sänger) 80
Cicero 109, 192
Clayton, Nicola 27
Cobain, Kurt 80
Costa-Gavras 94

Côté, Sophie 156–158
Cousineau, Pierre 156
Cronenberg, David 13, 119

Dally, Joanna 27
De Gheyn, Jacques II. 58
Delbo, Charlotte 144–146, 152
Deleuze, Gilles 174 f.
Demenz 105
Depression 103 f., 200, 212, 214
Descartes, René 15, 17, 41 f., 44, 72
Dezentrierung 66 f., 151–153, 227, 230
Didion, Joan 13, 213 f.
Divergenz 180
Dostojewski, Fjodor 98
Dubuffet, Jean 141

Ecker, Bruce 159
Élan vital 147 f., 150, 242 f.
EMDR 165, 243 f.
Emery, Nathan 27
Emotionale Wahrheit 36 f., 156, 159
Engramm 111
Epiktet 160
Epikur 191, 228
Episodisches Gedächtnis 25–28, 33 f., 36 f., 40, 43–45, 47, 49, 68, 70, 81, 132, 156, 163 f., 192, 195, 241
Eribon, Didier 38–40, 47, 86, 114–116, 129 f., 133, 137, 139
Erinnerungsgedächtnis 25, 81
Eustache, Francis 69
Existenzialismus 90

Fauré, Christophe 220 f., 248
Faye, Gaël 94 f.
Flashback 100 f., 103 f., 165
Fleury, Cynthia 199 f., 241, 246
Freud, Sigmund 13, 44, 97, 122, 172–177, 214, 245

Gainsbourg, Serge 22, 79
Gedächtnisrekonsolidierung 13, 155–160, 164, 166, 170, 183, 243
Geschmack 28, 53–58, 60 f., 63 f., 66 f., 82, 185–187, 220, 229
Gewohnheitsgedächtnis 25 f., 80
Gondry, Michel 111
Großzügigkeit 145, 151–153, 228, 242 f.
Guattari, Félix 174 f.

Habituation 165
Harchi, Kaoutar 116 f.
Harris, Ed 120
Harris, Russ 194, 247
Hatzfeld, Jean 94
Hegel, Georg Wilhelm Friedrich 17
Higelin, Jacques 90 f.
Higelin, Kên 91
Horvilleur, Delphine 209 f., 218
Hume, David 57 f., 73 f.
Hurt, William 120
Huston, Nancy 145 f.

Ibrahimović, Zlatan 13, 118, 131, 133
Identität 16–18, 54, 67–80, 82 f., 85, 116, 120, 125, 127, 130, 134, 140, 143, 148, 225, 227, 239
Inneres Kind 167 f.

Jankélévitch, Vladimir 186
Jouvet, Louis 146

Kandel, Eric R. 27, 30, 236
Kindheit 9, 30, 42, 52 f., 60, 62, 81, 85 f., 88, 114–117, 127–129, 154, 157 f., 167–171, 173, 175 f., 183, 186 f., 220
Korsakow, Sergei 105, 196
Kübler-Ross, Elisabeth 212
Kurzzeitgedächtnis 26, 45, 47, 160

La Boétie, Étienne de 220
La Bruyère, Jean de 89
Lacan, Jacques 13, 97, 175, 177–179, 246
La Fontaine, Jean de 89
Le Tellier, Hervé 13, 111, 113
Lewis, Jerry Lee 80
Loci-Methode 192
Locke, John 74 f.
Loftus, Elizabeth 32 f., 236
Lynch, David 13, 68 f.

Magisches Denken 214 f.
Marceau, Marcel 88
Mark Aurel 160
Melancholie 10, 186–189, 191
Memento mori 221
Milner, Brenda 30
Misserfolg 36, 47, 52, 109 f., 221
Modiano, Patrick 141
Molière 89, 145
Monestès, Jean-Louis 99–102, 104, 113, 175, 195, 240, 247
Montaigne, Michel de 161, 220, 226
Mortensen, Viggo 119
Munthe, Axel 135

Naccache, Lionel 77 f.
Nassif, Philippe 212 f., 217–219, 248
Neurowissenschaften 12–14, 18, 25 f., 31, 36 f., 48, 64, 110, 178, 229
Nguyen, Kuelan 90 f.
Nietzsche, Friedrich 13, 204–207, 216
Noah, Joakim 138 f.
Noah, Yannick 138 f.
Noah, Zacharie 137, 139
Nostalgie 10 f., 22, 145 f., 225

Ödipuskomplex 175, 177, 245

Perrault, Charles 89
Persönlichkeit 13, 17, 20 f., 24, 81, 133, 140–142, 147–150, 244
Picasso, Pablo 141
Plastizität des Gehirns 12, 31, 159
Plutarch 72
Polybius 160
Pomme (Sängerin) 80
Pop, Iggy 91
Posttraumatische Belastungsstörung (PTBS) 99, 104, 165 f.
Prévert, Jacques 22, 187

Priming 64 f., 207, 216
Proust, Marcel 13, 60–67, 80–83, 163, 172 f., 184 f., 187
Prozedurales Gedächtnis 25, 41–45, 49, 68, 70, 81, 132, 237, 241
Psychoanalyse 36, 97, 157, 173–178, 180, 243

Racine, Jean 89
Radiohead 80
Ravaisson, Félix 237
Rebound-Effekt 98–100, 105, 108, 161
Rekapitulation, schöpferische 125, 129, 131–133, 143 f., 147 f., 150 f., 153, 171, 227, 230, 247
Reminiszenz 13, 15, 43, 61, 63 f., 67, 81, 101, 173, 185, 187, 191, 227
Reparenting 167, 169 f., 179, 245
Resnais, Alain 94
Resonanz 124, 130, 140–142, 151, 178, 190 f., 220 f.
Rhodes, Cecilia 138
Ricœur, Paul 172
Rosa, Hartmut 189, 220

Salesse, Roland 238
Sartre, Jean-Paul 90, 226
Satie, Erik 80
Sauteraud, Alain 214, 248
Scheen, André 107
Schematherapie 167 f., 243–245
Schoendoerffer, Pierre 94
Semantisches Gedächtnis 25, 33–41, 43–45, 47–49, 68, 132, 156–159
Semprun, Jorge 13, 91–94, 100, 197–199
Seneca 109, 160, 162
Sensorisches Gedächtnis 26, 45, 48 f.
Serres, Michel 225, 227
Simone, Nina 80
Simultaneität 130, 168
Sprechkur 173, 175
Squire, Larry R. 27, 30, 236
Stoizismus 86, 160–165, 195, 228
Strokes, The 80

Trauer 13, 105, 160, 210–216, 218, 220–222, 248
Traum 10, 19 f., 98, 101, 104, 178, 198, 218
Trauma 10, 28, 32, 43, 68, 87, 94–96, 99 f., 103–106, 121, 155, 164–166, 198
Turner, William 59, 66

Veil, Simone 144, 152
Velvet Underground 88
Verdrängung 28, 44, 96, 99, 101 f., 104, 108, 122, 204, 244
Vergebung 199–206
Verhaltenstherapie 97, 161, 178, 196, 244
Vermeidung 95 f., 99 f., 104 f., 108 f., 121 f., 161, 177, 194 f., 204, 216, 227, 244, 247
Voltaire 97, 220

Wahrnehmung 20, 39, 48 f., 51–58, 60, 62–68, 73 f., 131, 168, 186 f., 197, 226 f.
Wegner, Daniel 98 f., 108

Wilander, Mats 139
Wilde, Oscar 58 f.
Workaholic 106–108

Young, Jeffrey 168, 244

CHARLES PÉPIN, geboren 1973, ist Schriftsteller und unterrichtet Philosophie. Seine Bücher wurden in mehr als zwanzig Sprachen übersetzt. Bei Hanser erschienen zuletzt *Die Schönheit des Scheiterns* (2017), *Sich selbst vertrauen* (2019) und *Kleine Philosophie der Begegnung* (2022). Charles Pépin lebt in Paris.

CAROLINE GUTBERLET übersetzt seit über dreißig Jahren essayistische, künstlerische und geisteswissenschaftliche Texte aus dem Französischen und Italienischen, zuletzt unter anderem Alain Badiou, Emanuele Coccia und Charles Pépin. Sie lebt und arbeitet in Berlin.

Erscheint als digitales Hörbuch bei audible, gelesen von Volker Niederfahrenhorst.

